«Am Ende des Tals und über dem Gletscher
ragt der Everest empor, weniger ein Gipfel als eine
großartige Bergmasse. Dem Auge bietet sie eine klare,
einfache Form. Der höchste unter den Bergriesen
dieser Welt braucht nur eine schlichte Geste
der Größe, um sie alle zu überragen. Er ist gewaltig
in seiner unangefochtenen und alleinigen
Überlegenheit.»

George Mallory:
«Mount Everest. Die Erkundungsfahrt 1921», 1922

Vergangenheit und Gegenwart am Mount Everest:
Gedenktafel für die britischen Bergsteiger
George Mallory und Andrew Irvine (1924 verschollen)
im heutigen Basislager an der Everest-Nordseite.

Achttausender-Monografie 1

Herausgegeben von Jochen Hemmleb

EVEREST
GÖTTINMUTTER DER ERDE

Texte:
Jochen Hemmleb, Daniel Anker, Jörn H. Kruhl,
Audrey Salkeld und Ed Webster

Fotos:
Robert Bösch

mit weiteren Bildern von Chris Bonington Picture Library, Leo Dickinson,
Dave Hahn, Jochen Hemmleb, Colin Monteath/Hedgehog House New Zealand,
National Geographic Society, John Noel Photographic Collection,
Jake Norton/Mountainworld Photography, Andy Politz,
Royal Geographical Society, Schweizerische Stiftung für Alpine Forschungen,
Eric Simonson, Ed Webster/Mountain Imagery und anderen

AS Verlag

Für Audrey Salkeld – Historikerin, Freundin, Inspiration

© AS Verlag & Buchkonzept AG, Zürich 2002
Gestaltung: www.vonarxgrafik.ch,
Heinz von Arx, Urs Bolz, Zürich
Lektorat: Karin Steinbach Tarnutzer, Zürich
Druckvorstufe: Matthias Weber, Zürich
Fotolithos: Ast & Jakob AG, Köniz
Druck: B & K Offsetdruck GmbH, Ottersweier
Einband: Josef Spinner Großbuchbinderei GmbH, Ottersweier
ISBN 3-905111-82-9

Inhalt

9 Ein Berg mit vielen Gesichtern

17 Mount Everest einst und jetzt – achtzig Jahre Geschichte in einer Expedition

Ein Berg entsteht

29 Die Geologie des Himalaja und des Mount Everest
Jörn H. Kruhl

Ein Berg wird entdeckt

45 Annäherung an den «Gipfel 15»
46 Der Thron von Padma-Sambhava
49 Ist er wirklich der Höchste?

Die Pioniere

61 Die Versuche der Jahre 1922 bis 1938
78 Der Everest-Krimi
83 Maurice Wilson: Der ewige Pilger vom Everest
86 1935: Das vergessene Abenteuer

«Air Everest»

91 Flüge über, um das und vom Dach der Welt

Ein neuer Weg

101 Von Süden bis fast zum Gipfel
125 Schweizer am Everest

Die «Everest-Krönung»

129 Die Erstbesteigung 1953
139 Hillarys erstes Interview

Die wahren Helden des Everest

147 Im Schatten der Sahibs: Die Sherpas
150 Das Geheimnis um Mallory und – Tensing
Ed Webster
160 Mythos Sherpa – Anmerkungen einer Anthropologin

Geschichten und Geschichte

165 Der Everest in der Literatur
Daniel Anker
172 Everest ist, wenn man trotzdem lacht

Die dunkle Seite

179 China und der Mount Everest, 1950–1979
180 Die Phantom-Expedition
187 Ungebetene Gäste

Der Weg als Ziel

197 Die großen Wände und Grate
208 Traversen
231 Frauen am Everest

Mit fairen Mitteln

237 Die neuen Pioniere

«In eisige Höhen»

259 Von Kommerz, Katastrophen und Krakauer
278 Welche Erfahrung braucht ein Klient für eine Everest-Besteigung?

Die höchste Bühne der Welt

283 Der Everest als Film- und Theaterstar
Audrey Salkeld

Arena der Sensationen

295 Sinnige und unsinnige Rekorde am Mount Everest

309 Quo vadis, Mount Everest?

Anhang

312 Everest-Chronik – die wichtigsten Eckdaten der Everest-Geschichte
319 Trips und Tipps
321 Quellen- und Literaturverzeichnis
326 Personenregister
330 Orts- und Sachregister
334 Bildnachweis

EIN BERG MIT VIELEN GESICHTERN

*D*er Mount Everest ist ein schizophrener Berg, eine Lady mit vielen Persönlichkeiten. Ich möchte sie alle kennen lernen.» So antwortete der britische Bergsteiger Peter Boardman 1982 auf die Frage, warum er noch einmal auf den höchsten Berg der Welt steigen wolle, nachdem er einige Jahre zuvor schon einmal auf dem Gipfel gestanden hatte. Von seinem zweiten Versuch ist Boardman nicht mehr zurückgekehrt.

Warum immer wieder Mount Everest? Wohl kaum ein anderer Berg hat so viele Bergsteiger wie auch Nichtbergsteiger in seinen Bann gezogen. Und wohl kaum ein anderer Berg stand in den letzten Jahren so sehr in der öffentlichen Diskussion wie er. Er ist weder der Schönste, noch ist er der Schwierigste. Aber er ist der Höchste – und genau dies macht ihn zu einem besonderen Berg.

Der britische Autor Walt Unsworth schrieb, der Mount Everest habe auf Grund seiner Symbolkraft als höchster Berg das Potenzial, «das Beste und Schlechteste im Menschen hervorzubringen». An ihm sind großartige Kapitel Bergsteigergeschichte geschrieben worden, geradezu klassische Heldensagen – und er war gleichzeitig Schauplatz größter Auswüchse von Rekordsucht und blindem Ehrgeiz.

Im Laufe seiner Geschichte hat der Mount Everest jede Phase in der Entwicklung des Bergsteigens im Himalaja miterlebt und geprägt: Bereits in den Zwanzigerjahren des letzten Jahrhunderts versuchten Engländer seine Besteigung. Bekleidet mit Tweedjacken und Nagelschuhen kamen sie dem Ziel bis auf wenige hundert Meter nahe, erreichten es jedoch nicht. Oder vielleicht doch? Auch dies gehört zu den Seiten der Lady, dass sie das ein oder andere wohl behütete Geheimnis birgt...

Dem Himmel ganz nah – Mount Everest, Chomolungma, Göttinmutter der Erde.

Abenddämmerung
an der Nordseite
des Mount Everest
über dem tibeti-
schen Rongbuktal.

Folgende Doppel-
seite: Die Nordseite
des Mount Everest,
Schauplatz der
ersten Besteigungs-
versuche. Links
vom Gipfel der
Nordostgrat, rechts
der Westgrat, da-
zwischen die Nord-
wand. Der schräge
Schattenstreifen in
Wandmitte ist das
Große oder Norton-
Couloir, die gewun-
dene Schlucht in
der rechten Wand-
hälfte das Horn-
bein-Couloir.

Nach dem Zweiten Weltkrieg wurde der Everest 1953 als zweiter der vierzehn Achttausender «erobert», und in den Siebzigerjahren rückte seine Südwestwand als einer der ersten großen Wandanstiege an den Riesen des Himalaja ins Blickfeld. Neue Pioniere, allen voran Reinhold Messner, unternahmen in den Achtzigerjahren am Everest bahnbre-chende Besteigungen mit kleinsten Teams über neue Routen und ohne künstlichen Sauerstoff.

Das zurückliegende Jahrzehnt jedoch erlebte eine Rückkehr zu Großexpeditionen in Form von kommerziell organisierten Abenteuer-reisen. So ist der Mount Everest für die einen weiterhin ein Sinnbild menschlicher Herausforderung, während er für andere längst zu einem überdimensionalen Klettergerüst verkommen ist.

Am 29. Mai 2003 jährt sich die Erstbesteigung des Mount Everest durch Edmund Hillary und Tensing Norgay zum fünfzigsten Mal. Ein schöner Anlass, den Berg und seine Geschichte aus den verschiedensten Blickwinkeln zu betrachten und diese Ansichten in einem Buch zusam-menzufassen: «Mount Everest, Göttinmutter der Erde» – eine Lady mit vielen Persönlichkeiten.

Wir möchten sie Ihnen vorstellen.

Jochen Hemmleb

BRAND & Co's SAVOURY MEAT LOZENGES

Forming a PORTABLE
NOURISHMENT at all TIMES
They are particularly recommended to Officers,
Hunters, Travellers, Members of Parliament. &c., or
where long abstinence from regular meals is unavoidable
PREPARED BY

Brand & Comp.y

BRAND & CO., LIMITED.
BY APPOINTMENT TO HIS MAJESTY THE KING.
Mayfair Works, Vauxhall,
LONDON, S.W.

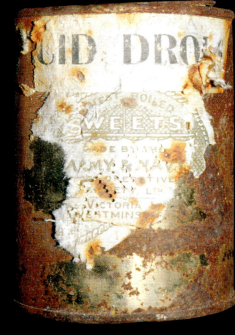

ACID DROPS

SWEETS

BOILED

MADE BY THE
ARMY & NAVY
CO-OPERATIVE
SOCIETY LTD.
VICTORIA
WESTMINSTER

A Present from the Lakes

ORIGINAL   CELEBRATED

KENDAL MINT CAKE

MANUFACTURED BY   STRICKLANDGATE
ROBERT · WIPER   KENDAL

HUNTLEY & PALMER
SUPERIOR
READING BISC

MOUNT EVEREST EINST UND JETZT – ACHTZIG JAHRE GESCHICHTE IN EINER EXPEDITION

Es war der Versuch moderner Bergsteiger, mit modernen Mitteln eine Reise in die Vergangenheit anzutreten. «Ich wollte das öffentliche Interesse am Mount Everest in eine andere Richtung lenken» – so umschrieb der Expeditionsleiter Eric Simonson unser Ziel. «Es war frustrierend, dass in der Öffentlichkeit die Meinung vorzuherrschen schien, die Geschichte des Berges habe quasi erst 1996 begonnen – dem Jahr der großen Tragödie und dem daraus resultierenden Bestseller «In eisige Höhen» von Jon Krakauer. Ich wollte, dass die Öffentlichkeit mehr über den Everest lernte, den ich kannte: ein ganz anderer, vielseitigerer Berg mit einer langen Geschichte voller Helden, Abenteuer und Geheimnisse. Und nichts konnte dies besser illustrieren als das Mysterium um Mallory und Irvine.»

Vor fast achtzig Jahren, 1924, waren die beiden Engländer am Nordostgrat kaum dreihundert Meter unterhalb des Gipfels zum letzten Mal gesehen worden. Um ihr Verschwinden rankt sich das größte Geheimnis in der Geschichte des Bergsteigens: Hatten sie vor ihrem Tod den Gipfel erreicht und waren sie somit die wahren Erstbesteiger des höchsten Berges der Welt, 29 Jahre vor Hillary und Tensing? Wir wollten dieses Geheimnis lüften.

Zum ersten Mal waren wir 1999 auf Spurensuche am Mount Everest gewesen. Natürlich hatten wir uns damals gefragt, ob wir überhaupt in der Lage sein würden, nach so langer Zeit noch irgendwelche Spuren der Pioniere zu finden. Es gab nicht wenige, die unser Unternehmen für aussichtslos erklärt hatten. Doch dann am 1. Mai die Sensation: Unser fünfköpfiges Suchteam entdeckte in der Nordflanke auf 8155 Meter Höhe den fast vollständig erhaltenen Leichnam George Mallorys. Der Fund des legendären Bergsteigers sorgte für weltweites Aufsehen – einzig den Beweis, ob er und Irvine schon 1924 den Gipfel erreichten, lieferte er uns nicht.

So kehrten wir im Frühjahr 2001 zum Berg zurück: der Leiter Eric Simonson aus Tacoma, USA, und die Bergsteiger Dave Hahn, Jake Norton, Brent Okita, Andy Politz, John Race und Tap Richards. Alle waren schon einmal am Everest gewesen, die meisten hatten bereits eine oder mehrere Besteigungen auf ihrem Konto. Später kamen noch Jason Tanguay und Heidi Eichner hinzu, zwei Bergführer der uns begleitenden Trekking-Gruppen. Das Team komplettierten unser Arzt, Dr. Lee Meyers, sowie ich selbst als Historiker.

Tourenproviant der frühen Everest-Expeditionen. Im Uhrzeigersinn von links oben: George Mallorys Fleischpastillen, eine Dose saure Drops aus dem Lager VI von 1924, Kekse und Kendal Mint Cake – mit Minzöl getränkter Zucker – aus dem Lager VI von 1933.

Vorangehende Doppelseite: Die Südseite des Mount Everest, Weg der Erstbesteiger 1953. Links unten der Khumbugletscher. Der dreieckige Schneegipfel links ist die Westschulter des Everest, das Horn rechts der Nuptse. Zwischen Nuptse und Everest liegt verdeckt das Gletscherbecken des Western Cwm. In Bildmitte der Südsattel; rechts davon der Lhotse.

Detektive am Mount Everest: die Suchexpedition 2001. Hintere Reihe (von links): Brent Okita, Lee Meyers, Dave Hahn, Jake Norton, Jochen Hemmleb und Eric Simonson. Vordere Reihe (von links): John Race, Tap Richards und Andy Politz.

Rechte Seite: Utensilien aus dem Lager VI von 1924: Zeltstangen, Zeltösen, Schnüre, ein Stück Sauerstoffschlauch, Esslöffel, zwei Konservendosen (oben). Utensilien aus dem Lager VI von 1933: Kochtopf mit Windschutz, Dosenkocher, Beutel mit Trockenspiritus, Dosenöffner, Esslöffel, Tasse (unten).

BEGEGNUNG MIT DER VERGANGENHEIT

Wir folgten genau der historischen Engländerroute von Tibet über die Nordseite und schlugen unser Basislager nahe der Zunge des Rongbukgletschers auf. Anfang April stießen wir zum ersten Mal auf Spuren der frühen Everest-Expeditionen. Unterhalb des Vorgeschobenen Basislagers am Ost-Rongbukgletscher fanden Jake, Dave und John Sauerstoffflaschen und andere Überbleibsel des Lagers III von 1922. Es waren Relikte des ersten Besteigungsversuchs und damit ein paar der ältesten Gegenstände, die am Everest zu finden sind. Damit war der Startschuss für die Suche hoch oben am Berg gefallen.

Am Vormittag des 28. April stiegen Dave, Tap und Andy hinauf zu Lager VI in 8200 Meter Höhe. Noch vor Erreichen der Zelte verließ Tap plötzlich die Fixseile und querte hinaus in die Nordwand. Eine Viertelstunde später dann die elektrisierende Nachricht: Tap hatte jenes Lager gefunden, von wo aus ein chinesischer Bergsteiger 1975 einen «englischen Toten» in alter, vom Wind zerfetzter Kleidung gefunden hatte – Mallory oder Irvine. Da sein Bericht von dem abwich, was wir 1999 an Mallorys Fundort gesehen hatten, nahmen wir an, der Chinese hatte damals Irvine entdeckt. Angespornt von dem Gedanken, der große Fund sei möglicherweise nur noch Minuten entfernt, durchkämmte Tap die Hänge um das chinesische Lager. Doch weder seine Suche noch die mit Dave und Andy in den folgenden zwei Tagen brachte irgendeinen Hinweis auf Mallorys verschollenen Partner zum Vorschein.

Ebenso erfolglos blieb die Suche nach Mallorys und Irvines letztem Lager, dem Lager VI von 1924, von dem wir uns weitere Hinweise auf das

Gefunden! Jake Norton mit einer Zeltstange am Fundort des Lagers VI von 1924.

Rechte Seite: Fundstücke. Konserven, Streichhölzer und Mint Cake aus dem Lager VI von 1933, Socke aus dem Lager VI von 1924. Die Socke trägt noch das Wäscheschild des damaligen Expeditionsleiters E. F. Norton.

Schicksal der beiden erhofften. So beschlossen wir, Brent und Jake, unsere zweite Suchmannschaft, auf eine neue Fährte anzusetzen: Sie sollten das Lager von unten her suchen, indem sie die alte Engländerroute über den Nordgrat gingen. Heutzutage verlässt die Route den Grat oberhalb von Lager V und quert hinaus in die Nordflanke. Soweit uns bekannt war, hatte seit 1938 niemand mehr den gesamten Grat begangen.

Am 29. April um 10.30 Uhr hatten sie den größten Teil des Grates abgesucht. Nun blieb ihnen nur noch eine vielversprechende Stelle, bevor sie mit dem Suchareal des ersten Teams zusammenträfen. Brent und Jake erreichten die Stelle, eine kleine Mulde unterhalb eines Felsturms. Minuten später rauschte das Funkgerät. Brents Nachricht war unmissverständlich: «Ich hab's!»

77 Jahre Erosion hatten Mallorys und Irvines Lager unter einer dicken Schicht Geröll begraben. Einige Zeltstangen lagen herum, und unter ein paar Felsblöcken ragten Fetzen einer Zeltbahn hervor. Zwischen den Steinen fanden die Bergsteiger noch eine Hand voll Gegenstände: einen Handschuh, eine Socke, ein paar Lederriemen, Streichhölzer, Trockenspiritus und eine Dose schwarzen Tee – noch immer aromatisch nach fast acht Jahrzehnten! Eine zweite Suche Ende Mai förderte noch zwei Konservendosen, einen Löffel und ein Stück Gummischlauch, das von einer Sauerstoffmaske stammte, zu Tage. Doch die Gegenstände, von denen wir uns weitere Auskunft über Mallorys und Irvines Schicksal erhofft hatten – Teile ihrer Kletterausrüstung oder im Zelt zurückgelassene Notizen – blieben unauffindbar. Entweder waren sie im Lauf der Zeit von Gerölllawinen mitgerissen worden, oder sie waren tief im betonharten Schutt eingefroren. Selbst mit einem Metalldetektor fanden wir nichts mehr.

Auf ihrem weiteren Aufstieg bis zum Nordostgrat in 8500 Meter Höhe untersuchten Jake und Brent das Lager VI der britischen Expedition von 1933, welches etliche museumswürdige Stücke freigab: Kochgeschirr, dazu unversehrte Konserven mit malerischen Etiketten («mit Empfehlung unserer Majestät, König George V.») – Alltagsgegenstände der damaligen Bergsteiger, Geschichte zum Anfassen.

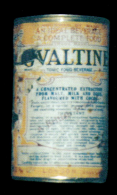

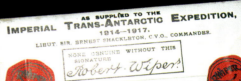

KONFRONTATION MIT DER GEGENWART

Während wir die Zeugnisse aus der Frühzeit der Everest-Expeditionen betrachteten, zeigte um uns herum der Berg sein neuzeitliches Gesicht: Mehr als 500 Bergsteiger drängten sich in den Basislagern an der Nord- und Südseite, an den Ausgangspunkten für die beiden Normalwege. Viele darunter waren Klienten kommerzieller Expeditionen, die mehrere zehntausend Dollar bezahlt hatten, um sich von erfahrenen Bergsteigern über eine mit Fixseilen und Hochlagern präparierte Route zum Gipfel der Welt führen zu lassen.

1996 war dieser Expeditionstourismus in die Schlagzeilen geraten, als am Mount Everest in einem Höhensturm zwei Klienten und drei Bergführer kommerzieller Veranstalter ums Leben gekommen waren; zwei weitere Teilnehmer überlebten nur mit schwersten Erfrierungen. Trotzdem blieb der Trend zu kommerziellen Expeditionen bestehen, zumal das Konzept der Organisatoren aufzugehen schien: Die Zahl erfolgreicher Gipfelbesteigungen stieg in der letzten Dekade um ein Vielfaches auf oftmals mehr als hundert pro Jahr. Der Mount Everest war zum Modeberg geworden.

Das Frühjahr 2001 bildete keine Ausnahme. Durch das gute Wetter Mitte Mai kam es zu einem wahren Massenansturm. Allein am 23. Mai standen 89 Personen auf dem Gipfel – so viele wie in den ersten 25 Jahren nach der Erstbesteigung zusammen! Doch bei einer solchen Anzahl Bergsteiger in so großer Höhe hatten nicht wenige die dunkle Vorahnung, dass früher oder später etwas ganz gewaltig schief laufen würde.

Es war 8.30 Uhr am Abend des 23. Mai. Dave, Tap, Jason und Andy rasteten im Lager VI, wenige Stunden vor ihrem geplanten Aufbruch. Die ersten drei wollten zum Gipfel gehen, zusammen mit den Sherpas Fu Dorji und Phu Nuru, während Andy eine letzte Suche nach Irvine plante. Plötzlich kroch ein Bergführer eines anderen Expeditionsteams zu ihnen ins Zelt. «Wir mussten einen Klienten an der Dritten Stufe zurücklassen!» Die Dritte Stufe, ein Felsaufschwung im Nordostgrat, befindet sich auf 8700 Meter Höhe.

Der Klient, Jaime Vinals aus Guatemala, hatte am Nachmittag zuvor mit zwei Bergführern den Gipfel erreicht. Beim Abstieg jedoch bekam er Sehstörungen, ein Anzeichen für ein Hirnödem, und war schließlich nicht mehr in der Lage weiterzugehen. Doch erst in der Nacht, als einer der Bergführer ins Lager zurückkehrte, erfuhren wir die ganze Tragweite des Geschehens: Auch der zweite Bergführer, der Amerikaner Andy Lapkass, war am Grat zurückgeblieben.

Um 1 Uhr morgens verließ unser Team das Lager und begann mit dem Aufstieg zum Gipfel. Sie hatten nur wenig Hoffnung, Vinals und Lapkass

Retter in der Todeszone: Phurba Sherpa (links) und Dave Hahn (rechts) am «Mushroom Rock».

nach deren Nacht im Freien noch retten zu können, waren aber darauf vorbereitet. Sie verloren keine Zeit. Bereits um 4.30 Uhr erreichten sie den «Mushroom Rock», einen pilzförmigen Felsen auf 8570 Metern – und fanden dort zu ihrer Bestürzung drei weitere Bergsteiger, die ebenfalls biwakiert hatten.

Die drei, Mitglieder einer sibirischen Expedition, waren unterkühlt und kaum ansprechbar. Unser Team verabreichte ihnen Medikamente, Sauerstoff und Getränke, während andere an ihnen vorbeistiegen, dem Gipfel entgegen. Phu Nuru opferte seine Sauerstoffreserven und stieg ab. Nach über einer Stunde waren die Russen so weit wiederhergestellt, dass sie sich allein auf den Weg nach unten machen konnten.

Dave, Tap, Jason und Fu Dorji stiegen weiter, über die schwierige Zweite Stufe in Richtung des Biwaks von Lapkass und Vinals. Auch in den tieferen Lagern begann man, den Rettungsversuch zu unterstützen. Sherpas verschiedener Expeditionen transportierten Sauerstoff in das höchste Lager. Andy Politz verzichtete auf die Suche und machte sich stattdessen mit zwei Flaschen und Medikamenten im Rucksack auf den Weg nach oben.

Der Zustand von Vinals und Lapkass war äußerst kritisch. Sie waren stark unterkühlt und litten unter Seh- und Gleichgewichtsstörungen. Jeder Versuch, die beiden aufzurichten, scheiterte kläglich. Wer dort oben nicht mehr selbständig gehen kann, ist so gut wie tot.

Erneut bemühte sich unser Team mehr als eine Stunde um die Bergsteiger – und erneut stiegen andere tatenlos an ihnen vorbei. Um 8.30 Uhr dann die Entscheidung: Das Team verzichtete auf den Gipfel – ganze 150 Meter über ihnen, kaum eine Stunde entfernt. Tap sagte später: «Du denkst nicht an den Gipfel, wenn jemand zu deinen Füßen im Sterben liegt.» Doch nach einer weiteren halben Stunde begann sich Lapkass' Zustand zu bessern. Er konnte stehen – und fing an, gestützt auf Tap und Jason, langsam zu gehen. Schritt für Schritt, Meter für Meter.

Für Vinals hingegen standen die Chancen schlecht. Zwar war sein Geist rege und er sprach mit Dave, aber seine Beine versagten weiterhin den Dienst. Nur kurze Stücke kamen sie zwischen Rasten voran. Unten im Basislager wussten wir, was dies bedeutete. Eric Simonson funkte Dave an: «Wenn es Jaime nicht bald besser geht, musst du ihn zurücklassen und dich selbst in Sicherheit bringen!»

Voller Verzweiflung hielt Dave das Funkgerät vor Vinals Gesicht, so dass dieser die schockierend deutlichen Worte mithören konnte. Sie rissen ihn aus seiner Lethargie, und er mobilisierte tatsächlich die inneren Reserven für den Abstieg. Am Ende hatte er sogar die Kraft, sich selbständig über den Steilabbruch der Zweiten Stufe abzuseilen.

Dort war in der Zwischenzeit Andy Lapkass nur knapp einer Katastrophe entgangen. In seinem erschöpften Zustand ließ er das Seil aus den Händen gleiten, und nur eine blitzschnelle Reaktion von Tap bewahrte ihn vor dem Absturz. Am Fuß der Stufe bekamen die Retter Unterstützung durch zwei Sherpas aus Lapkass' Team, Lobsang und Phurba, welche trotz ihrer Gipfelbesteigung vom Vortag nochmals aufgestiegen waren. Die beiden halfen Tap, Jason und Dave, Lapkass und Vinals über die ausgesetzte und abschüssige Traverse zurück zum «Mushroom Rock» zu bringen, wo inzwischen auch Andy Politz aus Lager VI eingetroffen war. Um 2 Uhr nachmittags hatten Retter und Gerettete den schwierigsten Teil des Abstiegs hinter sich.

Als alles schon überstanden schien, schlug der Berg doch noch zu: Einer der drei Russen, die von unserem Team am Morgen versorgt wurden und im Laufe des Tages bis kurz vor Lager VI gelangten, brach im letzten Teil des Abstiegs zusammen und starb – kaum eine halbe Stunde von den rettenden Zelten entfernt.

Wir waren aufgebrochen, um nach Spuren von zwei der ersten Opfer des Berges zu suchen – und hatten am Ende verhindert, dass der Berg vier weitere Opfer behielt. Vergangenheit und Gegenwart am Mount Everest: Für uns lagen sie nur Stunden auseinander.

KAPITEL 1

EIN BERG ENTSTEHT

«Was könnte die Heraushebung
des Himalaja eindrucksvoller belegen
als die Tatsache, dass der höchste
Gipfel der Welt aus einem Stück
Meeresboden besteht?»

Jörn H. Kruhl

DIE GEOLOGIE DES HIMALAJA UND DES MOUNT EVEREST

Der Himalaja, der sich in einem 2400 Kilometer langen und bis 250 Kilometer breiten Bogen von Pakistan im Westen bis zur Ostgrenze Indiens zieht, ist das höchste Gebirge der Erde. Hier liegt auch ihr höchster Berg, der 8850 Meter hohe Mount Everest. Die südliche Front des Himalaja steigt mit ihren zahlreichen Achttausendern steil aus der Gangesebene empor. Im Norden des Gebirges breitet sich das weite Hochland von Tibet aus, das mit seiner durchschnittlichen Höhe von 5000 Metern immer noch deutlich über dem höchsten Gipfel der Alpen liegt.

Ähnlich aber wie die Alpen ist auch der Himalaja durch die Kollision zweier Kontinente, des Indischen Subkontinents und Eurasiens, entstanden. Und so beginnt die Geschichte unseres Berges nicht erst mit seiner Entdeckung durch Kartografen und Bergsteiger der Neuzeit, sondern schon viel, viel früher.

DRIFTENDE KONTINENTE

Durch eine Vielzahl unterschiedlicher geowissenschaftlicher Untersuchungsmethoden hat sich in den letzten Jahren unser Bild vom Aufbau und von der Entwicklung des Himalaja deutlich verfeinert. Heute gilt der Himalaja als Musterbeispiel für die Gebirgsbildung, an dem sich deren Prozesse vorzüglich studieren lassen. Um die Entstehung des Himalaja und des Mount Everest zu verstehen, müssen wir zum einen seine großen geologischen Strukturen betrachten, zum anderen die Bewegung des Indischen Subkontinents in den letzten Jahrmillionen.

Unseren Überlegungen liegen die Theorie der Kontinentalverschiebung von Alfred Wegener zu Grunde sowie vor allem die der modernen Plattentektonik, welche sich in den letzten 35 Jahren entwickelt hat. Die äußere, dünne Haut der Erde besteht aus der etwa 100 Kilometer dicken obersten Schicht des Oberen Erdmantels und aus der durchschnittlich 30 bis 35 Kilometer dicken Erdkruste. Die Erdkruste wiederum besteht aus Kontinenten (kontinentale Kruste) und aus Ozeanbodengesteinen (ozeanische Kruste). Die Erdkruste und die oberste Schicht des Oberen Erdmantels sind fest miteinander verbunden und können sich auf dem darunter liegenden, heißeren und deshalb weicheren Teil des Oberen Mantels bewegen.

Wo früher Wasser war, erstreckt sich nun ein Gipfelmeer. Blick vom Nordsattel des Mount Everest nach Westen auf die Lingtrengruppe. Am Horizont Cho Oyu (Mitte) und Gyachung Kang (rechts).

Vorangehende Doppelseite: Ein aufgetürmtes Meer. Die Pyramide des Mount Everest mit den Kalksteinschichten des Gelben und Grauen Bandes.

Diese äußere, doppellagige Haut der Erde ist in etliche große und kleinere Platten zerteilt, die sich ständig gegeneinander verschieben. Der «Antriebsmotor» dieser Verschiebung ist heißes Material, das aus dem Erdinnern aufsteigt und im Oberen Erdmantel auseinander fließt wie kochende Suppe in einem Topf. Da die einzelnen Platten ohne Zwischenraum aneinander grenzen, können sie sich nur bewegen, indem sich ihre Ränder übereinander schieben. Dabei tauchen der untere Plattenteil – also die Schicht, die aus Mantelgesteinen besteht – und auch ein großer Teil der Ozeanbodengesteine in den Erdmantel hinab, während die Kontinente an der Oberfläche «schwimmen», da sie aus leichteren Gesteinen bestehen.

DER GROSSE ZUSAMMENSTOSS

Wenn sich die Platten der doppellagigen Erdhaut auf diese Weise gegeneinander bewegen, bedeutet das vor allem, dass sich die Kontinente gegeneinander verschieben; der Einfachheit halber soll von nun an nur noch jene Verschiebung der Kontinente betrachtet werden. Im Verlauf der Erdgeschichte haben sich durch diese Bewegungen kleinere Kontinente mehrmals zu einem «Superkontinent» zusammengefunden. Vor mehr als 100 Millionen Jahren löste sich nun von einem solchen Superkontinent, Gondwana, ein großes, dreieckiges Stück (Großindien) und begann nach Norden zu wandern. Die südliche Spitze dieses Dreiecks ist das heutige Indien.

Richtung und Geschwindigkeit der Drift sind inzwischen gut bekannt. Großindien startete in einer Position weit südlich des Äquators und bewegte sich mit durchschnittlich 15 Zentimetern pro Jahr nach Norden. (Zum Vergleich: Europa bewegt sich zur Zeit mit einer Geschwindigkeit von 2 Zentimetern im Jahr nach Nordnordosten.) Diese Geschwindigkeit verringerte sich aber vor etwa 50 Millionen Jahren auf 5 Zentimeter pro Jahr. Da befand sich der Kontinent auf Höhe des Äquators. Geologische Untersuchungen haben gezeigt, dass genau dies auch der Zeitpunkt war, als Großindien und Eurasien kollidierten.

Die Bewegung Großindiens gegen Eurasien wurde aber nicht vollständig gestoppt, sondern nur gebremst. Sie beträgt auch heute noch etwa 5 Zentimeter pro Jahr. Eurasien und Indien bewegten sich nun gemeinsam nach Norden, Eurasien allerdings langsamer als Indien. An ihrer gemeinsamen Grenze entstand in den vergangenen 50 Millionen Jahren der Himalaja – und er entsteht immer noch! Viele, zum Teil starke Erdbeben und die kontinuierliche Hebung des Gebirges um etwa 5 Millimeter pro Jahr beweisen, dass die Gebirgsbildung noch andauert. Das macht den Himalaja für geologische Untersuchungen so spannend: Er ist ein Labor der Natur, in das wir schauen können!

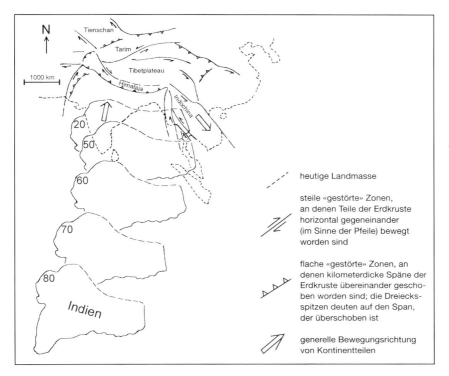

Die Nordbewegung Indiens von einer Position vor etwa 80 Millionen Jahren bis heute. Die Kollision mit Eurasien fand vor rund 50 Millionen Jahren statt. Skizziert sind die wichtigsten der großen Krustenstrukturen, die sich durch die Kollision im südlichen Eurasien gebildet haben.

DER HIMALAJA WIRD AUFGETÜRMT

Indien ist seit der Kollision etwa 2500 Kilometer weiter nach Norden gewandert als Eurasien und in Nord-Süd-Richtung auch um ungefähr diese Strecke kürzer geworden. Das heißt, dass ein 2500 Kilometer breiter Streifen der Erdkruste am Nordrand des Indischen Kontinents fehlt. Wohin sind die Gesteine verschwunden? Eine Überschlagsrechnung jedenfalls zeigt, dass der Himalaja trotz seiner enormen Höhe nur einen Teil des Materials enthalten kann, selbst wenn man die Abtragung des Gebirges in den letzten Jahrmillionen berücksichtigt.

Vereinfacht lautet die Antwort: Der Nordrand Indiens hat sich unter den Südrand Eurasiens geschoben. Dabei haben sich etliche lange «Späne» der Erdkruste gebildet, die in der geologischen Karte als unregelmäßige Ost-West-Streifen erscheinen. Sie enthalten enorm verfaltete und ehemals aufgeheizte Gesteine und werden von bis zu 100 Meter breiten Lagen stark zerbrochenen Gesteins getrennt. An diesen großen Bruchflächen, so genannten Störungen, sind die Krustenspäne gegeneinander bewegt worden – teilweise über Entfernungen von 50 bis 100 Kilometern. In den Spänen sind heute in mächtigen Lagen Gesteine übereinander gestapelt, die vor der Bildung des Himalaja einmal weit voneinander entfernt lagen oder

31

Vorangehende
Doppelseite: Wie
eine Wehrmauer
erhebt sich die
Hauptkette des
Himalaja über dem
Plateau von Tibet.
Blick von Tingri
nach Süden auf
Mount Everest
(links), Cho Oyu
(Mitte) und die
Ausläufer des
Rolwaling Himal
(rechts).

aus unterschiedlicher Tiefe stammen. Einige Gesteine sind erst während der Bildung des Himalaja neu entstanden.

Die Hauptmasse des Hochhimalaja baut sich aus Sedimentgesteinen auf, die im Verlauf von vielen Erdzeitaltern auf dem Indischen Subkontinent abgelagert wurden. Die ältesten von ihnen sind mehr als 500 Millionen Jahre alt, die jüngsten «nur» 50 Millionen. Über ihnen liegen heute Gesteine des ehemaligen Ozeanbodens (ozeanische Kruste) zwischen Indien und Eurasien. Diese Reste des Ozeanbodens liegen heute an der Oberfläche.

Der südliche Rand des Hochhimalaja wird aus so genannten Umwandlungsgesteinen (Metamorphiten) gebildet, die bis zu 20 Kilometer tief in der Erdkruste versenkt waren und deshalb hohen Temperaturen (bis 650 Grad Celsius) und Drücken ausgesetzt waren. In diesen Tiefen der Erdkruste wurden die Gesteine zum Teil so heiß, dass sie schmolzen. Das flüssige Gestein drang nach oben und erstarrte in höheren Bereichen der Erdkruste, die heute zum Teil durch die Abtragung freigelegt sind. Diese ehemaligen Gesteinsschmelzen bilden große Granitkörper, vor allem an der Grenze zwischen den Krustenspänen der Sedimentgesteine und der Umwandlungsgesteine. Auch die Späne des Niederhimalaja bestehen aus Sedimentgesteinen, Graniten und durch Temperatur und Druck unterschiedlich stark umgewandelten Gesteinen.

Die Erdkruste Eurasiens ist nördlich, westlich und östlich von Indien in einzelne Schollen zerlegt worden, die sich an großen Störungen gegeneinander bewegt haben und immer noch bewegen. Während Indien sich nach Norden in Eurasien hineindrückt, weichen die einzelnen Schollen der eurasischen Kruste zur Seite aus oder werden nach oben herausgeschoben. Gleichzeitig wird Indien unter den Südrand Eurasiens – also in den Erdmantel hinein – gedrückt. Diese Kollision zwischen Indien und Eurasien können wir mit einem flachen Schieber nachahmen, den wir im Winter durch den Schnee auf dem Gehweg bewegen. Dabei stapelt sich der Schnee vor (und auf) dem Schieber zu einem kleinen «Gebirge», und der schneefreie Streifen hinter dem Schieber wird auf beiden Seiten von einem Schneestrang begleitet. Vor dem «harten Schneeschieber» Indien haben sich also nicht nur die weichen Sedimentgesteine am ehemaligen Nordrand des Kontinents und der Südrand Eurasiens gestapelt, sondern Indien hat auch – wie beim Schnee – zu beiden Seiten die Erdkruste Eurasiens zerschnitten und zu Gebirgssträngen aufgetürmt. Wir können zwar noch nicht in so große Tiefe bohren, aber geophysikalische Messungen liefern gute Argumente dafür, dass der in der Abbildung auf Seite 35 dargestellte Querschnitt in die Tiefe ein brauchbares Abbild der wahren Situation ist.

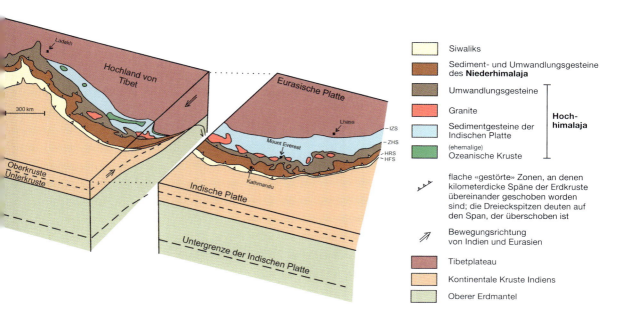

Die dünnen Krustenspäne zwischen beiden Kontinenten werden von großen Störungen getrennt, die nach Norden geneigt sind. Diese Störungen bildeten sich jedoch nicht alle gleichzeitig, sondern nacheinander. Bei der Kollision der beiden Kontinente entwickelte sich zuerst nur eine einzelne große Störung, die so genannte Zentrale Hauptstörung (ZHS), an der Indien sich unter den Südrand Eurasiens, das heutige Tibet, schob. Durch diese «Unterschiebung» wurde die Erdkruste verdickt und herausgehoben. Die Zentrale Hauptstörung ist deshalb heute in den tief eingeschnittenen Tälern des Himalaja zu besichtigen.

Die starke Reibung zwischen den Gesteinen erschwerte es Indien aber zunehmend, unter Eurasien zu gleiten. Vor etwa 10 Millionen Jahren wurde der Druck des nachschiebenden Kontinents so groß, dass die Erdkruste vor dem Himalaja erneut brach und Indien sich weiter im Süden an einer neuen großen Störung, der so genannten Hauptrandstörung (HRS), unter Eurasien schob. Der Himalaja hob sich dabei schnell empor. Die Hauptphase der Heraushebung begann allerdings erst vor etwa 5 Millionen Jahren. Der Himalaja ist damit deutlich jünger als die Alpen, deren Heraushebung schon vor ungefähr 30 Millionen Jahren einsetzte.

Gleichzeitig begann auch die Abtragung des Gebirges, wenn auch nicht stark genug, um die Heraushebung auszugleichen. Was geschah mit dem Abtragungsschutt? Er wurde von den großen Flüssen vor allem nach Süden vor das Gebirge transportiert und dort als Molasse-Sedimente abgelagert, die so genannten Siwalikschichten. An ihrem Südrand hat sich inzwischen

Schematische geologische Karte und Blockbild des Himalaja an der Grenze zwischen Indien und Eurasien. Die Doppelpfeile zeigen die Bewegungsrichtungen der beiden Kontinente an, die Halbpfeile die Bewegung von großen Krustenspänen (HFS = Hauptfrontstörung, HRS = Hauptrandstörung, ZHS = Zentrale Hauptstörung, IZS = Indus-Zangbo-Sutur).

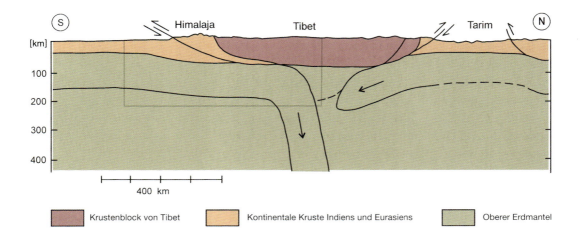

Schematischer Querschnitt durch die Kollisionszone zwischen Indien und Eurasien. Die Halbpfeile zeigen die Heraushebung von Krustenspänen am Südrand des Himalaja und nördlich des Tibet-Krustenblocks. Die unteren Schichten der Indischen und der Eurasischen Platte, die aus Mantelgesteinen bestehen, tauchen bei der Kollision in den Mantel ab (Pfeile).

eine weitere Störung entwickelt, die so genannte Hauptfrontstörung (HFS), an der die Siwalikschichten als Span unter das Gebirge geschoben und gleichzeitig nach Süden herausgehoben werden. Dadurch entstand ein bis maximal 1300 Meter hoher Höhenzug, der durch weite Senken vom Niederhimalaja getrennt ist. An allen drei grossen Störungen (neben vielen kleineren ähnlicher Art) wird nicht nur Indien unter den eurasischen Kontinent geschoben, sondern der Himalaja wird dort auch nach Süden herausgehoben.

Auf Grund neuerer Untersuchungen geht man davon aus, dass sich der Nordrand des Tibetplateaus in ähnlicher Weise nach Norden herausschiebt, auch wenn sich dort kein großes Gebirge wie der Himalaja entwickelt hat. Das Hochland von Tibet hängt also als isolierter Block zwischen zwei größeren Erdkrustenschollen, von denen es unterfahren worden ist – ein Grund für die relative Hochlage des Plateaus. Nördlich des Tarimbeckens wird ein Span der Erdkruste wieder nach Süden herausgeschoben. Der Einfluss der Kollision zwischen Indien und Asien reicht also weit über den Himalaja und das Tibetplateau nach Norden und ist auf der geologischen Karte Asiens als weit verzweigtes Muster großräumiger Störungen erkennbar.

Ein Meer in eisigen Höhen –
verkehrte Welt am Mount Everest

Der Mount Everest liegt genau an der Grenze zwischen den beiden großen Krustenspänen des Hochhimalaja, von denen der nördliche aus Sedimentgesteinen und der südliche aus Umwandlungsgesteinen aufgebaut ist. Diese beiden großen Späne sind in sich wiederum durch Störungen zerteilt, an denen sich dicke Gesteinslagen gegeneinander bewegt haben. Der Mount Everest besteht deshalb aus etlichen mächtigen Gesteinspaketen, die während der Gebirgsbildung aus weit voneinander entfernten Gebieten zusammengeschoben und übereinander gestapelt worden sind.

Die Nordwand des Mount Everest mit der charakteristischen Kalksteinschicht des «Gelben Bandes».

Der Gipfel des Mount Everest wird von einer kleinen Kappe aus Sedimentgesteinen gebildet, unter der ein nach Norden geneigter, mehr als 1000 Meter mächtiger Keil aus leicht umgewandelten Sedimentgesteinen liegt. Die oberste Lage dieses Keils wird aus einer mehr als 400 Millionen Jahre alten Kalksteinschicht gebildet, dem «Gelben Band». Die Gesteine beider Schichten wurden als Sediment im Ordovizium abgelagert, in einer Periode der Erdgeschichte vor 500 bis 410 Millionen Jahren. Nach unten grenzt der Keil an einer Störung gegen eine fast 2000 Meter dicke Lage von Gesteinen, die durch Temperatur und Druck stark umgewandelt sind (Gneise). Diese Gesteine werden von Graniten durchsetzt.

Nord-Süd-Quer-
schnitt durch das
Everest-Lhotse-
Massiv. Die Halb-
pfeile zeigen die
Bewegung der Ge-
steinspakete an
großräumigen
Störungen (oben).
Blick vom Westufer
des Haupt-Rong-
bukgletschers auf
die Nordflanke des
Ost-Rongbuktals.
Dunkle Schiefer der
Everest-Serie über-
lagern den hellen
Lingtren-Everest-
Granit (unten).

Die Gesteinsschmelzen, die zu diesen Graniten führten, sind vor etwa 20 Millionen Jahren in 15 bis 20 Kilometer Tiefe entstanden. Dort hatte sich die versenkte Indische Platte so stark aufgeheizt, dass ihre Gesteine teilweise schmelzen konnten. Die Schmelzen stiegen nach oben und erstarrten in höheren, kühleren Stockwerken der Erdkruste. Als Aufstiegsbahnen dienten teilweise die flachen Störungen. Als die mächtigen Gesteinspakete sich aus tieferen Krustenstockwerken nach oben und dabei auch gegeneinander bewegten, wurden die Schmelzen in die Störungen «eingeschmiert» und erstarrten. Dadurch bildeten sich wechselnde Lagen aus Granit mit den umgebenden Gesteinen, vor allem Schiefern und Gneisen, wie sie auch im unteren Teil des Everest-Massivs und auch im Nuptse- und Lhotse-Massiv vorkommen.

Die Bildung von Schmelzen in der tieferen Erdkruste unter dem Himalaja ist nicht «Schnee von gestern». Neue Untersuchungsergebnisse deuten darauf hin, dass heutzutage in einer Tiefe zwischen etwa 15 und 50 Kilometern unter dem Hochland von Tibet geschmolzenes Gestein vorhanden ist. So wie die Granite im Everest-Gebiet werden diese Gesteinsschmelzen unter Umständen in einigen Millionen Jahren weiter im Süden als Granite an der Erdoberfläche erscheinen, wenn im fortwährend aufsteigenden Himalaja Gesteine der tieferen Erdkruste nach oben gebracht werden.

Das von Graniten durchtränkte Schiefer-Gneis-Paket grenzt nach unten – wieder durch eine Störung getrennt – an ein weiteres Paket stark umgewandelter Gesteine, das wiederum mit seiner Unterseite auf der Zentralen Hauptstörung lagert. An der Khumbu-Störung und der darunter liegenden Zentralen Hauptstörung ist das Everest-Massiv nach Süden und nach oben herausgeschoben worden. Dabei wurden Gesteine zum höchsten Gipfel der Erde transportiert, die sich in einem Meer am Rande Großindiens gebildet hatten. Und die Gesteine unter ihnen, heute immerhin auch in 6 bis 7 Kilometer Höhe über dem Meeresspiegel, befanden sich, wie Untersuchungen belegen, einmal 10 Kilometer, ja teilweise bis zu 15 Kilometer tief in der Erdkruste. Was könnte die starke Heraushebung des Himalaja eindrucksvoller belegen als die Tatsache, dass der höchste Gipfel der Welt aus einem Stück Meeresboden besteht?

An den beiden oberen Störungen, also der Qomolangma- und der Lhotse-Störung, glitten die Gesteinspakete unter ihrem Gewicht wieder leicht nach Norden ab, und zwar über eine Entfernung von jeweils 30 bis 40 Kilometern. Man nennt solche Störungen «Abschiebungen». Diese Bewegungen liefen nach neuesten Untersuchungen zeitgleich mit den Aufwärtsbewegungen nach Süden an den tieferen Störungen ab. Dadurch wurde der untere Teil des Everest-Massivs wie ein Keil nach Süden herausgedrückt.

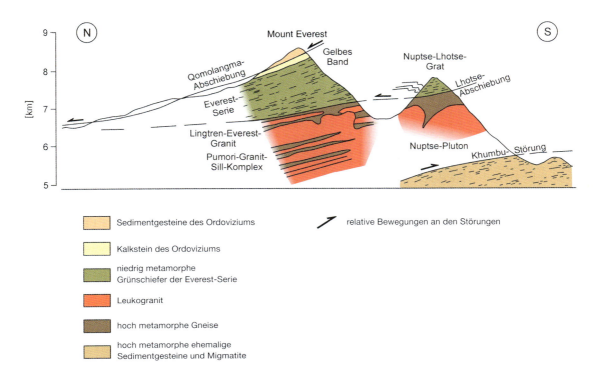

Sedimentgesteine des Ordoviziums

Kalkstein des Ordoviziums

niedrig metamorphe
Grünschiefer der Everest-Serie

Leukogranit

hoch metamorphe Gneise

hoch metamorphe ehemalige
Sedimentgesteine und Migmatite

relative Bewegungen an den Störungen

Mount Everest (links) und Nuptse (rechts) mit der Position der Qomolangma- und Lhotse-Abschiebungen (oben).

Auf 8460 Meter Höhe am Nordostgrat des Everest, Blick zur Ersten Stufe. Der Wechsel in der Gesteinsfarbe markiert die Qomolangma-Abschiebung als Grenze zwischen nicht metamorphen Sedimentgesteinen und der niedrig metamorphen Everest-Serie (unten).

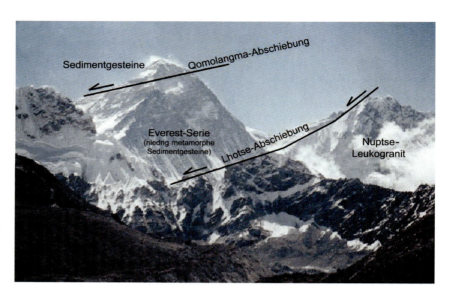

Sedimentgesteine
Qomolangma-Abschiebung
Everest-Serie
(niedrig metamorphe Sedimentgesteine)
Lhotse-Abschiebung
Nuptse-Leukogranit

Sedimentgesteine
«Graues Band»
(nicht metamorph)
Qomolangma-Abschiebung
Everest-Serie
«Gelbes Band»
(niedrig metamorphe Sedimentgesteine)

DIE ZUKUNFT DES MOUNT EVEREST

Wie wird das weitere Schicksal des Himalaja verlaufen? Wenn sich Indien mit gleicher Geschwindigkeit wie bisher nach Norden gegen Eurasien bewegt, wird der gesamte Indische Subkontinent in spätestens 50 Millionen Jahren unter dem Südrand Eurasiens verschwunden sein. Der Himalaja bleibt in dieser Zeit als großes Gebirge erhalten, wird sich aber vermutlich weiter nach Süden verlagern, wenn die Gesteine der tieferen Erdkruste sich an immer neuen großen Störungen nach Süden (und oben) herausschieben. Dann ist nicht mehr der Mount Everest der höchste Berg der Erde, sondern ein bisher noch namenloser neuer Gipfel. Aber bis dahin wird noch einige Zeit verstreichen ...

Endlose Zeit, endloser Raum. Sternspuren über dem Mount Everest.

Jörn H. Kruhl ist Professor für Geologie an der Technischen Universität München. Die Gebirgsbildung ist seit vielen Jahren einer seiner Hauptarbeitsbereiche. Darüber hinaus gilt sein spezielles Interesse den Mikrostrukturen in Gesteinen und dem Einfluss von Granitschmelzen auf die Entwicklung der Erdkruste. Seine Forschungen führt er zurzeit vor allem im Alpenraum, auf Sardinien und in Südbrasilien durch. Zudem veranstaltet er Geologieseminare für Laien. An diesen Leserkreis wendet sich auch sein Buch «Die Loreley – steinalt und faltig, jung und schön» (zusammen mit Michael Zurru; Selden & Tamm, 2000), in dem die Geologie und die Landschaftsentwicklung am Mittelrhein allgemein verständlich dargestellt sind.

KAPITEL 2

EIN BERG
WIRD ENTDECKT

*«George Everest war es nie in den Sinn gekommen,
den Berg nach sich zu benennen.
Er meinte, sein Name könne von keinem Einheimischen
in Indien ausgesprochen werden . . .»*

J. R. Smith in «Everest, The Man and the Mountain», 1999

Annäherung an den «Gipfel 15»

Es war an einem Tag im Jahr 1852. Sir Andrew Waugh, der Leiter der Großen Trigonometrischen Vermessung von Indien in Dehra Dun, saß in seinem Zimmer, als plötzlich einer seiner Bediensteten hereinstürzte: «Sir, ich habe den höchsten Berg der Welt entdeckt!»

So schön diese Geschichte auch ist – die Entdeckung des höchsten Berges der Welt als einzelnes, momentanes Ereignis –, so ist sie doch dem Reich der Legenden zuzuordnen. Weder herrscht Einigkeit darüber, wer die entscheidenden Berechnungen durchführte, noch war eine Person allein für ihr Ergebnis verantwortlich. Die Entdeckung des höchsten Berges der Welt war vielmehr das Ergebnis jahrelanger Arbeit zahlloser Vermesser und anderer Bediensteter der indischen Landvermessung. Und sie waren nicht die Ersten, die den Berg zu Gesicht bekamen.

Frühe Zeugnisse

Etwa seit dem Jahr 750 war Tibetern das Rongbuktal in Südtibet als heiliger Ort bekannt, da es sich nahe eines sehr hohen Berges namens Chomolungma befindet. Berge spielen eine wichtige Rolle in der tibetischen Kultur und Religion. Sie gelten als Stütze des Firmaments oder als Leitern, auf denen die Vorfahren vom Himmel auf die Erde hinabgestiegen waren. Beim Chomolungma muss es sich um den heutigen Mount Everest gehandelt haben. Er dominiert die Region um das Rongbuktal und ist von weit her sichtbar, so auch entlang der Handelsroute von Lhasa, der Hauptstadt Tibets.

Die ersten Europäer, die den Mount Everest zu Gesicht bekamen, waren vermutlich zwei jesuitische Missionare. Der Österreicher Johannes Grüber und der Belgier Albert d'Orville folgten 1661 von Lhasa dem Fluss Tsangpo nach Westen, überquerten die Kette des Himalaja und gelangten im Januar 1662 über das Tal des Bhote Kosi («Kosi» ist das nepalesische Wort für «Fluss») nach Kathmandu in Nepal. Heutige Expeditionen zur Nordseite des Mount Everest folgen ihrer Route bis Tingri, von wo aus sich ein eindrucksvoller Blick auf den Berg bietet.

Im Zuge einer generellen Vermessung ihres Hoheitsgebietes erfassten die Chinesen Anfang des 18. Jahrhunderts auch die Everest-Region. Anschließend erschien die Berggruppe unter dem Namen «Jumu Lungma

Der Thron von Padma-Sambhava

«Padma-Sambhava war ein Heiliger, der den Buddhismus von Indien nach Tibet brachte. Er reiste über den Himalaja, und die bösen Geister der Stürme und Unwetter versuchten alles, um ihn aufzuhalten: Schnee, Hagel, Wind und Lawinen. Doch Padma besaß die Macht, die bösen Geister zu besiegen. So gelangte er unversehrt mit seinen Schülern nach Tibet.

Dort forderte ihn der Pombo-Lama, Lehrer des alten Glaubens, heraus. ‹Wenn du tatsächlich die Weisheit in dir trägst, zeige mir dies, indem du vor mir die größten Höhen erreichst. Noch vor Tagesanbruch brechen wir auf, den Gipfel des Chomo-Lung-Ma zu besteigen. Wer von uns als Erster oben ankommt, soll der bessere Lehrmeister sein!›

Der Pombo-Lama war ein Meister der schwarzen Magie. Er besaß eine Zaubertrommel, auf der er durch die Lüfte schweben und an jeden Ort gelangen konnte.

Padma-Sambhava nahm die Herausforderung an. Der Pombo-Lama bereitete sich sofort auf den Aufbruch vor. Noch bei Dunkelheit setzte er sich auf seine Trommel und schwebte dem Gipfel entgegen.

Padma-Sambhava hingegen hatte keine Eile und legte sich schlafen. Als seine Schüler ihn sahen, riefen sie: ‹Meister, erwache! Der Pombo-Lama ist schon fast oben!›

Doch der Heilige lächelte nur und beruhigte sie. Er wusste, dass seine Lehren die besseren waren – denn er war Meister der weißen Magie. Die Magie des Guten. Die Magie der Liebe für alle Geschöpfe. Die große weiße Magie des Lichts, welche die Dunkelheit besiegt.

Als der Morgen anbrach und das erste Sonnenlicht die Dämmerung durchdrang, setzte sich Padma-Sambhava rittlings auf einen Sonnenstrahl, der ihn geradewegs auf den Gipfel des Chomo-Lung-Ma trug. Dort bestieg er den höchsten Thron aus Gold und Edelsteinen.

Die Tibeter sagen, dass der Thron von Padma-Sambhava noch heute auf dem Gipfel steht. Und sie glauben, dass es Ziel der Mount-Everest-Expeditionen sei, diesen Thron zu finden.»

(übersetzt aus Sybille Noel: «The Magic Bird of Chomo-Lung-Ma. Tales of Mount Everest», Doubleday, New York 1931)

Lama und Mönche des Klosters von Kharta, östlich des Mount Everest.

Alin» erstmals auf einer Landkarte, welche Jesuitenpatres in Peking anfertigten. Sie bildete die Basis für die früheste europäische Karte von Asien, d'Anvilles «Nouveau Atlas de Chine» von 1737.

DIE GROSSE TRIGONOMETRISCHE VERMESSUNG VON INDIEN

Zur Zeit d'Anvilles erfolgte die Landvermessung auf vergleichsweise primitive Weise: Distanzen entlang einer Marschroute wurden über die Umdrehungen eines kleinen Rades gemessen, das der Vermesser hinter sich herzog. Die Ortsbestimmung erfolgte wie in der Seefahrt über die Beobachtung von Sonne und Sternen mit einem Sextanten.

Mit der Ausdehnung des britischen Königreichs nach Indien wurde der Ruf nach einer genauen Landvermessung laut. Die Grenzen zu den Nachbarländern sollten exakt festgelegt werden, um geordnete politische Verhältnisse und Handelsbeziehungen zu gewährleisten. Dazu schlug der Landvermesser William L. Lambton im Februar 1800 vor, Südindien von Ost nach West mit einer Reihe von Messpunkten zu überziehen, welche die Basis für die Kartierung des gesamten Subkontinents darstellen sollten. Die Große Trigonometrische Vermessung (Great Trigonometrical Survey, GTS) von Indien war geboren.

Das grundlegende Prinzip der Vermessung war eine so genannte Triangulation: Zunächst wurde eine Basislinie für die Messung festgelegt. Dies geschah durch Aneinanderlegen von exakt zurechtgeschnittenen Stangen von drei Meter Länge. Die Stangen mussten unter Zelten aufgebaut und ausgerichtet werden, damit sie sich nicht durch Temperaturschwankungen und Feuchtigkeit verzogen und so das Messergebnis verfälschten. Bei dieser mühseligen Prozedur gelang es, Basislinien von 12 Kilometer Länge mit einer Abweichung von nur einem Zentimeter festzulegen.

An den beiden Enden der Basislinie wurde dann jeweils ein Turm von 20 Meter Höhe errichtet, auf dem ein Winkelmessgerät – der Theodolit – montiert wurde. Nun wurden die zwei Theodolite auf den gleichen Punkt im Gelände ausgerichtet. In diesem Dreieck waren damit die Länge einer Seite (der Basislinie) und zwei Winkel (zwischen Basislinie und Geländepunkt) bekannt. Darüber ließen sich nun die Distanzen zwischen den Enden der Basislinie und dem Geländepunkt berechnen. Die so bestimmten beiden Seiten des Dreiecks konnten jetzt als Basislinien für die Ausmessung eines weiteren Dreiecks dienen. War die Distanz zu einem Geländepunkt bekannt, konnte man zudem über eine weitere Triangulation seine Höhe über dem Ausgangspunkt der Messung bestimmen.

Die Messarbeiten in Indien waren ein ständiger Kampf mit dem unwegsamen Gelände, dem Wetter, Wildtieren und Tropenkrankheiten. Die Opfer unter den Vermessern waren zahlreich. Lambton, der Begründer und Leiter der GTS, starb 1823 in Zentralindien an Tuberkulose; Nachfolger wurde sein bisheriger Chefassistent, George Everest. Unter Everests Leitung gelang es, die Kette von Messpunkten bis an den Fuß des Himalaja voranzutreiben. In vier Jahrzehnten hatte man ganz Indien von Süd nach Nord überbrückt – über 2500 Kilometer weit, eine Distanz wie die von der Schweiz bis zum Nordkap.

«Gipfel 15»

Das Hauptproblem bei der Vermessung der Himalaja-Gipfel war die große Distanz. Viele der Berge lagen in Nepal, Sikkim oder Bhutan – in Ländern, die für Ausländer verboten waren. So waren die Vermesser gezwungen, ihre Messungen aus 200 Kilometer Entfernung und mehr durchzuführen, von wo aus sich das Gebirge als unüberschaubares Gewirr von Kämmen und Gipfeln darstellte.

Kein Zweifel bestand allerdings an der großen Höhe dieser Gipfel. Einige von ihnen waren über 8000 Meter hoch. Der Dhaulagiri galt zunächst als höchster Berg der Welt, wurde aber schon bald durch den Kangchenjunga abgelöst.

Weitere Messungen deuteten an, dass ein unscheinbarer Gipfel 110 Kilometer westlich des Kangchenjunga ebenfalls extrem hoch war. Der Berg mit der vorläufigen Bezeichnung «Gipfel 15» war 1847 erstmals entdeckt worden und wurde zwischen November 1849 und Januar 1850 von insgesamt sechs Stationen aus ins Visier genommen. Nach mehreren Berechnungen waren sich die Vermesser sicher: «Gipfel 15» war der höchste Berg der Welt. 1856 schließlich teilte Andrew Waugh, der damalige Leiter der GTS, dem Präsidenten der Royal Geographical Society in London das offizielle Ergebnis mit: «Gipfel 15» war 29 002 Fuß hoch – oder 8839 Meter.

Da Waugh kein lokaler Name des Berges bekannt war, schlug er vor, ihn nach seinem Vorgänger zu benennen, der die indische Landvermessung bis zum Himalaja vorangetrieben hatte. So erhielt der höchste Berg der Welt seinen Namen: Mount Everest.

Ist er wirklich der Höchste?

Mit der Öffnung Nepals für Ausländer 1950 hatten Landvermesser Gelegenheit, den höchsten Berg der Welt aus wesentlich geringerer Distanz in Augenschein zu nehmen als ihre Vorgänger hundert Jahre zuvor. Die neuen Messungen der Inder von 1952 bis 1954 ergaben schließlich die für lange Zeit offizielle Höhe des Mount Everest von 8848 Metern.

Die Chinesen vermaßen 1975 den Mount Everest von Norden, wozu sie auf dem Gipfel ein Vermessungsstativ errichteten. Neben der politischen sollte die Besteigung anscheinend auch wissenschaftliche Überlegenheit demonstrieren: In dem ideologielastigen Expeditionsbericht geben die Chinesen die neu gemessene Höhe auf zwei Stellen hinter dem Komma genau an – 8848,13 Meter –, was angesichts der Messgenauigkeit von 30 Zentimetern dann doch etwas bemüht wirkt. So oder so blieb der Mount Everest der höchste Berg der Welt.

Doch 1987 sorgte eine Meldung aus Amerika für Schlagzeilen: Eine Expedition zum zweithöchsten Berg der Welt, dem K2 im Karakorum am westlichen Ende des Himalaja, hatte nach Höhenmessungen über Satelliten (Global Positioning System, GPS) den Verdacht, dass zahlreiche Punkte der letzten Landvermessung 1937 möglicherweise rund 250 Meter zu niedrig berechnet worden waren. Ihr Umkehrschluss: Der K2 war möglicherweise 250 Meter höher als angenommen, 8859 statt 8611 Meter – und damit höher als der Mount Everest! Hatten Bergsteiger 65 Jahre lang den falschen Berg angegangen?

Der Italiener Ardito Desio wollte es genau wissen – und hatte die besten Gründe dafür: 1954 hatte er jene Expedition geleitet, der die Erstbesteigung des K2 gelungen war. Waren Lacedelli und Compagnoni die Erstbesteiger des höchsten Berges der Welt, nicht Hillary und Tensing? Mit nun bereits rüstigen neunzig Jahren leitete Desio eine Neuvermessung. Ihr Ergebnis: Der K2 war tatsächlich höher als zuvor angenommen – allerdings nur fünf Meter. Der Everest hingegen «wuchs» um volle 24 Meter auf 8872 Meter. Den möglichen Messfehler schätzten Desios Leute vorsichtig auf ± 20 Meter.

Auf der Suche nach genaueren Ergebnissen folgten in den letzten fünfzehn Jahren weitere Vermessungen. Die vorerst letzte und genaueste erfolgte 1999 im Rahmen einer Expedition der amerikanischen National Geographic Society und des Boston Museum of Science. Am 5. Mai 1999 erreichten die Bergsteiger Pete Athans und Bill Crouse zusammen mit fünf Sherpas den Gipfel. Auf den höchsten freiliegenden Felsen wenige Meter unterhalb des höchsten Punkts installierten sie einen GPS-Empfänger und nahmen über eine Stunde Messdaten auf. Die Daten zeigten, dass sich das Everest-Massiv durch die andauernde Kollision zwischen Indien und Asien pro Jahr bis zu 1 Zentimeter hebt und bis zu 6 Zentimeter nach Nordosten bewegt. Die neue offizielle Höhe des Mount Everest beträgt nach diesen Messungen 8850 Meter.

Was bleibt, ist die Bewunderung für die Genauigkeit der Landvermesser der GTS vor anderthalb Jahrhunderten. Ihre mittels Theodolit und Triangulation bestimmte Höhe des höchsten Berges der Welt wich nur ganze 11 Meter von diesem jüngsten, mit modernsten elektronischen Geräten ermittelten Wert ab.

«KANN DER MOUNT EVEREST BESTIEGEN WERDEN?»

Mit den ersten Himalaja-Expeditionen Ende des 19. Jahrhunderts war es nur eine Frage der Zeit, wann die Idee einer Besteigung des höchsten Berges der Welt in den Köpfen der Bergsteiger auftauchen würde. Der Engländer Clinton Dent erörterte die Möglichkeit bereits 1885 in seinem Buch «Above the Snowline», und zwei seiner Landsleute, Charles Grenville Bruce und Francis Younghusband, spielten 1893 mit dem Gedanken, auf ihrer Reise von Pakistan nach Tibet den Everest zu versuchen. Fast dreißig Jahre später spielten beide Männer auf unterschiedliche Weise eine wichtige Rolle bei der Organisation der ersten Everest-Expeditionen.

Die erste Expedition sollte eigentlich schon 1907 anlässlich des fünfzigjährigen Bestehens des Alpine Club organisiert werden. Neben Charles Bruce, Tom Longstaff und Arnold Mumm waren auch drei Bergführer aus den Alpen als Mitglieder vorgesehen: der Schweizer Moritz Inderbinen sowie die Brüder Alexis und Henri Brocherel aus Courmayeur auf der italienischen Seite des Mont Blanc. Das Unternehmen scheiterte jedoch an politischen Hürden. Tibet lag zwischen den Großmächten England (Indien) und Russland, und die Regierung in Indien befürchtete, dass eine englische Expedition durch Tibet zu unnötigen Spannungen führen könnte.

DER VERKLEIDETE OFFIZIER

John Baptist Lucius Noel war 1913 ein junger Offizier einer Einheit der britischen Armee in Kalkutta. Nachdem er bereits mehrere Exkursionen in den Bergen Nordindiens unternommen hatte, reifte in ihm der Plan, einen Zugang zum Everest zu erforschen – auf eigene Faust, und durch das verbotene Tibet. «Um nicht entdeckt zu werden, wollte ich Dörfer und besiedelte Gebiete umgehen. Wir würden unsere Verpflegung mit uns tragen. Meine drei einheimischen Begleiter unterschieden sich nicht sehr von den Tibetern, und ich selbst färbte mein Haar und meine Haut dunkel. Mein Gesicht und meine Augen verrieten mich zwar noch immer als Fremden, doch ich konnte mich als indischer Reisender ausgeben.»

So verkleidet, gelangte die Gruppe tatsächlich von Sikkim aus über versteckte Hochtäler und Pässe nördlich des Kangchenjunga bis nach Tibet. Zu ihrer Enttäuschung stellten sie dort fest, dass die vorhandenen Karten der Region falsch waren. Zwar konnten sie den Mount Everest bereits sehen, doch ein nicht verzeichneter hoher Bergkamm versperrte den Weg zur Ostseite des Massivs. Die vier versuchten noch, den Kamm zu umgehen, bevor eine Schießerei mit tibetischen Soldaten sie endgültig zurücktrieb. Noel war dem Mount Everest bis auf 60 Kilometer nahe gekommen, näher als jeder andere Europäer vor ihm.

Die illegale Reise hätte für Noel beinahe noch ein böses Nachspiel gehabt: Durch seinen «Abstecher» hatte er die erlaubte Zeit der Abwesenheit von der Truppe um volle zwei Monate überschritten – ein Vorfall, der ihn vor ein Militärgericht hätte bringen können. Er redete sich damit heraus, dass er bei einer Flussüberquerung einen Teil seines Gepäcks samt Kalender verloren hätte. Sein Vorgesetzter war gnädig: «Nehmen Sie beim nächsten Mal zwei Kalender mit!»

Noels Reise hatte zwar wenig neue Erkenntnisse über den Mount Everest gebracht, doch der Vortrag über das Abenteuer, den er sechs Jahre später in London hielt, sollte weitreichende Folgen haben. Unter den Zuhörern waren alle wichtigen Mitglieder der renommierten Royal Geographical Society und des Alpine Club, die Presse berichtete ausführlich. Der höchste Berg der Welt rückte ins Licht der Öffentlichkeit. Schon im darauf folgenden Jahr begannen erste ernsthafte Planungen. Die Regierungen von Tibet und Indien wurden erneut um eine Genehmigung für die Anreise zum Berg ersucht, und nach zähen Verhandlungen sagte der Dalai-Lama im Dezember 1920 schließlich zu. Der Weg für die erste Expedition zum Mount Everest war frei.

«Wir sind dabei, die Landkarte zu verlassen!»

Die Ziele der Erkundungsexpedition von 1921 waren ganz grundlegende: den Berg zu finden, einen Zugang zum Berg zu finden und eine mögliche Route zum Gipfel zu finden. Es war eine klassische Forschungsexpedition. Als Leiter hatte das neu gegründete «Mount-Everest-Komitee» den Iren Charles K. Howard-Bury ausgewählt, der entscheidend zum Durchbruch bei den Verhandlungen mit Indien und Tibet beigetragen hatte. Ihm unterstellt waren die Landvermesser Henry T. Morshead und Edward O. Wheeler, der Geologe Heron sowie Alexander Wollaston als Arzt und Naturalist. Vier Bergsteiger vervollständigten die Gruppe: Harold Raeburn, Alexander M. Kellas, Guy H. Bullock und ein 35-jähriger Lehrer aus Charterhouse, dessen Name für immer mit dem Mount Everest verknüpft bleiben sollte – George Leigh Mallory.

Mitte Mai brach die Expedition von Darjeeling in Nordindien auf. Nach dem Marsch durch die feuchtheißen Regenwälder Sikkims überquerten sie den Pass Jelep La («La» ist das tibetische Wort für «Pass») und gelangten durch das Chumbital auf das staubtrockene, windumtoste Hochplateau von Tibet. Das wechselnde Klima, die Anstrengung der langen Fußmärsche und die schlechte Verpflegung zehrten an den Kräften. Besonders Kellas und Raeburn, die beiden ältesten Mitglieder, litten unter den Strapazen. Zusätzlich von der Ruhr geschwächt, musste Kellas sogar getragen werden.

Das nördliche
Tor zum Mount
Everest: Kloster
Rongbuk.

Kurz vor Erreichen der Stadt Kampa Dzong («Dzong» ist das tibetische Wort
für «Festung») starb er schließlich an Herzversagen – das erste Opfer des
Mount Everest. Als Raeburns Zustand sich nicht verbesserte, begleitete ihn
Wollaston zurück nach Sikkim, wo er sich erholte; er stieß später wieder zur
Expedition.

Um zwei ihrer erfahrensten Teilnehmer beraubt, setzten die anderen die
Reise fort. Westlich von Kampa Dzong betraten sie unbekanntes Land. Oder,
wie Mallory es ausdrückte: «Wir sind dabei, die Landkarte zu verlassen!»

Auf dem Weiterweg, am 13. Juni, bot sich Mallory und Bullock die
Gelegenheit, von einer hohen Klippe aus einen Überblick über die Hauptkette des Himalaja zu gewinnen. Wolken verdeckten zunächst die Gipfel –
doch dann öffnete sich der Vorhang langsam. Der Anblick muss Mallory tief
beeindruckt haben: «Schwarz wandelte sich zu Grau, und Schneefelder
begannen durch die Trübe zu schimmern. Riesige Bruchstücke eines Eis-
gebirges fanden sich allmählich zusammen. Traumhaft ungeheuerlich, wie
in überweltlichen Geburtswehen, entwand Gestaltung sich den Nebeln. Aus
den Tiefen stieg ein unglaublicher dreieckiger Klotz mit siebziggradiger

Schneide, die von nirgends kam und sich ins Nichts verlor. Links davon hing ein schwarz gezahnter Kamm frei in der Himmelsluft. Langsam baute sich der Berg aus Wänden, Gletschern, Graten auf, die nacheinander ihre Umrisse klärten und wieder verschmolzen. Und endlich, weit oben, viel höher, als man ahnte, in höchster Himmelsferne, das weiße Haupt des Everest.»

Der Berg war gefunden – nun galt es, zu ihm zu gelangen. Die Expedition teilte sich auf. Eine Gruppe erkundete die Region um den Achttausender Cho Oyu, wobei sie der alten Handelsroute zum Pass Khombo La (heute Nangpa La) an der Grenze zu Nepal folgten. Eine andere Gruppe ging weiter nach Südwesten bis Nyalam und zum Rongshartal. Mallory und Bullock schließlich wandten sich südostwärts und gelangten über den Lamna La in das Tal von Rongbuk, das Tor zum Mount Everest.

In den folgenden Wochen erforschten die beiden den Haupt-Rongbukgletscher und seinen westlichen Seitenarm. Von einem nahen Gipfel aus sahen sie, dass ein Sporn am linken Rand der Nordwand des Everest eine Anstiegsmöglichkeit zum Nordostgrat bot, welcher weiter zum Gipfel führ-

Die britische Erkundungsexpedition 1921. Hintere Reihe (von links): Wollaston, Howard-Bury, Heron, Raeburn. Vordere Reihe (von links): Mallory, Wheeler, Bullock, Morshead.

te. Am Fuß des Sporns lag ein Pass, der den Everest von seinem nördlichen Nachbarn Changtse trennte. Sie nannten diesen Pass Chang La oder Nordsattel.

Da die Westseite des Nordsattels zu steil erschien, hofften Mallory und Bullock auf einen leichteren Zugang von der anderen Seite. Hier machten sie einen entscheidenden Fehler: Sie nahmen an, dass das Tal auf der anderen Seite nur nach Osten führen konnte. Um diesen Zugang zu finden, umrundeten sie ein Viertel des Massivs bis zu den Tälern von Kharta und Kama an der Ostseite, ein Fußmarsch von über 150 Kilometer Länge. Das Kamatal führte sie zur gewaltigen Ost- oder Kangshungwand des Everest. Schon der erste Anblick der Felsbastionen und Hängegletscher reichte Mallory, sie als möglichen Anstieg zu verwerfen. «Andere, weniger weise Männer mögen sie vielleicht probieren – wir jedenfalls nicht!»

Mitte August verfolgten sie den Khartagletscher, wo Bullock ihren Fehler erkannte. Der Gletscher führte nicht zum Nordsattel. Zwischen ihnen und dem Rongbuktal lag noch ein weiterer Gletscher, der nach Norden floss. Und sie erinnerten sich an einen Fluss aus einem Seitental des Haupt-Rongbukgletschers, den sie Wochen zuvor überquert hatten … Selbst heute, nach dem Rückgang des Eises, kann man die Eistürme des Gletschers im Hintergrund dieses Seitentals schon von weitem sehen – und so wird es für immer ein Rätsel bleiben, warum die Expedition von 1921 seine Bedeutung nicht erkannte.

Nachdem Mallory und Bullock auf diese Weise die Zugänge zum Everest von Norden und Osten entschlüsselt hatten, kehrten sie nach Kharta zurück, wo sie erneut mit Howard-Bury, Wheeler, Morshead und Raeburn zusammentrafen. Dann beschloss Mallory, einen letzten Versuch zu unternehmen, den Nordsattel vom Pass am Ende des Khartatals aus zu erreichen. So stiegen alle fünf erneut talaufwärts. Auf 6100 Metern errichteten sie ein Lager, in dem sie vom Monsunschnee geschlagen drei Wochen festgehalten wurden. Nichts beschreibt die Leidensfähigkeit der Männer besser als Bullocks Tagebucheintrag vom 12. September: «Es fielen mindestens 15 Zentimeter Schnee […]. Da ich nur einen Mantel hatte, welcher zudem nass war, verbrachte ich den Abend im Pullover. Gott sei Dank hatte ich noch einen zweiten.»

Erst am 23. September konnten sie ihren Aufstieg fortsetzen und übernachteten bei klirrender Kälte auf dem Pass. Am nächsten Morgen waren nur noch Mallory, Bullock und Wheeler fähig weiterzugehen. Zusammen mit zehn Trägern stiegen sie zum Ost-Rongbukgletscher auf der anderen Seite des Passes hinab, wo sie abermals kampierten.

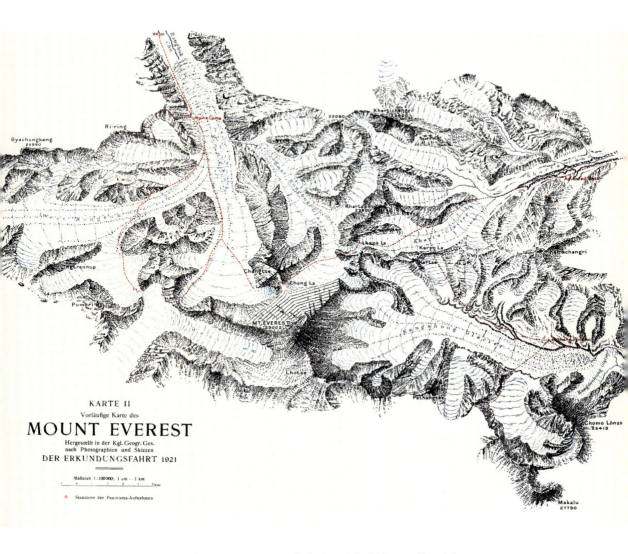

KARTE II
Vorläufige Karte des
MOUNT EVEREST
Hergestellt in der Kgl. Geogr. Ges.
nach Photographien und Skizzen
DER ERKUNDUNGSFAHRT 1921

Maßstab 1:100000; 1 cm = 1 km

Standorte der Panorama-Aufnahmen

Es waren drei müde Bergsteiger und drei müde Träger, die sich am 25. September 1921 auf die letzte Etappe zum Nordsattel aufmachten. Zu ihrem Glück waren die Eishänge unschwierig, nur das oberste Stück war steil, und sie mussten sich durch tiefen Schnee aufwärts kämpfen. Nach viereinhalb Stunden, um 11.30 Uhr, hatten sie es geschafft und standen auf der Passhöhe, 7066 Meter hoch.

Der Weg zum Mount Everest lag hinter ihnen. Vor ihnen ragte der breite Felssporn des Nordgrats in den Himmel – der Weg zum Gipfel.

Shisha Pangma
8027 m
▲

Nyalam (3750 m) ●

Zhangmu ●
(2300 m)

Kodari (1500 m) ●

Bhote-Kosi-Tal

nach 1979

Kathmandu (1300 m)

nach 1952

Tingri (4390 m) ●

Thong La
(5125 m)

1921

nach 1979

Shekar Dzong
(4455 m) ●

1958–1979

Pang La
(5120 m)) (

Lamna La
(5120 m)

1921

1922–1938

Rongbuktal

Rongbuk ●
(4980 m)

Khartatal

Cho Oyu
8201 m
) (▲

Rongshartal

Nangpa La
(5741 m)

Mount Everest
8850 m
▲

Lhotse
8516 m
▲

Karnatatal

Sagarmatha-
Nationalpark

Nuptse
7861 m
▲

Makalu
8463 m
▲

Namche Bazaar
(3440 m) ●

● Thyangboche
(3870 m)

Dudh-Kosi-Tal

● Lukla (2870 m)

N i e d e r h i m a l a j a

1950/51

Arun

S i w a l i k s

Dhara

TIBET (CHINA)

Hochplateau von Tibet

1921–1938

Kampa Dzong (4630 m)

Kangchenjunga
8586 m ▲

Hochhimalaja

SIKKIM

Chumbital

Jelep La
(4390 m)

NEPAL

Darjeeling
(2190 m)

arta

**Historische und
aktuelle Anmarsch-
wege zum Everest**

Historische Anmarsch-
route der Erkundungs-
expedition 1921, der
britischen Vorkriegs-
versuche 1922–1938
(zur Nordseite, von
Darjeeling) und der
Erkundungsexpeditio-
nen 1950/51 (zur Süd-
seite, von Dharan)

Heutige Anmarsch-
route zur Südseite
(von Kathmandu)

Heutige Anmarsch-
route zur Nordseite
(von Kathmandu
oder Lhasa)

KAPITEL 3

DIE PIONIERE

«Bis hier mit neunzig Atmosphären
während der zwei Tage. Werden wahrscheinlich
mit zwei Flaschen gehen. Ist aber doch
eine verfluchte Last beim Klettern.
Großartiges Wetter für den Aufstieg!»

Letzte Notiz George Mallorys
aus Lager VI, 7. Mai 1924

Die Versuche der Jahre 1922 bis 1938

Nach der Erkundung 1921 schrieb der Vorsitzende des Mount-Everest-Komitees, Sir Francis Younghusband: «So viel ist sicher, dass ein unbestiegener Mount Everest keinem begeisterten Bergsteiger die Ruhe lässt […]. Der Wunsch, auf dem höchsten Gipfel der Erde zu stehen, muss jedes Bergfreundes Herz erfüllt haben, seitdem die Zinnen der Alpen sich beugten. Je höher einer gestiegen ist, desto höher will er hinauf.»

Mit dem gleichen Pioniergeist, der sie bereits zu den Ozeanen und Polen aufbrechen ließ, unternahmen die Engländer im darauf folgenden Jahr den ersten Versuch, den Mount Everest zu besteigen.

«Englische Luft»

Obwohl George Mallory als der bedeutendste Bergsteiger der ersten Everest-Expeditionen gilt, spielte in ihnen noch ein anderer George eine wichtige Rolle: George Ingle Finch (1888–1970). Finch, geboren in Australien und aufgewachsen in der Schweiz, war ein erfahrener Westalpen-Bergsteiger und hatte mit den Traditionen seiner britischen Kollegen nur wenig am Hut. Während diese beispielsweise noch auf ihre Tweed- und Segeltuch-Overalls vertrauten, trug Finch einen nach eigenem Entwurf angefertigten Daunenparka – die erste Daunenkleidung auf einer Himalaja-Expedition. Doch Finchs radikalste Ideen betrafen die Verwendung von künstlichem Sauerstoff, um der verringerten Luftdichte in großen Höhen zu begegnen.

Von Beginn an spaltete die Sauerstoff-Frage die Bergsteiger in zwei Lager. Diejenigen, die sich gegen eine Verwendung aussprachen – darunter auch George Mallory –, taten dies vornehmlich aus ethischen Gründen. Für sie war Sauerstoff ein unsportliches Hilfsmittel, da er quasi die Höhe des Berges verringerte. Die Befürworter hingegen sahen es als vordergründiges Ziel der Expedition an, «den Everest mit allen verfügbaren Mitteln zu besteigen». Für sie war künstlicher Sauerstoff ein Ausrüstungsgegenstand wie Eispickel oder Steigeisen, nicht mehr und nicht weniger.

Doch die Sauerstoffgeräte waren schwer und unzuverlässig. Mit vier vollen Stahlflaschen wog ein Apparat fast 15 Kilogramm und konnte den Bergsteiger sieben bis acht Stunden lang mit Atemluft versorgen. Viele der empfindlichen Ventile, Druckregler und Zuleitungen überstanden den

George Ingle Finch

Linke Seite: Der Weg der Pioniere: Blick vom Nordsattel auf die Nordwand des Mount Everest. Links der Nordgrat, rechts das Große Couloir, darüber die Schneide des Nordostgrats mit den Felsstufen.

Vorangehende Doppelseite: Der letzte Anstieg. George Mallory und Andrew Irvine auf dem Nordsattel beim Aufbruch zu ihrem Gipfelversuch, 6. Juni 1924.

61

Heute und gestern: Lager einer modernen Expedition auf dem Nordsattel (oben); Lager IV auf dem Nordsattel 1922, im Hintergrund Nordgrat und Nordostschulter (rechte Seite).

Folgende Doppelseite: Abend in Lager V am Nordgrat.

rauen Transport nicht, und als die Expedition im Basislager eintraf, hatten nur noch wenige Vertrauen in die exotische Maschinerie.

Es ist heute nur schwer vorstellbar, wie vielen Unbekannten sich die Expedition von 1922 gegenübersah. Der Anmarsch über den Ost-Rongbukgletscher, inzwischen der zweithäufigst benutzte Zustieg zum Berg, war damals zwar kartiert, aber noch nicht begangen worden. Und als die erste Gipfelmannschaft am Nordgrat auf 7620 Metern Lager V aufschlug, übernachteten sie höher, als Menschen je zuvor gestiegen waren.

So wenig Vorstellung hatten sie von den Anstrengungen in der Höhe, dass Mallory hoffte, schon am nächsten Tag den Gipfel zu erreichen. Seine Begleiter waren Edward Norton, Howard Somervell und Henry Morshead. Letzterer fühlte sich jedoch unwohl und blieb im Lager zurück. Ohne künstlichen Sauerstoff kamen die anderen nur langsam voran. Am frühen Nachmittag, in 8120 Meter Höhe, gaben sie schließlich auf. Sie waren die ersten Menschen, welche die magische Achttausend-Meter-Marke überschritten hatten.

Zwei Tage später versuchte es Finch mit seiner «Geheimwaffe», dem Sauerstoff. Die Hoffnungen, die er in das Gerät gesetzt hatte, schienen sich

Bergsteiger mit
Sauerstoffgerät
im Jahr 1922.

Rechte Seite:
Eine moderne
Expedition beim
Aufstieg über
den Nordgrat.

zu erfüllen: Als er mit Geoffrey Bruce und dem Nepa-
lesen Tejbir den Nordgrat hinaufstieg, gelang es ihnen
trotz der Last der Sauerstoffflaschen, ihre Hochträger zu
überholen, die eineinhalb Stunden vor ihnen aufgebrochen waren. Doch dann wendete sich ihr Glück. Ein
tosender Sturm hielt sie zwei Nächte lang im Lager V
gefangen. Angesichts drohender Erschöpfung und
Unterkühlung beschloss Finch, Sauerstoff zum Schlafen
einzusetzen – eine Entscheidung, die ihnen das Leben
rettete.

Trotzdem versuchten die drei am nächsten Morgen
einen Gipfelaufstieg. Tejbir war bereits nach kurzer Zeit
am Ende seiner Kräfte, doch Finch und Bruce stiegen
weiter. Der erneut aufkommende Wind zwang sie, den
Grat zu verlassen und nach rechts in die steile, abschüssige Nordflanke zu queren. Nach einer Traverse von fast
einem Kilometer setzten sie den Aufstieg fort, hinauf
in die Felsen des Gelben Bandes, der markanten Kalksteinschicht unter der Schneide des Nordostgrates.
Plötzlich hörte Finch unter sich einen Schreckensruf von Bruce: «Ich
bekomme keinen Sauerstoff mehr!» Rasch kletterte er zurück und konnte
seinen Partner in letzter Sekunde halten, bevor dieser rücklings in die Tiefe
gestürzt wäre. Ein Verbindungsstück seines Luftschlauchs war gebrochen.
Obwohl den beiden noch eine Reparatur gelang, sah Finch ein, dass ein
Weitergehen aussichtslos war. «Wir litten wirkliche Tantalusqualen. Nach
den Albdrücken der Sturmnacht waren wir nicht mehr in der richtigen
Verfassung. Ich fühlte, dass wir beide nicht mehr lebendig herunterkom-
men würden, wenn wir auch nur hundert Meter weiterstiegen.» Sie hatten
8380 Meter erreicht. Es war eine außergewöhnliche Leistung von beiden,
insbesondere von Bruce: Sein Versuch am höchsten Berg der Welt war seine
erste Bergtour überhaupt!

Am Ende war es eine weitere Unbekannte des Mount Everest, welche der
Expedition von 1922 zum Verhängnis wurde. Da sie mit den Verhältnissen
und dem Wetter am Berg nicht vertraut waren, unternahmen Mallory,
Somervell und Colin Crawford noch einen dritten Versuch, obwohl Tage
zuvor der Monsun mit starken Schneefällen eingesetzt hatte. Der Versuch
endete mit einer Tragödie: Beim Aufstieg zum Nordsattel löste sich eine
Lawine und begrub neun Träger unter sich. Sieben von ihnen starben.

Andrew Comyn
Irvine (links) und
George Leigh
Mallory (rechts) in
Bleistiftzeichnun-
gen, die Captain
John Noel nach
Fotografien für sein
1927 erschienenes
Everest-Buch
«Through Tibet to
Everest» anfertigen
ließ.

Rechte Seite:
In Tweed und
Nagelschuhen auf
über 8000 Metern:
Mallory und
Norton 1922 beim
Aufstieg über
den Nordgrat.

1924: ZWEI VERSCHWINDEN IM NEBEL

George Mallorys Antwort auf die Frage, warum er den Everest besteigen wolle, ist legendär: «Weil er da ist!» Doch so sinnig und eindeutig sie scheint, so verbarg sie doch Mallorys innere Zerrissenheit. Die Expedition von 1924 würde seine dritte zum Everest sein – und da er bereits 37 Jahre alt war, sicherlich seine letzte. Seine persönliche Ambition, als Erster den höchsten Berg der Welt zu besteigen, grenzte an Besessenheit. Ihr entgegen stand seine Liebe und die Verantwortung für seine Frau Ruth und ihre drei Kinder. Mallory spürte die Anspannung, die dieser Gegensatz in ihm auslöste – und entschied sich für den Berg.

Leiter der Expedition war wie zwei Jahre zuvor General Charles Bruce. Den harten Kern bildeten die Bergsteiger von 1922: Mallory, Norton, Somervell und Geoffrey Bruce. Nur Finch fehlte. Auf Grund seiner unorthodoxen Art, die dem Establishment des Everest-Komitees stets ein Dorn im Auge war, hatte man ihn diesmal endgültig zur «unerwünschten Person» erklärt. Andere Mitglieder waren der Geologe Noel Odell, Bentley Beetham, John Hazard, der Arzt Richard Hingston, der Fotograf John Noel – und schließlich noch ein 22-jähriger Student aus Oxford, der an der Seite Mallorys in die Geschichte eingehen sollte: Andrew «Sandy» Irvine.

Historiker rätselten lange, warum Mallory gerade ihn, einen bergunerfahrenen Neuling, als Partner für den letzten Gipfelversuch auswählte. Erklärungen gingen gar so weit, dass die beiden angeblich mehr als nur Freundschaft verbunden hätte. Doch die erst jüngst erschienene Biografie Irvines zeichnet ein anderes Bild von dem jungen Mann: Er war ein trainierter Sportler und voller Abenteuerlust. Seine Entschlossenheit, den Gipfel

zu erreichen, stand jener von Mallory in nichts nach. Auf der Expedition zeigte er bemerkenswerte Ausdauer und bewies außergewöhnliches technisches Geschick – besonders im Umgang mit den Sauerstoffgeräten, die er eigenhändig verbesserte und umbaute. «Sie schienen ein ideales Paar», schrieb der britische Journalist Peter Gillman: «Mallory, der Stratege und Träumer; Irvine, der um die technischen Details bemühte Praktiker.»

Die Expedition hatte von Beginn an Schwierigkeiten: General Bruce erkrankte beim Anmarsch an Malaria und musste die Leitung an Norton abgeben. Dann verhinderten schwere Stürme im Mai den Aufstieg zum Nordsattel. Die ausgeklügelte Versorgungskette für die Gipfelversuche brach zusammen, zwei einheimische Helfer der Expedition starben. Zuletzt waren Mallory, Norton und Somervell zu einer kraftraubenden Rettungsaktion gezwungen, als nach einem weiteren Sturm vier Träger auf dem Nordsattel abgeschnitten waren.

Ohne genügend Träger für den Transport der Stahlflaschen standen die Zeichen für einen Gipfelaufstieg mit Sauerstoff schlecht. Mallory unternahm zwar einen halbherzigen Versuch ohne Gerät, kehrte mit Geoffrey Bruce aber bereits im Lager V um. Der Wind war zu stark – aber vielleicht realisierte Mallory auch, dass er unter diesen Bedingungen keine Chance hatte, sein Lebensziel zu erreichen.

Dann aber gelang es Norton und Somervell doch noch, gemeinsam mit drei Trägern ein letztes Lager, Lager VI, in 8140 Meter Höhe zu errichten. Am Morgen des 4. Juni brachen sie auf. Immer höher stiegen sie, gegen die dünne Luft der Höhe ankämpfend. «Wir schlichen dahin wie Schnecken», berichtete Norton. «Es war mein höchster Ehrgeiz, zwanzig Schritte zu tun, ohne anzuhalten und nach Luft zu schnappen. Ich habe es nur auf dreizehn gebracht.» Somervells Hals war durch die trockene, kalte Luft ausgedörrt, und er litt unter quälendem Husten. Norton begann doppelt zu sehen. Da ihnen der Nordostgrat zu schwierig erschien, querten sie auf abschüssigen Bändern unterhalb der Gratkante nach rechts in Richtung einer großen Rinne, welche die gesamte Nordwand bis unter die Gipfelpyramide durchzieht und einen leichteren Weg versprach. Auf 8530 Metern gab Somervell auf.

Norton schleppte sich noch eine Stunde lang weiter, querte die mit hüfthohem Schnee gefüllte Rinne, doch die Felsen auf der anderen Seite stoppten auch ihn. «Die Bergflanke besteht hier aus Platten, die wie Dachziegel übereinander liegen und auch ungefähr so steil sind wie ein Dach [...]. Von einem Dachziegel auf den anderen tretend, hatte ich das Gefühl, nur durch die Reibung der Schuhnägel auf den Gesteinsflächen zu haften [...]. Ich war nahezu am Ende meiner Kräfte und ging viel zu langsam, um den Gipfel zu erreichen.»

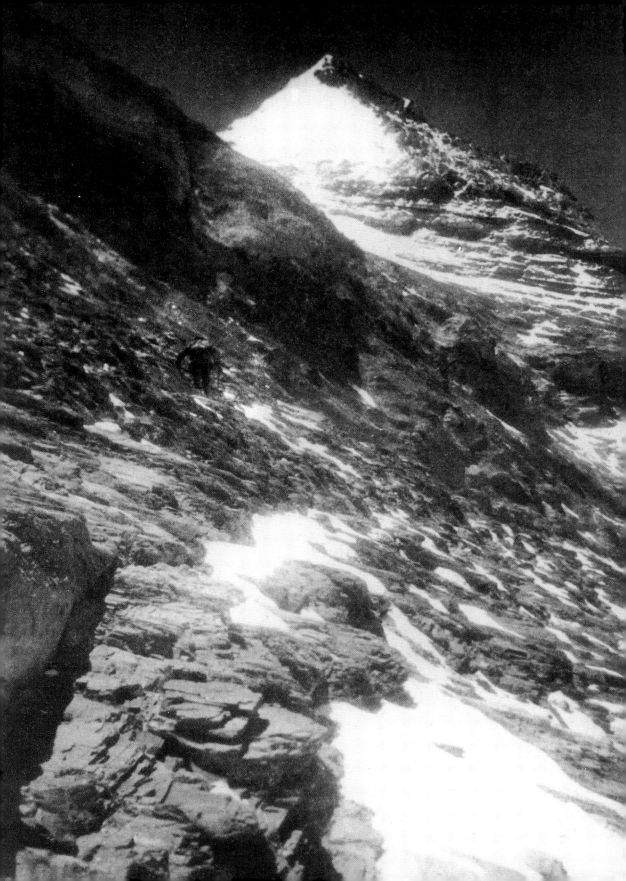

Ohne Sauerstoffgerät war Norton bis auf 8572 Meter gelangt – eine Leistung, die erst 54 Jahre später überboten werden sollte. Doch die Expedition war damit noch nicht vorbei. Als Norton und Somervell am späten Abend zum Nordsattel zurückkehrten, eröffnete ihnen Mallory, dass er es noch einmal versuchen würde – mit Sauerstoff, und mit Irvine als Begleiter.

Es war Mallory gelungen, nochmals genügend Träger für einen Versuch aufzubieten. Da die obersten Lager bereits mit Proviant und Schlafsäcken ausgestattet waren, konnten fast alle Träger zum Transport von Sauerstoffflaschen eingesetzt werden. Bis zum Lager VI wollten Mallory und Irvine nur wenig Sauerstoff benutzen, um möglichst viele Flaschen für den letzten Anstieg zur Verfügung zu haben – drei pro Person, ein Vorrat für zwölf bis sechzehn Stunden.

In seinen beiden letzten Notizen, welche die absteigenden Träger aus dem Hochlager hinabbrachten, bestätigte Mallory, dass sein Plan bis dahin aufgegangen war: Er und Irvine hatten weniger als eine Flasche Sauerstoff bis zum Lager VI gebraucht und nahmen an, beim Gipfelanstieg wahrscheinlich mit zwei Flaschen auszukommen. Sie wollten früh aufbrechen und hofften, um 8 Uhr entweder am Grat zu sein oder – wie Norton – die Felsbänder unterhalb der Gipfelpyramide zu queren.

Am 8. Juni, dem Gipfeltag, stieg Noel Odell selbst hinauf bis ins Lager VI. Das Wetter an diesem Morgen war anfangs gut, später verdeckten allerdings Nebelbänke die Sicht auf den Berg. Um 12.50 Uhr war Odell noch etwa eine Stunde unterhalb des Lagers, auf etwa 8000 Metern, als plötzlich über ihm der Wolkenvorhang aufriss. «Meine Augen wurden von einem winzigen schwarzen Fleck angezogen, dessen Silhouette auf einem kurzen Schneegrat unterhalb einer Felsstufe im Grat sichtbar wurde. Ein zweiter schwarzer Punkt tauchte auf und bewegte sich über den Schnee, bis er den anderen auf dem Kamm erreicht hatte. Nun näherte sich der erste der großen Felsstufe und tauchte kurz darauf auf ihrer Spitze auf; der zweite folgte dem ersten. Dann verschwand das ganze faszinierende Bild wieder in den Wolken.» Das war das letzte Mal, dass Mallory und Irvine lebend gesehen wurden.

Im Lager VI fand Odell zahlreiche Ausrüstungsgegenstände der beiden, darunter Teile der Sauerstoffgeräte, aber keine Nachricht oder Notizen. Wenig später setzte heftiges Schneetreiben ein. Als es zwei Stunden später wieder aufklarte, konnte Odell am Gipfelgrat keinerlei Spuren ausmachen. Zurück auf dem Nordsattel, hielt er bis in die Nacht Ausschau nach Lichtsignalen, ebenfalls ohne Erfolg. Als Odell zwei Tage später erneut Lager VI erreichte, fand er das Zelt unverändert vor. Mallory und Irvine waren nicht zurückgekehrt – und der Mount Everest barg fortan sein größtes Geheimnis: Hatten sie den Gipfel erreicht?

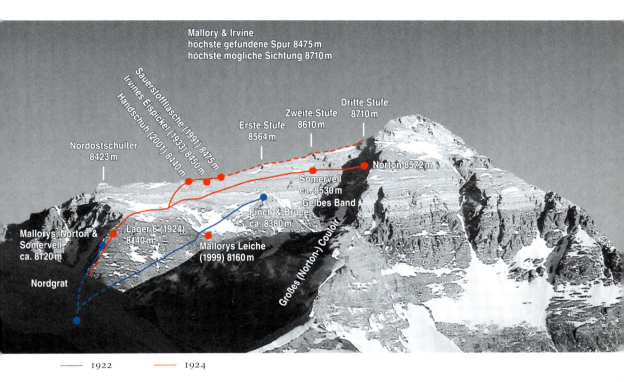

Mallory & Irvine
höchste gefundene Spur 8475 m
höchste mögliche Sichtung 8710 m

Sauerstoffflasche (1991) 8475 m
Irvines Eispickel (1933) 8450 m
Handschuh (2001) 8440 m

Dritte Stufe
8710 m

Zweite Stufe
8610 m

Erste Stufe
8564 m

Nordostschulter
8423 m

Norton 8572 m

Somervell
ca. 8530 m

Gelbes Band

Finch & Bruce
ca. 8380 m

Mallorys, Norton &
Somervell
ca. 8120 m

Lager 6 (1924)
8140 m

Mallorys Leiche
(1999) 8160 m

Nordgrat

Großes (Norton-) Couloir

— 1922   — 1924

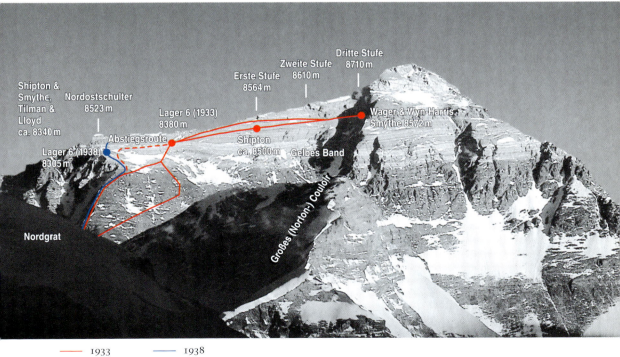

Dritte Stufe
8710 m

Zweite Stufe
8610 m

Erste Stufe
8564 m

Shipton &
Smythe,
Tilman &
Lloyd
ca. 8340 m

Nordostschulter
8523 m

Lager 6 (1933)
8380 m

Wager & Wyn-Harris,
Smythe 8572 m

Abstiegsroute

Shipton
ca. 8500 m

Gelbes Band

Lager 6 (1938)
8305 m

Nordgrat

Großes (Norton-) Couloir

— 1933   — 1938

Das Problem der Vorkriegsexpeditionen – Nordostgrat oder Nordwand? Auf der (übersteilten) Aufnahme auf der rechten Seite sieht man beide Routen: Nortons Traverse, die am Fuß der dunklen Felsen nach rechts querte, und der von Mallory favorisierte Anstieg über die Gratschneide mit der markanten Zweiten Stufe. Der höchste 1924 von Norton erreichte Punkt liegt in der rechten unteren Bildecke (Kreuz). Die Bildreihe links zeigt die Schlüsselpassagen am Nordostgrat: oben die Erste Stufe, unten die Zweite Stufe. In der Mitte eine Detailaufnahme der Schlusswand der Zweiten Stufe – fünf Meter im V. bis VI. Schwierigkeitsgrad. Seit 1975 hilft eine von Chinesen angebrachte Aluminiumleiter über diese Passage hinweg.

Der Everest-Krimi

Ein Mann und sein Berg – das Ende einer Legende. George Mallory, so wie ihn die Suchexpedition am 1. Mai 1999 fand, 75 Jahre nach seinem Verschwinden.

Vorangehende Doppelseite: «A God's view – eine göttliche Aussicht!» Howard Somervells Beschreibung von 1924 gilt auch heute noch: Blick von Lager VI auf 8200 Metern hinaus nach Tibet. Links die Westschulter des Everest, rechts Changtse und Nordsattel. Am Horizont in den Wolken der Cho Oyu.

Zwei Männer verschwinden im Nebel. Der einzige Zeuge verstrickt sich später in Widersprüche. Nach Jahrzehnten wird eine Leiche gefunden – doch der Finder wird, nachdem er von seiner Entdeckung berichtet hatte, getötet. Stoff aus einem Krimi? Everest-Geschichte!

Was war mit Mallory und Irvine geschehen? Das Rätsel und die Ansätze zu seiner Lösung lesen sich wie eine Detektivgeschichte – eine Spurensuche in der Todeszone. Im Laufe der Jahrzehnte hat der Berg aber nur wenige Spuren preisgegeben.

Der Eispickel von Andrew Irvine wurde 1933 in 8450 Meter Höhe am Nordostgrat gefunden. 1975 entdeckte ein Chinese in der Flanke unterhalb des Grates einen «englischen Toten» in alter, windzerfetzter Kleidung. Vier Jahre später berichtete der Chinese auf einer japanischen Expedition von seinem Fund, doch bevor man ihn nach Details befragen konnte, kam er in einer Lawine um. Der Amerikaner Eric Simonson stieß 1991 unweit des Eispickelfundortes auf eine Sauerstoffflasche von 1924. Simonson war es auch, der 1999 die «Mallory-&-Irvine-Suchexpedition» leitete, die schließlich die Leiche von George Mallory in 8155 Meter Höhe in der Nordwand des Mount Everest aufspürte.

Die Forscher stützten ihre Hoffnung, das Rätsel um Mallorys und Irvines letzten Aufstieg zu lösen, vor allem auf eine der Kameras, welche die Bergsteiger mit sich getragen hatten. Experten von Kodak hatten versichert, dass Filme dieser Kameras durch die Kälte konserviert sein müssten und die Bilder Aufschluss über den höchsten Punkt geben könnten, den die Bergsteiger damals erreicht hatten. Aber Mallory trug keine Kamera bei sich, als er ge-

funden wurde – und Irvine blieb verschollen.

Was hat sich nun an jenem 8. Juni 1924 tatsächlich ereignet?

Nach der letzten Notiz Mallorys wollten die beiden «früh» aufbrechen. Odell fand später im Lager VI Teile der Sauerstoffgeräte und einige Magnesiumfackeln. 1933 entdeckte man in den Überresten des Zeltes noch eine Kerzenlaterne sowie eine Taschenlampe. Daraus rekonstruierte man: Mallory und Irvine waren am Morgen durch Reparaturen an ihren Sauerstoffgeräten so lange aufgehalten worden, dass sie erst bei Tageslicht aufbrachen und ihre Lampen zurückließen. Doch die beiden könnten auch Sauerstoff zum Schlafen benutzt und dazu das Gerät aus den sperrigen Tragekraxen montiert haben. Auch wissen wir nicht, ob die gefundenen Lampen tatsächlich ihre einzigen waren.

Zudem zeigt die am Grat gefundene Sauerstoffflasche, dass Mallory und Irvine vom Lager VI bis dort etwa vier bis fünfeinhalb Stunden gebraucht hatten (je nachdem, wie viel Liter pro Minute sie geatmet hatten). Dann war die Flasche leer, und sie legten sie ab. Diese Gehzeit ist sehr respektabel, etwa 60 bis 85 Höhenmeter pro Stunde, und vergleichbar mit der anderer Seilschaften in diesem Abschnitt der Route. Es ist daher anzunehmen, dass Mallorys und Irvines Sauerstoffgeräte funktioniert haben.

Oberhalb des Fundortes der Sauerstoffflasche auf 8475 Metern sind bislang keine Spuren von Mallory und Irvine gefunden worden. Alle weiteren Vermutungen stützen sich allein auf den einzigen Augenzeugen ihres Aufstiegs: Noel Odell.

Odell war sich immer sicher gewesen, dass er die beiden Bergsteiger gesehen hatte. Dave Hahn, dreifacher Everest-Besteiger und Mitglied der Suchmannschaft von 1999, kommentierte dazu: «Was Odell beschreibt – die Überkletterung einer markanten Felsstufe im Grat –, muss mindestens zehn bis fünfzehn Minuten gedauert haben. In dieser Zeit hätte er gemerkt, wenn er sich getäuscht hätte.» Odell war sich allerdings weniger sicher, wo er Mallory und Irvine gesehen hatte.

Anfangs behauptete er, die beiden an der Zweiten Stufe gesehen zu haben, dem mittleren von drei markanten Felsaufschwüngen am Grat. Die Zweite Stufe, auf 8600 Metern, ist 30 Meter hoch und auf den letzten 5 Metern senkrecht. Der Amerikaner Conrad Anker kletterte sie 1999 nahezu «frei», also nur unter Zuhilfenahme der natürlichen Haltepunkte im Fels, so wie es Mallory und Irvine hätten tun müssen. Ankers Bewertung: Schwierigkeitsgrad V+, vielleicht sogar einen Grad höher – und damit 1924 unkletterbar.

Bleibt als Ort der letzten Sichtung von Mallory und Irvine also nur die Erste Stufe, weiter unten am Grat. Doch wenn Mallory und Irvine an diesem Morgen zügig vorangekommen sind (wie der Fundort ihrer Sauerstoffflasche vermuten lässt), wären sie um 12.50 Uhr nicht erst an der Ersten Stufe gewesen. Auch passt die Topografie in Odells Bericht nicht auf die Erste Stufe. Das Rätsel wird noch komplexer: Obwohl Odell von der Zweiten Stufe sprach, deckt sich sein Bericht in allen Einzelheiten mit der Dritten Stufe – und die liegt oberhalb der «unkletterbaren» Zweiten Stufe, etwa drei bis vier Stunden vom Gipfel entfernt ...

Sicher ist nur, dass Mallory und Irvine im Abstieg waren, als sie das Schicksal ereilte: Mallorys Körper lag ungefähr in Falllinie des Eispickel-Fundortes von 1933, unterhalb der Ersten Stufe. Seine Verletzungen schienen allerdings zu gering für einen Sturz von dort – die Bedeutung des Eispickels blieb unklar. An Mallorys Leiche hing ein Stück Seil, somit waren er und Irvine zum Zeitpunkt des Absturzes miteinander verbunden gewesen. Sein Sauerstoffgerät hatte Mallory bereits abgelegt, und seine Schneebrille fand sich in einer Tasche verstaut. Dies legte den Schluss nahe, dass sich der Absturz erst am Abend oder in der Nacht ereignet hatte.

Hatten Mallory und Irvine den Gipfel erreicht? Für eine eindeutige Antwort bleiben die Beweise zu unklar und widersprüchlich. Es fehlen weitere Spuren. Vielleicht sind diese allerdings bereits gefunden worden: Im Sommer 2001 berichtete der chinesische Bergsteiger Xu Jing in einem Interview mit Jochen Hemmleb und Eric Simonson, er habe 1960 hoch oben unter dem Nordostgrat des Everest einen Toten gefunden. Dieser lag im Bereich des Gelben Bandes, oberhalb der Fundstelle Mallorys. Da vor 1960 nur zwei Bergsteiger in dieser Höhe an der Nordseite des Mount Everest vermisst wurden, kann es nur eine Schlussfolgerung geben: Xu Jing hatte Andrew Irvine entdeckt – und damit möglicherweise den Schlüssel zum Rätsel von 1924.

DER EINSAME – FRANK SMYTHE

Frank Smythe

Nach der Tragödie sollten neun Jahre vergehen, bevor sich wieder eine Expedition zum Mount Everest aufmachte. Eine ungenehmigte Exkursion des Landvermessers Hazard sowie die Präsentation tibetischer Mönche bei Aufführungen von Captain Noels Film hatten 1924 zum Verbot weiterer Unternehmungen geführt – worin Lhasa von der britischen Vertretung in Sikkim, Major Bailey, sogar unterstützt wurde, da dieser eine persönliche Abneigung gegen die Everest-Expeditionen hegte. Erst 1933 hatten sich die Wogen so weit geglättet, dass die Besteigungsversuche wieder aufgenommen werden konnten.

Frank Smythe (1900–1949) war einer der besten britischen Bergsteiger zwischen den Weltkriegen. Er eröffnete zwei Routen in der mächtigen Brenvaflanke des Mont Blanc, nahm an einer Expedition zum Kangchenjunga teil, dem dritthöchsten Berg der Welt, und stand 1931 als Erster auf dem Kamet (7556 m) im indischen Garhwal-Himalaja, damals der höchste bestiegene Gipfel. Heute würde man Smythe zu den Profi-Bergsteigern zählen, da er seinen Lebensunterhalt mit seinen Büchern, Fotografien und Vorträgen verdiente. Der Bericht von den Grenzerfahrungen bei seinem Alleingangsversuch am Everest, niedergeschrieben in dem Buch «Camp Six», zählt bis heute zu den packendsten Schilderungen in der reichhaltigen Everest-Literatur.

Die erste Gipfelseilschaft, Lawrence Wager und Percy Wyn-Harris, war zwei Tage zuvor umgekehrt, nachdem sie 8570 Meter erreicht hatten. Während ihres Aufstiegs fanden sie am Nordostgrat einen Eispickel – ein stummer Zeuge der Tragödie von Mallory und Irvine. Wager und Wyn-Harris begutachteten auch Mallorys Route über den Grat mit der Zweiten Stufe aus nächster Nähe. Sie hielten sie für ungangbar.

Dann war die Reihe an Smythe. Sein Begleiter war der 25-jährige Eric Shipton, dem wenige Jahre zuvor schwierige Touren in Ostafrika gelungen waren. Zusammen bildeten sie die vielleicht stärkste Seilschaft der frühen Everest-Expeditionen. Ein Sturm hielt die beiden zwei Nächte im Lager VI auf 8380 Metern fest, und zwei Stunden nach ihrem Aufbruch am Morgen des 1. Juni musste Shipton wegen Magenbeschwerden den Aufstieg abbrechen. Smythe versuchte es solo.

Der Grat über ihm und besonders die Zweite Stufe sahen furchterregend aus, «wie der scharfe Bug eines Schlachtschiffes». Über die abschüssigen Platten von Nortons Traverse schwindelte sich Smythe hinüber in das Große Couloir. «Ich war wie ein Gefangener, der verzweifelt versuchte, den umgebenden Kerkermauern zu entfliehen. Wo immer ich auch hinschaute, nur abschreckende Felsen, die spöttisch auf meine ohnmächtigen Bemühungen herabblickten.»

Die Randfelsen auf der gegenüberliegenden Seite der Rinne waren hoch mit Pulverschnee bedeckt. Mühsam musste Smythe jeden Griff freiräumen, seine Füße scharrten blindlings nach Tritten. Einmal brach ein Felskopf weg, auf dem er stand, und nur die in einem Riss verkeilte Spitze seines Pickels verhinderte den Sturz in den Abgrund. Erschöpft gab Smythe auf.

Beim Abstieg begann er zu halluzinieren: Er sah seltsame Flugobjekte am Himmel oder glaubte, von einem unsichtbaren Begleiter verfolgt zu werden, mit dem er sogar seinen Proviant teilen wollte. Smythe hatte Nortons Höhenrekord von 1924 eingestellt – und war dazu an den Rand seiner physischen und psychischen Leistungsfähigkeit gegangen.

Maurice Wilson: Der ewige Pilger vom Everest

Maurice Wilson, ein 35-jähriger Engländer aus Bradford, besaß einen unerschütterlichen Glauben. Durch Fasten hoffte er, einen Schwebezustand zwischen Leben und Tod zu erreichen, der ihn von allen körperlichen und geistigen Schwächen befreien würde. Und er hatte eine Vision, dass Gott ihn dazu auserwählt hatte, diesen Weg zur «Neugeburt» zu predigen. In dieser Vision tauchte auch der Mount Everest auf – für Wilson ein Zeichen, wie er seinen Auftrag erfüllen würde. Gelänge es ihm, den höchsten Berg der Welt im Alleingang zu besteigen, so würde die ganze Welt ihm und seinem Glauben Aufmerksamkeit schenken.

Wilson hatte keinerlei Bergerfahrung. Sein Plan war, zum Everest zu fliegen, unterhalb des Gipfels eine Bruchlandung zu versuchen und den Rest des Weges zu Fuß zurückzulegen.

Flugerfahrung hatte er genauso wenig. Doch er machte seinen Pilotenschein und flog im Mai 1933 nach Indien – allein, und trotz vielfachen Widerstands der Behörden.

Nach der Landung in Indien konfiszierte man Wilsons Flugzeug, das er auf den sinnigen Namen «Ever-Wrest» (Ewiger Kampf) getauft hatte. Unbeirrt schlug er sich bis Darjeeling durch, wo er vier Monate blieb und sich insgeheim auf die Besteigung vorbereitete. Er heuerte drei Sherpas an, und gemeinsam brachen sie Ende März 1934 zum Everest auf. Drei Wochen später trafen sie in Rongbuk ein.

In den darauf folgenden Wochen unternahm Wilson zwei Versuche, über den Ost-Rongbukgletscher bis zum Nordsattel vorzustoßen. Er hatte keine Chance, die steile Eisflanke warf ihn immer wieder zurück – doch der Wille trieb Wilson weiter. Am 31. Mai sein letzter Tagebucheintrag: «Aufwärts! Großartiger Tag!»

Die Erkundungsexpedition 1935 fand Wilsons Leiche am Fuß des Nordsattels und begrub ihn in einer Gletscherspalte.

«Der Everest hat den Mann bezwungen, nicht jedoch seinen Geist» – als ob sein Wille ihn noch immer vorantreibt, weigert sich Wilson, seine letzte Ruhe zu finden. Chinesische Bergsteiger fanden ihn 1960 und begruben ihn erneut, doch noch heute tauchen Wilsons sterbliche Überreste regelmäßig aus der Moräne des Ost-Rongbukgletschers auf. Seine Pilgerfahrt geht weiter …

KLEIN, ABER FEIN

Für Eric Shipton (1907–1977) bedeutete der Everest den Anfang eines bedeutenden Lebens als Entdecker und Reisender in den Gebirgsregionen der Welt. «Weiße Flecken auf der Landkarte» waren fortan sein ständiges Ziel.

Shipton leitete 1935 eine neuerliche Erkundung des Everest-Massivs, um alternative Anstiege und die Wetterbedingungen während des Monsuns zu studieren. Doch der nächste Besteigungsversuch ein Jahr später war ein kompletter Fehlschlag. Der Monsun kam ungewöhnlich früh, so dass die Expedition nicht über den Nordsattel hinausgelangte. George Finch, der Veteran von 1922, bemerkte bissig: «Langsam fangen wir an, uns lächerlich zu machen …»

1935: **Das vergessene Abenteuer**

Es war eine der erfolgreichsten Everest-Expeditionen – mit dem einzigen Schönheitsfehler, dass sie kaum am Everest unterwegs war: die Erkundung von 1935, von Charles Warren später als das «vergessene Abenteuer» bezeichnet.

Es war die klassische Entdeckungsreise – und ganz nach dem Geschmack von Eric Shipton: «Bergsteigen hat seine Wurzeln in der Erforschung der Hochgebirge. Es scheint daher nicht unnatürlich, dass in den weniger bekannten Gebirgsgruppen der Bergsteiger sich wieder diesem ursprünglichen Ziel zuwendet. Für jeden mit einem Interesse an fremden Landschaften wäre es schwierig, zum Mount Everest zu reisen, ohne das Verlangen zu spüren, den

Weg zu verlassen und in das Labyrinth unerforschter Bergkämme und Gipfel zu wandern, das sich nach allen Seiten vor ihm ausbreitet.»

Insgesamt verbrachte die Expedition zwei Monate in den Regionen nördlich und östlich des Mount Everest, besuchte jedes der größeren Täler und überquerte alle bedeutenden Gletscher zwischen Rongbuk und Kharta. 26 Gipfel über 6000 Meter wurden bestiegen, bis auf zwei alle zum ersten Mal. Keine andere Gruppe von Bergsteigern hat während einer einzigen Expedition so viel vom gesamten Everest-Massiv gesehen. Es war, wie Shipton sagte, «eine glorreiche Orgie».

Tatsächlich gab es inzwischen nicht wenige in England, die den Sinn kostspieliger Großexpeditionen zum Mount Everest in Frage stellten. Darunter waren auch etliche Alpinisten, die in kleinen, flexiblen Expeditionen zudem eine reinere, sportlichere Form des Bergsteigens sahen.

Einer der stärksten Verfechter der Kleinexpedition war Shiptons regulärer Reisepartner, Bill Tilman (1898–1977). Man sagte Tilman nach, er habe jede seiner Unternehmungen auf der Rückseite eines Briefumschlags konzipieren können, und er schien sich manchmal nur von Luft und Steinen zu ernähren. So asketisch war bisweilen die Versorgung auf seinen

Eric Shipton (links) und Harold William «Bill» Tilman (rechts).

Expeditionen, dass ein paar seiner Kollegen revoltierten: «Was wir am Berg geleistet haben, gelang uns nicht wegen, sondern trotz unseres Proviants!», schrieb einer von ihnen nach der Everest-Expedition 1938. Tilmans Unternehmung unterschied sich wesentlich von ihren Vorgängern: Sie umfasste nur sieben Mitglieder, allesamt Bergsteiger – und kostete nur ein Fünftel.

Trotz extremer Kälte im April und starker Schneefälle im Mai gelang ein eindrucksvoller Beweis ihrer Stärke: Wegen der Lawinengefahr wechselten sie vom Ost- auf den Haupt-Rongbukgletscher und erstiegen den Nordsattel erstmals von Westen. Sie schafften es sogar, Lager VI auf dem obersten Nordgrat in 8305 Meter Höhe zu errichten. Doch zwei Gipfelversuche, von Shipton und Smythe sowie Tilman und Lloyd, ertranken buchstäblich im hüfttiefen Schnee. Aber Tilman und seine Kollegen hatten gezeigt, dass unter guten Bedingungen auch eine Kleinexpedition am Mount Everest Aussichten auf Erfolg hatte.

Es ist ein interessantes Gedankenspiel, was wohl passiert wäre, wenn Tilmans Team tatsächlich die Erstbesteigung des Everest gelungen wäre. Möglicherweise wäre dann die Kleinexpedition Vorbild für alle weiteren Unternehmungen im Himalaja geworden. Der Stil bei den Besteigungen der Achttausender nach dem Zweiten Weltkrieg wäre ein anderer gewesen – wie Walt Unsworth schrieb: «Mehr Verführung statt Vergewaltigung.»

KAPITEL 4

«AIR EVEREST»

«Als der Gipfel mit hundert Stundenkilometern
unter uns vorbeizischte, verwandelte
er sich in einen völlig anderen Berg. Alles war
weiß, wie Kristall. Es war, als
wären wir über den Fluss Styx gerudert
und kämen von der Unterwelt in
die Wirklichkeit.»

Chris Dewhirst
(erste Ballonfahrt über den Everest, 1991)

Flüge über, um das und vom Dach der Welt

Der Mount Everest blieb unbestiegen. Doch konnte es nicht noch andere Mittel und Wege geben, den Berg zu «bezwingen»?

Bereits die ersten Expeditionen überlegten, zur Erkundung und Versorgung Flugzeuge einzusetzen. Und 1927 – im selben Jahr, als Charles Lindbergh den Atlantik überflog – entwickelte der erfindungsreiche John Noel einen Plan, nach dem Bergsteiger mit einem Flugzeug oder Helikopter auf dem Everest-Gipfel landen sollten. Realistischer erschien dagegen, den Berg zu überfliegen. Es war für die damalige Zeit eine große Herausforderung, denn man hatte ja gerade erst begonnen, Kontinente und Ozeane auf dem Luftweg zu überqueren. Doch erst Anfang der Dreißigerjahre war die Technik so weit, auch der Herausforderung Everest zu begegnen.

Pegasus

Der Schlüssel war das «fliegende Pferd», der 580 PS starke Pegasus-S3-Motor, mit dem die Briten den damaligen Höhenrekord für Flugzeuge aufgestellt hatten, 13 400 Meter. Bei diesem Motor wurde das Treibstoff/Luft-Gemisch unter Überdruck in die Zylinder gepresst, weshalb er auch beim niedrigen Druck der Außenluft in großen Höhen eine hohe Leistung erbringen konnte. Stewart Blacker, ein Major der britischen Armee, war davon überzeugt, dass dieser Motor ein Flugzeug über den Mount Everest bringen könnte.

Blacker wusste auch, dass das Unternehmen einen wissenschaftlichen Anstrich brauchte, um die notwendigen Genehmigungen und Geldmittel zu erhalten. Das Flugzeug musste demnach neben dem Piloten noch einen Beobachter sowie Film- und Luftbildkameras zur Landvermessung tragen können. Die Royal Geographical Society wurde für das Projekt gewonnen, und die Finanzierung wurde am Ende durch eine großzügige Spende der reichen Lady Houston, einer Patronin der britischen Luftfahrt, gesichert.

Zwei Westland-Doppeldecker wurden für den Flug mit speziellen Instrumenten und Kameras bestückt. Die Schutzanzüge der Besatzung waren elektrisch beheizbar, ebenso die Schutzbrillen, Handschuhe, Kamerahüllen und Sauerstoffflaschen! Am Ende war im Cockpit so wenig Platz, dass auf Fallschirme und Sicherheitsgurte verzichtet werden musste.

Der Start sollte im Frühjahr 1933 vom Flugplatz Lalbalu bei Purnia in Nordindien erfolgen. Die Expedition wurde von Kalkutta aus mit regel-

Leo Dickinson und Pilot Chris Dewhirst im Ballon vor der Ostwand des Everest.

Vorangehende Doppelseite: Der erste Flug über das Dach der Welt. Ein Westland-Doppeldecker der Houston-Expedition im Anflug auf Everest und Lhotse.

mäßigen Wetterberichten versorgt und besaß ihre eigenen Wetterballons und Meteorologen. Nach Wochen des Wartens war am 3. April die Vorhersage endlich gut, und um 8.25 Uhr hoben die beiden Flugzeuge vom Rollfeld ab. Blacker war Beobachter und Fotograf in der ersten Maschine, gesteuert von Geschwaderführer Clydesdale; in der zweiten saßen Pilot D. F. McIntyre und S. R. Bonnet, ein Kameramann von Gaumont British Films. In knapp 6000 Meter Höhe stiegen sie über den Dunst des Flachlandes. Hundert Kilometer vor ihnen, unter einem strahlend blauen Himmel, lag die weiße Kette des Himalaja.

Je näher sie dem Mount Everest kamen, desto gewaltiger ragte der Berg mit seiner majestätischen Schneefahne vor ihnen empor. Clydesdale zog seinen Doppeldecker bis auf 9500 Meter, scheinbar eine sichere Höhe. Urplötzlich jedoch gerieten sie auf der windabgewandten Seite des Massivs in eine Luftwalze, und der Fallwind drückte sie nach unten. Blacker starrte auf die Anzeige des Höhenmessers, die rapide fiel. «Wir hatten in diesem mächtigen Abwind plötzlich 600 Meter Höhe eingebüßt, und es schien, als würde es uns niemals gelingen, auf unserem Wege zum Everest, der nun vor uns zum Himmel ragte, über die Zacken des Südgipfels [Lhotse] hinwegzukommen. Aber der Schrecken war nur von kurzer Dauer, denn unser prächtiger Motor trug uns durch den großen Abwind empor. Wieder ging es in die Höhe. Langsam, und dennoch allzu schnell für einen, der jede Minute ausnützen will, näherte sich unser Flugzeug dem gekrümmten, meißelförmigen Gipfel des Everest und flog über ihn hinweg, nur um Haaresbreite, wie mir schien, von der drohenden Spitze entfernt. Die Zacke wuchs mir entgegen [. . .] ich erwartete fast, dass der Schwanzschlitten den Gipfel streifen würde.»

Sie hatten den höchsten Punkt der Erde in einem Abstand von dreißig Metern überflogen. Clydesdale wendete seine Maschine und umrundete den Gipfel noch zweimal, damit Blacker weitere Aufnahmen machen konnte. Als sie durch die Schneefahne stießen, durchschlug der Hagel nadelspitzer Eiskristalle ihre Cockpitscheiben. Dennoch kehrten sie wohlbehalten zum Startplatz zurück.

Für McIntyre und Bonnet hätte der Flug fast das Ende bedeutet. Beladen mit den schweren Filmkameras stieg ihre Maschine nur langsam. Unaufhaltsam sah McIntyre die gewaltigen Wände auf sich zukommen: «Links ragte der massige Klotz des Everest empor, rechts der Makalu, und der Grat zwischen beiden war direkt vor uns [. . .]. Wir hatten keine Möglichkeit, umzukehren. Drehten wir nach links ab, ginge es geradewegs in die Berge unter uns; drehten wir nach rechts, ginge es mit 200 Sachen gegen den Makalu.»

In letzter Sekunde trug sie eine Böe über den Grat. Aber es war ja ihre Aufgabe, den Everest zu überfliegen, und so versuchte es McIntyre nochmals. Insgesamt wiederholte er den Anflug dreimal, dann hatte er genügend Höhe gewonnen und konnte den Gipfel passieren. Doch etwas stimmte hinter ihm im Cockpit nicht.

Bonnets Sauerstoffleitung war gebrochen, und er hatte sie gerade noch rechtzeitig flicken können. Um die Aufnahmen seines Lebens zu machen, kämpfte er mit der schweren Kamera gegen den Fahrtwind. Doch die Anstrengung war zu groß, und er wurde ohnmächtig. Als McIntyre nach ihm schauen wollte, riss es ihm seine Sauerstoffmaske vom Gesicht. Er konnte sie nicht wieder befestigen – und so flog er den gesamten Rückweg mit einer Hand am Steuerknüppel, während er mit der anderen die Maske hielt.

Nach dem überstandenen Abenteuer musste die Expedition feststellen, dass durch den Dunst viele der Aufnahmen zur Landvermessung unbrauchbar waren. Daher überflogen sie das Everest-Massiv zwei Wochen später noch einmal.

Neun Jahre nach dem Houston-Flug steuerte ein Jagdflieger, Oberst Robert L. Scott, seine Maschine sozusagen als «Abstecher» über den Everest – ungeplant und ungenehmigt. So weit war der Flugzeugbau inzwischen fortgeschritten, dass er den Gipfel in über drei Kilometer Höhe passierte. Scott folgten 1945 C. G. Andrews und C. Fenwick, zwei Mitglieder einer Staffel der britischen Luftwaffe. Ihre Behauptung, sie hätten den Gipfel in nur zehn Meter Höhe überflogen, klingt zwar sehr nach Fliegerlatein, dafür waren aber ihre Fotos von der Südostseite des Berges für die späteren Expeditionen von Nepal aus äußerst aufschlussreich.

IKARUS

Die Sehnsucht des Menschen, sich auf eigenen Schwingen in die Lüfte zu erheben, der uralte Traum vom Fliegen – die Österreicher Wolfgang Nairz und Horst Bergmann wollten ihn 1978 am Mount Everest verwirklichen. Ihre «Flügel» waren zwei Drachen, zerlegbar und mit einem Rohrgestänge aus Leichtmetall zum leichteren Transport. Ursprünglich war geplant gewesen, vom Südsattel in fast 8000 Meter Höhe bis ins Basislager am Khumbugletscher hinabzufliegen. Logistische Schwierigkeiten verhinderten dies jedoch. Um aber dennoch ihre Fluggeräte auszuprobieren und zumindest den spektakulären Khumbu-Eisfall aus der Luft zu betrachten, stiegen Nairz und Bergmann bis zu einem Gratabsatz 700 Meter über dem Basislager, von wo aus sie starteten.

Nairz berichtete: «Ein letzter Check, der Liegegurt wird eingehängt, das Fluggerät aufgenommen und die Nase richtig in den Wind gehalten. Nun

passt der Wind. Ich weiß, dass ich möglichst schnell die Rinne hinunter-
laufen muss, um den nötigen Auftrieb in der dünnen Luft zu bekommen.
Der Wind, der die Rinne hinaufstreicht, hebt mich jedoch schon nach
wenigen Metern ab, und ich fliege frei wie ein Vogel dem Basislager entgegen. Über dem Basislager drehe ich einen Kreis und winke hinunter. Ich
höre, wie Sherpas und Träger begeistert zu mir heraufschreien. Ich fliege
weiter, hinüber zum Khumbu-Eisbruch, und sehe mir das Labyrinth aus Eis
und Schnee aus der Vogelperspektive an, bevor ich zur Landung auf dem
geplanten Platz ansetze. Wenige Meter neben den Sherpas gehe ich zu Boden. Die Sherpas können es nicht glauben, dass so etwas möglich ist, sie
rufen und schreien durcheinander, lachen und staunen. [. . .] Als wir wenige
Tage später talauswärts ziehen, spricht das ganze Tal von uns, den Vogel-
menschen.»

Acht Jahre später versuchte der Amerikaner Steve McKinney einen Flug
vom Westgrat zum Haupt-Rongbukgletscher in Tibet. Sein Drachen war ein
konventionelles Modell, und es dauerte eine ganze Woche, das sperrige
Bündel über die steilen Felsen und Eisgrate bis zur Schulter in 7200 Meter
Höhe zu hieven. Zwar gelang McKinney von einem tieferen Punkt aus ein
Testflug bis auf den Gletscher, wobei er zur Starthilfe Ski benutzte, doch
starke Winde vereitelten alle weiteren Versuche.

Mit den leichten und klein verpackbaren Gleitschirmen löste sich
endlich das Problem eines tragbaren Fluggeräts. In den Alpen hatten Bergsteiger sie bereits eingesetzt, um bei «Enchaînements» – bei der Aneinander-
reihung von Routen – auf elegante Weise von einem Berg zum nächsten zu
kommen. Einer der Ersten, die auf diese Weise Bergsteigen mit Fliegen
kombinierten, war der Franzose Jean-Marc Boivin (1951–1990). Er war mit
dem Gleitschirm bereits vom Gipfel des Gasherbrum II (8035 m) geflogen –
und nun, im Nachmonsun 1988, peilte er das höchste Ziel von allen an: den
Flug vom Gipfel des Mount Everest.

Nach einem reibungslosen Aufstieg am 26. September startete Boivin
von ganz oben. 2500 Meter tiefer sah der Amerikaner Geoff Tabin zu:
«[Boivin] stürzte wie ein Stein. Dann füllte sich der Gleitschirm mit Luft,
und er begann zu schweben. Er war noch ein winziger Punkt, als er langsam
begann, am Everest, Lhotse und Nuptse vorbeizufliegen. Eine Platzrunde
vor der Landung, dann setzte er, leicht wie eine Feder, bei Lager II auf. [. . .]
Er hatte die 2500 Meter Höhenunterschied in elf Minuten hinter sich
gebracht.»

Boivins «Nachflieger» wurde sein Landsmann Bertrand Roche. Als
Siebzehnjähriger hatte er 1990 mit seinem Vater den Everest bestiegen, und
beide waren vom Südsattel mit Gleitschirmen hinabgeflogen. Im Frühjahr

2001 erreichte Bertrand den Gipfel erneut, diesmal gemeinsam mit seiner Frau Claire und über die Nordroute. Mit einem Tandem-Gleitschirm startete das Paar von einem Punkt nur wenig unterhalb des Gipfels und landete zehn Minuten später sicher im Vorgeschobenen Basislager auf dem Ost-Rongbukgletscher.

Der erste Flug vom Dach der Welt: Jean-Marc Boivin kurz nach dem Start vom Everest-Gipfel.

MONTGOLFIER

Für viele ist es die schönste Art des Fliegens – die Fahrt in einem Heißluftballon. Was für ein Abenteuer würde es sein, in diesem urtümlichen Luftfahrzeug über die Gipfel des Himalaja zu gleiten, getrieben von den Höhenwinden?

Japaner waren 1990 die Ersten, die das Abenteuer wagten. Der Versuch endete beinahe in einer Katastrophe, als ihr Ballon nach dem Start gegen eine Bergflanke gedrückt wurde und Feuer fing. Die beiden Besatzungsmitglieder überlebten nur knapp.

Der englische Filmemacher und Abenteurer Leo Dickinson träumte seit Beginn der Achtzigerjahre von einer Ballonfahrt über den höchsten Berg der Welt. Finanzprobleme, Konflikte zwischen Teilnehmern sowie Unruhen in China und Nepal sorgten immer wieder für einen Aufschub des Projekts – bis 1991.

Startplatz war Gokyo in Nepal, etwa zwölf Kilometer westlich des Everest. Es brauchte 150 Träger und fünfzig Tragtiere, um die gesamte Ausrüstung zu transportieren – elf Träger allein für jede der beiden 200 Kilogramm schweren Ballonhüllen. Am 21. Oktober standen die Winde günstig, und die beiden rot-gelb gestreiften Luftschiffe stiegen in den Morgenhimmel. Der Wind trug sie über die Vorberge hinweg, dann über den Nuptse – und schließlich über den Höchsten von allen. Dickinsons Pilot Chris Dewhirst war begeistert: «Wir überquerten den Everest und erlebten einen dieser unglaublichen, magischen Momente, die niemals wiederkehren. [...] Als der Gipfel mit hundert Stundenkilometern unter uns vorbeizischte, schaute ich zurück auf den Hillary Step, den Gipfel selbst, und er verwandelte sich in einen völlig anderen Berg. Alles war weiß, wie Kristall. Es war, als wären wir über den Fluss Styx gerudert und kämen von der Unterwelt in die Wirklichkeit. Von der dunklen, abweisenden Westseite waren wir auf die wundervolle, leuchtende Seite des Berges mit ihren Orgelpfeifen aus Riffeleis getrieben. Es war ein phänomenales Gefühl.»

Die Besatzung des zweiten Ballons, Eric Jones und Andy Elson, hatte alles andere als eine wundervolle Fahrt. Insgesamt dreimal fielen die Gasbrenner aus, und ihr Ballon sank mit rasender Geschwindigkeit, direkt auf die drohenden Klippen der Südwestwand zu. Jones war kurz davor, mit dem Fallschirm abzuspringen. Schließlich gelang es Elson, die Brenner wieder zu zünden. Mit allen fünf Flammen auf Höchstleistung gewannen sie wieder an Höhe – dann rissen mit scharfem Knall sieben der Befestigungsseile, die den Korb mit dem Ballon verbanden. Die Hitze hatte die Drahtkabel durchgeschmolzen.

Sobald der Ballon den Gipfel des Everest passiert hatte, drosselte Elson die Flammen. Eine Weile stieg der Ballon noch, dann begann der Sinkflug hinaus nach Tibet. Siebzig Kilometer östlich des Berges landeten Jones und Elson sicher in der steinigen Hochebene – ganz im Gegensatz zu Dewhirst und Dickinson.

Nach dem Überflug drohte deren Ballon zu überhitzen, und ihr Brennstoff ging zur Neige. Sie mussten einen Platz zum Landen finden. «Wir sanken viel zu schnell. [...] Der Ballon streifte einen Moränenkamm. [...] Felsbrocken wurden in den Korb geschleudert, schlugen gegen meine Kamera. Fetzen von Stoff wurden aus der Ballonhülle gerissen. [...] Das Chaos und der Lärm dauerten fünf Sekunden, dann folgte Stille, als wir erneut abhoben. [...] Wir schlugen wieder auf. Der Korb prallte auf einen Felsblock der Größe eines Kleinwagens und stoppte, aber nur für einen Moment. Ich wurde hinauskatapultiert, die Kamera noch immer in der Hand. [...] Blau, schwarz, schwarz, blau, der Himmel, der Korb, der Korb, der Himmel. Ein weiterer

Felsen traf meine Brust und brach eine Rippe. Das Monster von Ballon hob erneut ab und trug Chris mit sich. [. . .] Es schleifte mich mit, da sich mein linker Fuß in einer Leine verfangen hatte. [. . .] Ich geriet in Panik, trat, zog, verdrehte mein Bein, bis mein Fuß aus dem Stiefel schlüpfte. Ich fiel zur Seite und lag still.»

Dickinson und Dewhirst überstanden die Bruchlandung mit einigen Blessuren, im Wesentlichen aber unversehrt. Einige Stunden später sammelte ein Begleitfahrzeug die vier Ballonfahrer auf. Das große Abenteuer war vorbei.

KAPITEL 5

EIN NEUER WEG

«Trotz seiner Masse und Höhe
verschließt sich der Berg dem Auge
des Reisenden, der sich ihm von Süden
nähert. Er sieht sich einer
schwarzen und himmelhoch aufragenden
Mauer gegenüber.»

Bill Tilman (Erkundungsexpedition 1950)

Von Süden bis fast zum Gipfel

Als George Mallory bei der Erkundung 1921 vom Grenzkamm aus auf den Gletscher an der Südseite des Mount Everest hinabschaute, war er ernüchtert: «[Wir] bedauern keineswegs, dass wir ihn nicht begehen müssen. Er ist sehr steil und arg zerklüftet. Diese Flanke kann man nur von Nepal aus angehen. [...] Nach meiner jetzigen Kenntnis der Lage besteht wenig Aussicht, da hinaufzusteigen.»

Doch mit der Besetzung Tibets durch die Chinesen 1950 war Ausländern der alte Weg über die Nordseite verwehrt. Gleichzeitig öffnete das Königreich Nepal seine Grenzen, und die Bergsteiger hofften, von dort aus einen neuen Zustieg zum Berg zu finden – trotz Mallorys pessimistischer Einschätzung.

Erste Schritte

Mallory war nicht der erste Ausländer, der den Gletscher im oberen Khumbutal zu Gesicht bekam. Bereits 1907 hatte der Inder Natha Singh von Nepal die Genehmigung erhalten, den Dudh Kosi zu erkunden, dessen Oberlauf das Khumbutal bildet. Singh stieß bis hinter Lobuche (4930 m) vor, eine der höchsten Siedlungen, und kartierte die Zunge des Khumbugletschers.

Erst 43 Jahre später folgten die nächsten ausländischen Besucher – und passenderweise war unter ihnen der Leiter der letzten Everest-Expedition vor dem Zweiten Weltkrieg, Bill Tilman. Seine Begleiter waren vier Amerikaner, darunter Charles Houston, der 1953 einen dramatischen Versuch am K2 leiten sollte. Tilman, der 1935 und 1938 an der Nordseite gewesen war, muss Nepal im Vergleich zu Tibet wie das Paradies erschienen sein. Statt über ein windiges, steiniges und kaltes Hochplateau führte hier der Weg zum Mount Everest durch üppig bewaldete Täler und über grüne Höhenrücken, vorbei an verstreuten Siedlungen und zahllosen Ackerterrassen.

Nach zweiwöchigem Marsch von Dharan in Südnepal, Endpunkt der Straße von Indien, erreichte die Gruppe Namche Bazaar (3441 m), das Handelszentrum der Khumbu-Region, die Heimat der Sherpas. Von hier aus bot sich ihnen zum ersten Mal der neue, ungewohnte Anblick des Mount Everest: «Nur die oberste Spitze war sichtbar. Trotz seiner Masse und Höhe verschließt sich der Berg dem Auge des Reisenden, der sich ihm von Süden

Das neue Gesicht des Mount Everest: Bill Tilmans erster Blick auf Everest, Lhotse (Mitte) und Ama Dablam (rechts) von Namche Bazaar im nepalesischen Dudh-Kosi-Tal, aufgenommen während der Erkundungsexpedition von 1950.

Vorangehende Doppelseite: Der neue Weg. Bergsteiger in der Lhotseflanke unterhalb des Genfer Sporns (links oben), auf dem Weg zum Südsattel.

nähert. [. . .] Er sieht sich einer schwarzen und himmelhoch aufragenden Wand gegenüber. Dies ist der fünf Kilometer lange Felsgrat, welcher den Lhotse (8501 m) mit dem Nuptse (7861 m) verbindet. Die Südflanke dieses Grates ist zu steil, als dass sich Schnee an ihr halten könnte. Hinter dem Grat liegt der Western Cwm, der tiefe Einschnitt, welcher ihn vom Westgrat des Everest trennt.» (Cwm, sprich «kuhm», ist das walisische Wort für «combe» oder «Hochkar».)

Man wusste zwar von Luftbildern, dass zwischen Lhotse und Everest ein fast 8000 Meter hoher Sattel – später «Südsattel» getauft – lag, von dem aus der Südostgrat einen Weg zum Gipfel zu ermöglichen schien. Was man jedoch nicht wusste: ob man vom Western Cwm zu diesem Sattel gelangen konnte – und ob es überhaupt möglich war, den Western Cwm selbst zu betreten.

Vorbei an dem prächtigen Kloster Thyangboche stiegen Tilman, Hous-ton und die anderen weiter talaufwärts bis zum Khumbugletscher. Da ihnen nur wenige Tage blieben, wollten sie vom westlichen Ufer aus einen Einblick in den Western Cwm gewinnen. Mallorys Eindruck 29 Jahre zuvor schien sich zu bestätigen: Alles, was sie sahen, war ein kurzes Stück des Hochkars hinter einer engen Scharte zwischen Everest und Nuptse, aus der sich ein chaotischer Eisbruch ergoss. Das eigentliche Kar und die Wand an seinem Ende, die zum Sattel zwischen Everest und Lhotse führte, blieben verborgen. Nur die letzten tausend Meter zum Gipfel waren sichtbar. Sie wirkten ab-schreckend steil.

Tilman zog Bilanz: «Nach dem, was wir gesehen hatten, waren wir davon überzeugt, dass der Südgrat [sic!] wenig Hoffnung bot. Aber wir hatten nicht genug gesehen. Weder hatten wir den wirklichen Südgrat gesehen noch den Sattel zwischen Everest und Lhotse oder den Zustieg zu ihm aus dem Western Cwm. Und solange wir darüber nicht Bescheid wissen, kann man die Möglichkeit eines Aufstiegs zum Gipfel über den Südgrat nicht ausschließen.» Eine groß angelegte Erkundung im nächsten Jahr sollte darüber endgültig Aufschluss geben.

Das Tor zum Everest

Für die Tilgung dieses «weißen Flecks» auf der Everest-Karte kam nur ein Mann in Frage: Eric Shipton. Sein Team bestand aus dem Londoner Arzt und Bergsteiger Michael Ward, der die Idee zu dem Unternehmen hatte, dem Schotten W. H. Murray und Tom Bourdillon.

Inzwischen meldeten auch andere Nationen Interesse am Mount Everest an. So erhielt das Himalaja-Komitee, Nachfolger des früheren Everest-Komitees, eine Anfrage der Schweizerischen Stiftung für Alpine Forschungen, dem Schweizer René Dittert die Teilnahme an der Erkundungsexpedition zu gestatten. Die Briten lehnten ab – der Everest sei eine «innere Angelegenheit». Dies hinderte Shipton allerdings nicht daran, aus einer persönlichen Laune heraus zwei Neuseeländer zur Verstärkung einzuladen: H. E. Riddiford und einen 32-jährigen Imker namens Edmund P. Hillary. «Meine Laune sollte noch weitreichende Folgen haben», schrieb Shipton später.

Der Expedition blieb kaum mehr als ein Monat zur Vorbereitung. Noch während des Monsuns reisten die Teilnehmer nach Indien, um das erwartete gute Wetter im September und Oktober bestmöglich ausnutzen zu können. Auf dem Anmarsch kämpften sie sich durch Dauerregen, reißende Flüsse und mit Blutegeln verseuchte Wälder. Die Pfade waren Rutschbahnen aus Schlamm. Erst nach vier Wochen traf man in Namche Bazaar ein – gemeinsam mit dem guten Wetter.

Die Expedition bezog ihr Basislager bei Gorak Shep am Nordwestufer des Khumbugletschers. Am 30. September stiegen Shipton und Hillary auf einen Kamm oberhalb des Lagers, um die weitere Route zu überblicken. «Wir konnten bis in den Hintergrund des Western Cwm sehen, auf die gesamte Westflanke des Lhotse, den Südsattel und die Hänge, die zu ihm hinaufführten. [...] Eine absolut einfach erscheinende Route führte über die Lhotseflanke bis auf etwa 7600 Meter, von wo aus man in den Südsattel queren können dürfte.»

Der Anstieg zum Südostgrat schien machbar! Und auch der Eisfall, der vor dem Eingang zum Western Cwm lag, war kein unüberwindbares Hindernis: Am selben Tag, an dem Shipton und Hillary ihre bahnbrechende Entdeckung machten, durchstiegen Riddiford und Pasang Sherpa fast die gesamte untere Hälfte und äußerten sich optimistisch über den verbleibenden Teil.

Vier Tage später bahnten sich Shipton, Hillary, Riddiford, Bourdillon und drei Sherpas ihren Weg durch den Irrgarten von Eistürmen, Klippen und Spalten. Der Schnee war stellenweise hüfttief, aber am Nachmittag hatten sie den Schlusshang vor dem Western Cwm erreicht. Als die Seil-

Die britisch-neu-
seeländische
Erkundungsexpedi-
tion 1951. Hintere
Reihe (von links
nach rechts):
Shipton, Murray,
Bourdillon, Riddi-
ford. Vordere Reihe:
Ward und Hillary.

Rechte Seite: Das
südliche Tor zum
Mount Everest –
der Eingang zum
Western Cwm. Im
Hintergrund die
Everest-Südwest-
wand (links),
Lhotse und Nuptse
(rechts).

schaft jedoch den Hang querte, löste sie ein Schneebrett aus. Niemand
wurde verschüttet, aber angesichts der Gefahr entschloss man sich zur
Umkehr.

Shipton entschied nun, bessere Schneeverhältnisse abzuwarten und die
Zeit bis dahin mit Erkundungen der umliegenden Berge und Täler zu verbringen. Er und Hillary erforschten die Region östlich des Khumbugiet-
schers, zwischen Lhotse und Ama Dablam, während die anderen nach
Westen bis zum Ngozumpagletscher vorstießen.

Als die Expedition drei Wochen später wieder im Basislager zusammentraf, hatte sich der Eisbruch gewaltig verändert. Türme und Wände
waren auf einer weiten Fläche eingestürzt, das gesamte Areal schien unter-
höhlt und instabil. Die Hänge zum Südsattel waren noch immer tief verschneit. Trotzdem wagten alle Bergsteiger mit drei Sherpas am 28. Oktober
einen letzten Versuch. Gegen Mittag erreichten sie die Oberkante des
Eisfalls und standen auf der Türschwelle zum Western Cwm. «Wir schauten
den sanft geneigten Gletscher zwischen den gewaltigen Wänden von
Everest und Nuptse hinauf. [...] Kurz vor uns durchzog eine breite Spalte den
Hang von einer Seite zur anderen, und jenseits davon lagen noch weitere. Es
würde Tage harter Arbeit und etliche Tricks benötigen, sie zu überschreiten.

[. . .] Wir saßen fast eine Stunde und bewunderten das weiße, stille Amphitheater. [. . .] Dann stiegen wir ab.»

Shipton hatte das südliche Tor zum Everest aufgestoßen. Hätte er mehr
erreichen können? Was wäre gewesen, wenn er statt der Erkundung der umliegenden Berge sich voll und ganz auf die Route zum Südsattel konzentriert
hätte, trotz der schlechten Verhältnisse? Shipton war stets der Entdecker
gewesen, mit dem Blick für das Ganze einer Landschaft oder eines Gebirges.
Mit den Erkundungen der Nord- und Südseite des Everest 1935 und 1951 feierte
er seine größten Erfolge. Shipton war weniger der Stratege, der sich gene-
ralstabsmäßig mit den Details eines einzelnen Anstiegs auseinander setzte –
und so sollte er am Everest gleichzeitig seine größte Enttäuschung erleben.

Anfangs gab es allerdings keinen Zweifel, dass Shipton den ersten
Gipfelversuch über die Südseite leiten würde, welcher für 1952 geplant war.
Doch die nepalesische Regierung hatte die Genehmigung dazu bereits
anderwärtig vergeben: an die Schweizer.

ZUM GREIFEN NAH

René Dittert hatte ursprünglich den Plan einer eher moderaten Expedition
im Stil Shiptons. Doch dank der Schirmherrschaft der Schweizerischen
Stiftung für Alpine Forschungen standen bald Mittel für ein größeres
Unternehmen zur Verfügung.

«Eine Hand voll Freunde» nannte Dittert das Team, allesamt Mitglieder
des Kletterklubs Androsace aus Genf: Jean-Jacques Asper, René Aubert,
Gabriel Chevalley, Léon Flory, Ernst Hofstetter, Raymond Lambert, André
Roch und Edouard Wyss-Dunant, der die Leitung übernahm. Es waren ein
paar der stärksten Schweizer Bergsteiger darunter; besonders Roch war
durch zahlreiche Erstbegehungen im Mont-Blanc-Gebiet und im Wallis
sowie seine Himalaja-Fahrten international bekannt. Der Geologe Auguste
Lombard, der Botaniker Albert Zimmermann und die Ethnologin Marguerite
Lobsiger vervollständigten die Gruppe.

Die Schweizer landeten auf dem neu eröffneten Flugplatz der nepalesischen Hauptstadt Kathmandu und nahmen damit zum ersten Mal die
heute übliche Anmarschroute zum Everest von Süden. In Kathmandu
heuerten sie ihre Sherpas an. Ihr «Sirdar» (Führer) war der 38-jährige Tensing
Norgay (1914–1986).

Tensing hatte als Hochträger bereits an drei der britischen Vorkriegsexpeditionen teilgenommen (1935, 1936 und 1938) sowie 1947 den Kanadier
Earl Denman auf einem illegalen Versuch an der Nordseite begleitet. Doch
erst auf einer Schweizer Expedition zum Garhwal-Himalaja im gleichen Jahr
konnte Tensing erstmals seine bergsteigerischen Fähigkeiten unter Beweis

Sherpas der Schweizer Expedition 1952 bei der Wegsuche durch den Khumbu-Eisbruch.

Rechte Seite:
Die Seilbrücke über die große Spalte am Eingang des Western Cwm, 1952.

stellen. Roch und Dittert waren unter den Teilnehmern, und zwischen ihnen und Tensing entwickelte sich eine enge Freundschaft.

Zwei Wochen nach Erreichen des Basislagers hatten die Schweizer den Khumbu-Eisfall durchstiegen. Die gewaltige Querspalte, welche Shipton im Jahr zuvor aufgehalten hatte, überwanden sie mit einer kühnen Seilbrücke, und Anfang Mai stand Lager III am Eingang des Western Cwm.

Die Schweizer waren überwältigt von den Dimensionen dieses Amphitheaters. Sie hatten gehofft, relativ schnell zum Südsattel zu gelangen – doch in Wahrheit bedurfte es zweier weiterer Lager, um überhaupt nur an den Fuß der Hänge zu gelangen, die zum Sattel hinaufleiteten. «Ein Felspfeiler, den wir ‹Genfer Sporn› tauften, zog von einer Schulter rechts des Sattels bis in halbe Wandhöhe hinab. Er trennte zwei Couloirs, welche sich an seinem Fuß zu einem gewaltigen Y gabelten. Über einen der Äste wollten wir den Anstieg versuchen.» Shiptons Route über den Lhotsegletscher weiter rechts erschien ihnen zu lawinengefährlich.

Mitte Mai belagerte die Expedition regelrecht den Sporn: Am 15. versuchten es zunächst Lambert, Tensing, Dittert und Roch. Steiles Eis, 40 bis

Moderne Expeditionen setzen neben Fixseilen auch meterlange Aluminiumleitern ein, um die Spalten, Wände und Türme des Khumbu-Eisbruchs gangbar zu machen.

Rechte Seite: Die Lhotseflanke. Links der Südsattel mit dem Genfer Sporn; vom Fuß des Genfer Sporns zieht das Gelbe Band nach rechts zum Lhotsegletscher.

Die Schweizer
Expedition 1952 in
der Lhotseflanke.
Darüber der felsige
Gipfelaufbau der
Südwestwand.

50 Grad, brachte sie zum Fuß der Rippe. Anschließend kletterten sie noch etwa 250 Meter über die nur wenig gestuften Felsen hinauf, bevor sie in das linksseitige Couloir querten. Aber dort fanden sie nur blankes, glashartes Eis. Zwei Tage später waren die ersten drei wieder unterwegs, zusammen mit Aubert und Chevalley. Diesmal querten sie in das rechte Couloir, überwanden das Gelbe Band (ein anderes, tieferes, als auf der Nordseite) und erreichten einen Punkt rund 300 Meter unter dem Sporngipfel. Am 19. schließlich durchstiegen Chevalley, Asper und Sherpa Da Namgyal den gesamten Sporn und stiegen durch das rechte Couloir ab. Aubert und Flory erkundeten am gleichen Tag den unteren Teil des Lhotsegletschers.

Alle, inklusive Tensing als Sirdar der Sherpas, waren sich über die beste Route zum Südsattel einig: Der Sporn war sicher und mit Fixseilen an den steilsten Passagen auch für die Träger begehbar. Ein Nachteil jedoch war, dass es auf seiner gesamten Länge keinen Platz für ein Zwischenlager gab. Das hieß, die 1100 Höhenmeter vom Lager V bis zum Sporngipfel über dem Südsattel mussten in einem Zug begangen werden. In dieser Höhe eine fast unüberwindliche Distanz – wie die Expedition bald feststellen sollte.

Am 25. Mai brachen Lambert, Flory, Aubert, Tensing und sechs Sherpas zum Südsattel auf. Um 4 Uhr nachmittags hatten sie noch immer nicht den Sporngipfel erreicht. Zwei Träger drehten aus Angst vor Erfrierungen um. «Die Sonne ging unter, die Kälte wurde fast unerträglich. [. . .] Es war 7 Uhr. Wir waren fast zehn Stunden unterwegs. Endlich legte sich der Hang zurück. Es wurde dunkel. Wir würden den Südsattel nicht mehr erreichen. Wortlos richteten wir uns zum Biwak her.» Sie hackten zwei Plattformen aus dem Schnee und zwängten sich zu siebt in zwei kleine Zweimannzelte. Der unermüdliche Tensing schaffte es selbst unter diesen Verhältnissen noch, Getränke zu kochen.

Am nächsten Tag überquerten sie den Sporngipfel und stiegen hinab in die weite, sturmgepeitschte Senke des Südsattels. Tensing kehrte noch zweimal zum Biwakplatz zurück, um Ausrüstung und Proviant zu holen, dann stand Lager VI auf 7906 Metern. Vor ihnen ragte die Gipfelpyramide des Mount Everest in den Himmel.

Am Morgen stiegen die Sherpas ab. Die drei Schweizer und Tensing setzten den Aufstieg fort. Sie trugen nur ein Zelt und Verpflegung für einen Tag.

Mitglieder einer modernen Expedition im Aufstieg über die Lhotseflanke.

Die letzte Etappe: Blick vom höchsten Lager 1952 zur Schulter im Südostgrat.

Linke Seite: Auf der Schulter oberhalb des Südsattels, 1952. Im Hintergrund die Gipfelpyramide des Mount Everest von Südosten: links der Südpfeiler, rechts der Südostgrat. Der höchste 1952 erreichte Punkt liegt am Fuß des letzten Grataufschwungs. Die Schweizer stiegen durch die Rinne ganz rechts zum Grat, während die heutige Route in Flankenmitte direkt zur breiten Schulter, dem so genannten «Balkon», ansteigt.

Die Flanke vor ihnen wurde an ihrer rechten Seite von einem Pfeiler gestützt, der zu einer Schulter im Südostgrat hinaufzog. Die Felsen waren zu steil, ebenso der Eishang der Ostseite rechts davon. Doch eine weite Rinne links des Pfeilers war gut begehbar und brachte sie auf die Grathöhe, fast 8400 Meter hoch, weniger als 500 Meter unter dem Gipfel.

Sollten sie nochmals biwakieren? Vielleicht würden sie am nächsten Tag ... Selbstlos überließen Flory und Aubert den beiden anderen das einzige Zelt und versprachen, am Südsattel auf deren Rückkehr zu warten.

Wohl niemals haben Bergsteiger einen Gipfelversuch mit noch minimalistischerer Ausrüstung unternommen als Lambert und Tenzing: «In diesem improvisierten Biwak hatten wir keine Schlafsäcke, keine Ausrüstung, keinen Kocher. Nur ein Zelt, das im Wind flatterte wie eine Gebetsfahne. Es war eine eisige Nacht. [...] Unsere Muskeln wurden steif, die Gesichter fühlten sich an wie betäubt. Langsam kroch die Kälte in die Knochen. An Schlaf war nicht zu denken.» Die beiden Männer quälte der Durst. In einer leeren Konservendose schmolzen sie über einer Kerzenflamme ein wenig Schnee. Während langer Stunden hielten sie sich gegenseitig wach und warteten auf den Morgen.

Nach drei Nächten in über 7800 Meter Höhe und unter schlechtesten Bedingungen grenzte es an ein Wunder, dass Lambert und Tensing noch immer weiterstiegen. Unendlich langsam mühten sie sich aufwärts. Ein Schritt, drei Atemzüge, ein Schritt ... Die Ventile ihre Sauerstoffgeräte waren zu schwergängig, so dass sie nur in Rastpausen benutzt werden konnten. Nebel zog auf, es begann zu schneien. Die beiden dachten an Mallory und

Tensing Norgay (links), Raymond Lambert und Gabriel Chevalley (rechts). Was Lambert 1952 nicht vergönnt gewesen war, schaffte fünfzig Jahre später sein Sohn Yves: Im Frühjahr 2002 erreichte er über den Südostgrat den Everest-Gipfel.

Irvine . . . Immer wieder brachen sie durch den Harsch, manchmal krochen sie auf allen vieren. Dann tat sich ein Wolkenloch auf. Vor sich sahen sie den Kamm noch etwa 200 Meter weit ansteigen bis zu einer Schneespitze: dem Südgipfel des Everest, 8751 Meter hoch.

«Der Südgipfel war so nahe. Nur noch dieses eine letzte Felsband, was wir gerade überkletterten; nur noch dieser eine Schneegrat. Doch nein, es war unmöglich. Dies hier war das Ende. Wir hatten bis dahin volle fünf Stunden gebraucht, um ganze 200 Meter Höhe zu gewinnen.» Lambert und Tensing waren bis auf 8595 Meter gelangt. Mit allerletzter Kraft schleppten sie sich zurück zum Südsattel.

Noch im Nachmonsun desselben Jahres versuchten es die Schweizer mit einem neuen Team ein zweites Mal. Bei einem ersten Vorstoß in Richtung Genfer Sporn wurde Sherpa Mingma Dorje von Eisschlag getroffen und starb wenig später an seinen inneren Verletzungen – das erste Opfer der Südseite. Die Expedition wich daraufhin auf eine Route weiter rechts über den Lhotsegletscher aus, auf dem sie zwei zusätzliche Lager errichteten. Am 19. November stand Lager VIII auf dem Südsattel, doch zu diesem Zeitpunkt hatten bereits die Winterstürme eingesetzt. Ein Versuch, das Hochlager am Südostgrat einzurichten, scheiterte schon nach kurzer Zeit an der extremen Kälte.

Die Schweizer hatten die Südroute eröffnet und waren dem Gipfel näher gekommen als irgendjemand zuvor. Sie nannten das Buch über ihre Expeditionen später treffend «Avant-Premières à l'Everest» – Vorreiter am Everest.

Schweizer am Everest

Selbst wenn ihnen die Erstbesteigung versagt geblieben war, blieben die Schweizer mit dem Mount Everest verbunden und spielten in seiner weiteren Geschichte eine bedeutende Rolle.

1956 gelang einer Expedition unter der Leitung des Brienzers Albert Eggler die Zweitbesteigung. Am 23. Mai standen Jürg Marmet und Ernst Schmied auf dem Gipfel, einen Tag später folgten Dölf Reist und Hansrudolf von Gunten. Auf derselben Expedition bestiegen Ernst Reiss und Fritz Luchsinger erstmals Everests südlichen Nachbarn, den Lhotse (8501 m).

Norman Dyhrenfurth, Sohn des bedeutenden Schweizer Himalaja-Forschers Günter Oskar Dyhrenfurth, leitete 1963 die erste amerikanische Everest-Expedition, welche die erste Überschreitung des Berges durchführte (siehe ab Seite 197). Anfang der Siebzigerjahre beteiligte sich Dyhrenfurth als Expeditionsleiter an den Versuchen an der Südwestwand.

Mit ihrer 43-stündigen Schnellbesteigung über die Nordwand im Monsun 1986 (siehe ab Seite 247) gelang Erhard Loretan aus Gruyère und dem Walliser Jean Troillet eine der stilreinsten Everest-Besteigungen – ohne künstlichen Sauerstoff und mit minimaler Ausrüstung! Loretan wurde später der dritte Mensch, der alle vierzehn Achttausender bestieg, viele davon in einem ähnlich bestechenden Stil und gemeinsam mit seinem Partner Troillet.

Die erste Schweizerin auf dem Everest wurde im Mai 2001 Evelyne Binsack, Bergführerin aus Beatenberg bei Interlaken. Sie erreichte den Gipfel im Rahmen einer kommerziellen Expedition über die klassische Nordroute von Tibet her.

KAPITEL 6

DIE «EVEREST-KRÖNUNG»

«We knocked the bastard off –
wir haben den Bastard erledigt!»

Hillarys erste Worte nach der Rückkehr
auf den Südsattel, 29. Mai 1953

DIE ERSTBESTEIGUNG 1953

D a der Mount Everest nur wenig außerhalb des britischen Hoheitsgebietes liegt und die Briten die erste Bergsteigernation waren, sollte
es meiner Meinung nach auch ein Brite sein, der als Erster den Gipfel
betritt.» So hatte bereits zu Beginn des zwanzigsten Jahrhunderts Lord
Curzon, damaliger Vizekönig von Indien, geschrieben. Der Mount Everest
war der «britische Berg», ähnlich wie der Nanga Parbat zum «deutschen
Berg» erklärt wurde. An dieser Haltung hatte weder die Unterbrechung der
Expeditionen durch den Zweiten Weltkrieg noch die Abriegelung der
Nordseite durch die Chinesen etwas ändern können.

Allerdings begannen nun andere Nationen den britischen Besitzan-
spruch auf den Everest in Frage zu stellen. Die Franzosen hatten für 1954
einen Versuch geplant, und ein Jahr später sollten die Schweizer wieder an
der Reihe sein. Ihr Beinahe-Erfolg 1952 hatte gezeigt, dass der Berg wohl
nicht mehr lange unbestiegen bleiben würde. Für die Briten hieß dies, dass
ihre nächste Expedition, 1953, Erfolg haben musste.

Die Expedition wurde daher wie eine groß angelegte militärische
Operation organisiert. Alle Anstrengungen durften nur einem einzigen Ziel
dienen – dem Gipfelerfolg. Dazu brauchte es einen geeigneten Expe-
ditionsleiter. Zur Überraschung und Verärgerung vieler setzte das Himalaja-
Komitee Eric Shipton kurzerhand ab und ersetzte ihn durch einen 43-
jährigen Offizier der britischen Armee, John Hunt (1910–1998). Edmund
Hillary beschrieb sein erstes Gefühl, als er von der Entscheidung hörte:
«Everest ohne Shipton ist doch undenkbar. [. . .] Und wer ist dieser Kerl Hunt?
Habe nie von ihm gehört. Taugt er was?»

Hunt sah sich zahlreichen Hürden gegenüber – und bewältigte sie
meisterhaft. Als Mannschaft wählte er ein reines Bergsteigerteam aus. Fast
alle von ihnen hatten bereits Himalaja-Erfahrung: George Band, Tom
Bourdillon, Charles Evans, Alfred Gregory, Edmund Hillary, George Lowe,
Wilfrid Noyce, Michael Ward, Mike Westmacott und Charles Wylie. Hinzu
kamen Griff Pugh als Arzt, James Morris als Reporter der Zeitung «The
Times» sowie Tom Stobart als Dokumentarfilmer.

Für die Ausrüstung verlangte Hunt das Beste vom Besten – und bekam
es. Kleidung, Zelte, zwei verschiedene Sauerstoffgeräte, spezieller Proviant:
Alles wurde eigens für die Expedition entwickelt und getestet.

29. Mai 1953,
11.30 Uhr: Tensing
Norgay, fotografiert
von Edmund
Hillary, auf dem
Gipfel des Mount
Everest.

Vorangehende
Doppelseite: Die
Aussicht vom Dach
der Welt. Blick vom
Gipfel des Mount
Everest nach Osten
auf Chomolönzo
(links) und Makalu
(rechts). Am
Horizont links
das Massiv des
Kangchenjunga.

Die erfolgreiche britische Expedition von 1953 und ihre Sherpas. Hintere Reihe (von links nach rechts): Stobart, Da Tensing, Evans, Wylie, Hillary, Hunt, Tensing Norgay, Ward, Lowe, Bourdillon, Band, Pugh, Noyce und Gregory.

Am 8. März 1953 traf Hunts Expedition in Kathmandu zusammen, wo sie zwanzig der erfahrensten Sherpas anheuerte. Ihr Sirdar war, wie schon bei den Schweizern im Jahr zuvor, Tensing Norgay. Nach einer gemeinsamen Durchsteigung des Khumbu-Eisbruchs zeigte sich Hillary von ihm beeindruckt: «In Tensing erkannte ich einen bewunderungswürdigen Gefährten, tüchtig, willig und überaus angenehm. [...] [Er war] sehr stark und entschlossen und passte sich zudem schnell an große Höhen an. Er empfahl sich mir besonders auch dadurch, dass er schnell und ausdauernd zu steigen vermochte.»

Wochen später kampierten die beiden gemeinsam im Lager IX, dem letzten Lager vor dem Gipfel ...

Fast oben

Zwei Tage zuvor, am 26. Mai, hätten es Bourdillon und Evans fast geschafft. Der Expedition war es nach mehreren Versuchen endlich gelungen, Lager VIII auf dem Südsattel zu errichten. Expeditionsleiter Hunt war anschließend unter Aufbietung seiner letzten Kräfte mit Sherpa Da Namgyal noch bis auf 8340 Meter gestiegen, um Ausrüstung für das höchste Lager zu deponieren. Bourdillon und Evans waren am selben Morgen aufgebrochen. Sie sollten den Südostgrat bis zum Südgipfel erkunden und eventuell sogar den Hauptgipfel versuchen, sofern ihnen genügend Zeit und Sauerstoff blieben.

Anfangs kamen die beiden schnell voran. Sie benutzten so genannte «geschlossene» Sauerstoffgeräte, bei denen ausgeatmetes Kohlendioxid in Natronkalkpatronen gebunden wird und der unverbrauchte Sauerstoff der ausgeatmeten Luft weiter veratmet werden kann. Die verbrauchte Menge Sauerstoff wird durch Zufuhr aus einer Flasche ersetzt. Dieses System ist wirtschaftlicher als die üblichen «offenen» Geräte, bei denen einfach die Außenluft mit Flaschensauerstoff angereichert wird. Der Bergsteiger ist zudem leistungsfähiger, da er fast reinen Sauerstoff atmet. Doch das ge-

131

Der Expeditions-
leiter John Hunt.

Rechte Seite:
Die Himmelsleiter.
Charles Evans am
Südgipfel vor dem
letzten Grat zum
Hauptgipfel,
26. Mai 1953
(oben).
Evans und Bour-
dillon kehren
nach ihrem Gipfel-
versuch erschöpft
zum Südsattel
zurück (unten).

schlossene System ist technisch aufwendiger und stö-
rungsanfälliger.

Nachdem sie die Schulter im Südostgrat erreicht
und die Kalipatronen gewechselt hatten, machte Evans'
Gerät Schwierigkeiten. Zudem wurde das Gelände
schwieriger, und das Wetter verschlechterte sich. Über
brüchige Felsen mühten sich die beiden Bergsteiger
aufwärts, vorbei an Lamberts und Tensings höchstem
Punkt von 1952. Erst um 13 Uhr erreichten Bourdillon
und Evans den Südgipfel.

Der Verbindungsgrat zum Hauptgipfel sah furchterregend aus, buchstäblich ein Gang auf Messers Schneide. Konnten sie es riskieren? Evans schätzte, dass sie zum
Gipfel und zurück fünf Stunden bräuchten, dazu nochmals zweieinhalb Stunden für den Abstieg zum Südsattel.
Ihr Sauerstoff reichte nur noch für ein Drittel der Zeit – es
wäre eine Reise ohne Rückfahrkarte. Bourdillon überlegte zwar, ob er einen
Alleingang wagen sollte, aber am Ende entschloss auch er sich zum Abstieg.

Nun ruhte die Hoffnung auf der zweiten Gipfelseilschaft, Hillary und
Tensing. Unterstützt von Alf Gregory, George Lowe und Sherpa Ang Nyima
stiegen sie am 28. Mai zum Südostgrat auf und errichteten in 8500 Meter
Höhe Lager IX.

GANZ OBEN

Nach einer relativ guten Nacht brachen Hillary und Tensing um 6.30 Uhr
auf. Tensing ging zunächst voran und spurte durch tiefen Pulverschnee zur
Kante des Südostgrates. Wo Bourdillon und Evans beim Aufstieg in die
Felsen ausgewichen waren, zog Hillary als Eisspezialist den Schneehang zur
Rechten vor. Aber: «Der tiefe und schlecht gebundene Schnee machte den
Hang äußerst gefährlich. Nirgends ließ sich der Pickel fest einrammen. [...]
Nur die dünne Oberflächenkruste hielt den Mehlsack zusammen. An ihr
fand man natürlich keinen Halt. Plötzlich brach ein zwei Meter breiter Teller
dieser Kruste um mich herum weg und rutschte mit mir drei oder vier
Schritte ab. Ich blieb stehen, aber die Bruchscherben rasselten in die Tiefe.
Obgleich ich die Gefahr erkannte, sagte ich mir: ‹Junge, dies ist der Everest.
Da musst du eben durch.› [...] So ungemütlich war mir noch nie zumute
gewesen.»

Beide gingen weiter. Die Schneeverhältnisse besserten sich, und um
9 Uhr überschritten sie den Südgipfel. Vor ihnen lag der letzte, ausgesetzte
Grat hinüber zum Hauptgipfel – die letzten Schritte ins Unbekannte.

Tensing: «Zu unserer Linken stürzte der Hang 2400 Meter tief in den Western Cwm, wo wir die Zelte von Lager IV als kleine Punkte ausmachen konnten. Und rechts waren noch immer die Wechten, die über den 3000 Meter hohen Abbruch zum Kangshunggletscher hinausragten. Um zum Gipfel zu gelangen, mussten wir uns zwischen dem Steilhang und den Wechten entlangtasten: nicht zu weit nach links, nicht zu weit nach rechts – ansonsten wäre es das Ende für uns gewesen.»

Hillary: «Nachdem wir eine Stunde unaufhörlich gestiegen waren, standen wir am Fuße einer nahezu fünfzehn Meter hohen Felsstufe, des abschreckendsten Hindernisses auf dem ganzen Grat. [. . .] Ich sah nirgends eine Möglichkeit, im Westen über den steilen Felsblock hinaufzukommen; doch glücklicherweise gab es noch einen anderen Weg, ihn zu überwinden. Auf seiner Ostseite war wieder eine riesige Wechte, und zwischen Wechte und Fels lief ein schmaler Riss. Während Tensing unten blieb und mich sicherte, zwängte ich mich in diesen Riss, dann stieß ich die Spitzen meiner Steigeisen tief in den gefrorenen Schnee hinter mir und stemmte mich in die Höhe, [. . .] mit dem inbrünstigen Gebet, die Wechte möge am Fels halten. [. . .] Trotz der beträchtlichen Anstrengung kam ich ununterbrochen, wenn auch langsam, vorwärts und arbeitete mich zentimeterweise weiter in die Höhe, bis ich mich an der Oberseite des Felsens halten und aus dem Riss auf ein breites Band emporziehen konnte. [. . .] Ich nahm festen Stand auf dem Band und gab Tensing ein Zeichen, nachzukommen. Während ich das Seil fest anzog, wand sich Tensing durch den Riss herauf und brach oben erschöpft zusammen wie ein Riesenfisch, der eben nach einem furchtbaren Kampf vom Meer ans Land geworfen wurde.»

Tensing: «Um ehrlich zu sein, Hillarys Bericht ist nicht ganz richtig. Er schrieb zum Beispiel, dass der Riss in der Stufe etwa fünfzehn Meter hoch gewesen sei, während es meiner Einschätzung nach wenig mehr als fünf waren. Auch vermittelte er den Eindruck, nur er habe die Stufe wirklich durchstiegen und hätte mich dann sozusagen heraufgezogen. [. . .] Seitdem habe ich eine Menge Gerede über den ‹Fisch› gehört und muss zugeben, es gefällt mir nicht. [. . .] Wir haben uns gegenseitig geholfen – so wie es sein sollte. Aber wir waren nicht Führer und Geführter. Wir waren Partner. [. . .] Oberhalb der Stufe rasteten wir erneut. [. . .] Der Grat war nun weniger steil, nur eine Reihe von Schneehöckern, einer nach dem anderen, der nächste höher als der vorherige. Wir waren noch immer vorsichtig wegen der Wechten und hielten uns links in der Flanke. [. . .] Jedes Mal, wenn wir einen weiteren Höcker passierten, fragte ich mich: ‹Ist der nächste der letzte? Ist der nächste der letzte?›»

Hillary: «Plötzlich sah ich, dass es der letzte Buckel war: Vor mir senkte sich der Grat mit geschwungener Wechte wieder abwärts, und in der Ferne sah ich den pastellfarbenen Hauch und die Wolken über dem tibetischen Hochland. Rechts von mir hob sich die schmale Schneide zu einer Schneekuppe zehn Meter über uns. [...] Beide Seiten mit den Augen und dem Pickel prüfend, überzeugte ich mich, dass ich auf keiner Wechte stand. Alles war fest. Ich winkte Tensing heran. Noch ein paar Pickelschläge, noch ein paar müde Schritte, und wir standen auf dem Gipfel des Everest.»

Tensing: «Später, als wir vom Berg zurückkamen, ist eine Menge Unsinn darüber geredet worden, wer von uns als Erster oben gewesen ist. [...] Es ist eine so überflüssige Frage. [...] Ein kurzes Stück unter dem Gipfel hielten Hillary und ich an. Wir schauten hinauf, dann gingen wir weiter. Das Seil, das uns verband, war zehn Meter lang. Aber ich hatte das meiste davon in Schlingen aufgenommen, so dass nur noch etwa zwei Meter zwischen uns waren. Ich habe kein einziges Mal daran gedacht, wer nun ‹Erster› oder ‹Zweiter› sein würde. [...] Wir gingen langsam und stetig vorwärts. Und dann waren wir da. Hillary betrat den Gipfel als Erster. Und ich folgte ihm nach. [...] Wir waren beinahe gleichzeitig oben.»

Es war 11.30 Uhr, am 29. Mai 1953. Zum ersten Mal standen zwei Menschen auf dem höchsten Punkt der Erde!

Hillary: «Das Erste, was ich fühlte, war Erleichterung – Erleichterung, dass ich keine Stufen mehr hacken musste, dass wir keine Grate mehr zu bewältigen hatten, dass uns keine Gratbuckel mehr mit Hoffnungen auf den Erfolg narren konnten. [...] Ich betrachtete Tensing. Durch seine Maske und die Eiszapfen, die von seinem Haar herabhingen, ahnte ich sein freudiges Grinsen. Still schüttelten wir uns die Hände.»

Tenzing: «Aber das war nicht genug für den Everest. Ich warf die Arme in die Luft, dann fiel ich Hillary um den Hals. Wir klopften uns so lange gegenseitig auf den Rücken, bis uns – trotz des Sauerstoffs – fast die Luft ausging. Dann schauten wir uns um. [...] Das gewaltigste Gebirge der Erde schien nur noch eine Reihe kleiner Hügel unter dem endlosen Himmel zu sein. Es war eine Aussicht, wie ich sie noch nie erlebt hatte und auch nicht mehr erleben würde: wild, wundervoll und erschreckend zugleich. Aber Angst fühlte ich nicht. Dazu liebte ich die Berge zu sehr. Ich liebte den Everest zu sehr. In diesem großartigen Moment, auf den ich mein ganzes Leben gewartet hatte, schien mir mein Berg kein lebloses Etwas aus Fels und Eis, sondern warm, freundlich und lebendig.»

Hillary: «Ich zog die Kamera aus der Tasche der Windjacke. [...] Dann stieg ich etwas ab, um den Gipfel in den Sucher zu bekommen. Tensing hatte inzwischen geduldig gewartet. Auf meinen Wink hin entfaltete er jetzt die

THE ✺✺✺✺✺ TIMES

THE FIRST ASCENT OF
MOUNT EVEREST

SUPPLEMENT

LONDON   JULY 1953   ONE SHILLING

ON THE SUMMIT
Tensing, photographed by his companion Hillary, at 11.30 a.m. on Friday, May 29, 1953.

an den Pickel gebundenen Flaggen und hielt sie hoch über den Kopf. Mit den wild flatternden Wimpeln bot der gepanzerte Mann ein aufregendes Schauspiel. [. . .] Es kam mir nicht in den Sinn, mich von Tensing knipsen zu lassen. Vermutlich hatte er noch nie in seinem Leben Aufnahmen gemacht, und der Gipfel des Everest war kaum der geeignete Ort zu einem Lehrgang in Fotografie.

Vom Gipfel aus nahm ich dann die ganze Rundsicht auf. [. . .] Eine Ansicht erwies sich als besonders reizvoll. Unmittelbar uns zu Füßen lagen der

Die Welt zu Füßen: Blick vom Gipfel nach Westen. Links unten der Pumori, rechts der West-Rongbukgletscher, dahinter Cho Oyu und Gyachung Kang. Am Horizont links die Shisha Pangma.

berühmte Nordsattel und der östliche Rongbukgletscher, an das Heldenlied der klassischen Everest-Fahrten gemahnend. [. . .] Ich musste an Mallory und Irvine denken, die hier vor fast dreißig Jahren verschwanden. Der Gipfel verriet keine Spuren ihrer Anwesenheit.

Inzwischen hatte sich auch Tensing betätigt. Er kratzte ein Loch in den Gipfelfirn und vertraute ihm seine Opfergaben an: etwas Zwieback, Schokolade und einige Zuckerstückchen für die Götter, die nach dem Glauben der Buddhisten den Gipfel bewohnen. Dazu legte ich das kleine Kreuz, das mir John Hunt auf dem Südsattel gegeben hatte. Ich empfand dieses seltsame Beieinander von Opfergaben als Sinnbild der völkerverbindenden Ehrfurcht vor den Bergen.»

Tensing: «Nach der Besteigung bin ich alles Mögliche gefragt worden. [. . .] Ob ich Buddha oder Shiva dort oben gesehen hätte. [. . .] Ob ich eine Vision oder Erleuchtung gehabt hätte. [. . .] Selbst wenn es viele enttäuschen dürfte: Ich habe dort oben nichts Übernatürliches oder Übermenschliches gesehen oder gefühlt. Was ich gefühlt habe, war eine große Nähe zu Gott. Ich habe Gott aus tiefstem Herzen gedankt. Und als wir uns an den Abstieg machten, betete ich um etwas ganz Reales, Pragmatisches: dass er uns, nachdem er uns den Erfolg geschenkt hatte, wieder heil zurückkehren ließe.»

138

Hillarys erstes Interview

Das erste Interview mit Edmund Hillary nach der Erstbesteigung des Mount Everest und der Rückkehr der Expedition nach England wurde am 3. Juli 1953 unmittelbar nach der Ankunft in London aufgenommen. Es wurde vom General Overseas Service der BBC im Rahmen der Sendung «Rückkehr vom Everest» gesendet.

Kommentator: Eine großartige Begrüßung erwartete die Bezwinger des höchsten Berges der Welt, als die Hauptgruppe der britischen Mount-Everest-Expedition heute Nachmittag auf dem Londoner Flughafen landete. Kurz nach der offiziellen Begrüßung hatte die BBC Gelegenheit, mit dem Leiter der Expedition, Oberst John Hunt, zu sprechen. Mit ihm waren die beiden Männer, die am 29. Mai den Gipfel betraten – Mr. Edmund Hillary aus Neuseeland und Tensing, der gefeierte Sherpa. Das Interview führte Jack Longland, selbst ein Everest-Bergsteiger [im Jahr 1933; Anm. d. V.].

Jack Longland: Mr. Hillary, ich glaube, Ihr letzter Anstieg mit Tensing vom Südgipfel zum eigentlichen Gipfel dauerte etwa zweieinhalb Stunden. Das war alles völliges Neuland. Könnten Sie uns etwas über dieses letzte Stück erzählen?

Edmund Hillary: Ja, natürlich, der – der letzte Grat, der vom Südgipfel zum Hauptgipfel führte, war ziemlich beeindruckend, und mir war klar, dass er einen Haufen harter Arbeit verlangen würde. Wir verschwendeten allerdings keine Zeit, da wir schon ständig unseren Sauerstoff benutzt hatten. So stiegen wir sofort los. Und der Schnee – der Grat bestand aus Schnee mit Wechten oder überhängendem Eis zur Rechten und mit einem sehr steilen Felsab-

bruch zur Linken. Indem wir uns halb in der steilen Schneeflanke hielten und Stufen schlugen, kamen wir jedoch ordentlich voran, bis wir nach einem Drittel des Wegs eine recht anspruchsvolle Felsstufe erreichten. Die bereitete uns einige Schwierigkeiten.

Longland: Auf den Bildern schaut sie fürchterlich aus.

Hillary: Ja, es war schon ein ziemliches Problem, aber glücklicherweise war ein Riss zwischen dem Fels und dem Eis rechts, und wir schafften es, uns diesen hinaufzuzwängen. Das hat uns wirklich überrascht – wie hart wir mit Sauerstoff in dieser Höhe noch klettern konnten. Das war eine Lektion, die wir lernten. Als wir da durch waren, fühlten wir uns zuversichtlich. Wir hatten gute Chancen, den Gipfel zu erreichen. Wir stiegen weiter, schlugen Stufen, und standen nach insgesamt zweieinhalb Stunden oben.

Longland: Ganz schön schnell. Ich erinnere mich, Sie sagten irgendwann, dass Tensing einmal Schwierigkeiten beim Atmen hatte, ein Problem mit dem Sauerstoffgerät. Können Sie uns darüber etwas sagen?

Hillary: Ja. Das war kurz nachdem wir den Aufstieg über den Grat begonnen hatten. Ich holte Tensing gerade nach und bemerkte, dass er sehr schnell und tief atmete. So schaute ich nach seinem Sauerstoffgerät und sah, dass das Auslassventil seiner Maske – aus dem hingen lange Eiszapfen. Es war praktisch komplett verstopft.

Longland: Aha. Ein unangenehmer Moment.

Hillary: Und ob. Ich konnte das Eis aber recht schnell beseitigen, so dass er wieder frei Luft holen konnte. Mein Gerät machte ähnliche Probleme, wie ein Test zeigte.

Longland: Wirklich? Nun gut, das Einzige, was ich jetzt – ich muss Sie einfach fragen, wahrscheinlich haben Sie das schon erwartet: Könnten Sie die letzten Augenblicke der Besteigung beschreiben und, natürlich, Ihre eigenen Gefühle, als Sie auf dem Gipfel des Everest standen?

Hillary: Ja, die – die letzten Augenblicke. Wir stiegen weiter am Grat entlang, und man konnte den Gipfel nicht sehen. Der Grat fiel weiter nach rechts hin ab. Dann bogen wir um den letzten Höcker und sahen, dass der Grat vor uns abbrach – nach Norden. Es war eine ganz schöne Erleichterung. Wir schauten nach oben, und da stand der Gipfel ganze zehn bis fünfzehn Meter über uns. Wir schlugen ein paar Stufen, dann waren wir oben. Ich denke, meine erste Reaktion war eindeutig Erleichterung. Erleichterung, dass wir den Gipfel überhaupt gefunden haben, und Erleichterung, dass wir da waren. Und . . .

Longland: Ich nehme an, Sie sprachen miteinander – was waren die ersten Worte zwischen Ihnen und Tensing, als Sie auf dem Gipfel ankamen?

Hillary: Nun, daran kann ich mich nicht erinnern. Ehrlich gesagt, es war mit unseren Sauerstoffmasken recht schwer, überhaupt zu sprechen. Aber natürlich haben wir uns die Hand gegeben und den üblichen Klaps auf die Schulter.

Longland: Konnten Sie etwas auf dem Gipfel zurücklassen, was spätere Besteiger vielleicht finden werden? Oder war das nicht möglich?

Hillary: Wir hatten nichts bei uns, was für immer dort oben bleiben würde. Es war unmöglich, einen Steinmann zu errichten, da die letzten Felsen zehn bis fünfzehn Meter unterhalb des Gipfels waren. Alles, was wir zurückließen, war – Tensing hinterließ ein wenig vom Proviant als Opfergabe für die Götter, und wir ließen die Fahne – die vier Flaggen an einer Schnur – ebenfalls am Gipfel zurück. Aber ich denke nicht, dass sie sehr lange dort oben bleiben.

Longland: Nein. Nein . . . Er sieht bald wieder so unbetreten wie zuvor aus. Was konnte man vom Everest-Gipfel aus sehen, wie weit konnte man sehen? Wie war die Aussicht?

Hillary: Die Aussicht war natürlich sehr, sehr weitläufig. Es war sehr klar, überhaupt keine Wolken, und wir konnten weit hinaus nach Tibet und Nepal blicken. Kangchenjunga war deutlich erkennbar – in der Ferne. Und Makalu, ein anderer der Bergriesen, war ein großartiger Anblick unter uns. Jedoch war die Aussicht nicht unbedingt spektakulär, alles wirkte recht flach, etwa wie beim Blick aus einem Flugzeug.

Longland: Ja. Und war es absolut ruhig auf dem Gipfel, oder – oder gab es irgendwelche Geräusche; gibt es irgendwelche Geräusche auf dem Gipfel des Everest?

Hillary: Nun, ich denke, das einzige Geräusch war vielleicht das Zischen unseres Atems. Auch blies ein leichter Wind, der etwas rauschte, aber ansonsten erinnere ich mich an kein besonderes Geräusch.

Longland: Ein stiller und trostloser Ort. Ich denke, die Zuhörer wird es interessieren, wie groß der eigentliche Gipfel des Everest ist. Konnten Sie sich auf ihm frei bewegen, oder ist er eine scharfe Schneespitze, oder wie können wir ihn uns vorstellen?

Hillary: Er ist nicht wirklich eine scharfe Schneespitze, er ist ein – er ist ein sehr symmetrischer und schöner Gipfel, aber er ist eine runde Kuppe, und es ist recht einfach, sich auf ihm zu bewegen. Man kann sich sogar auf ihm hinsetzen. Nur könnte man kein Zelt dort aufschlagen.

Kommentator: Über den Rückweg hatte Hillary Folgendes zu sagen.

Hillary: Uns war der genaue Rückweg bekannt – wir hatten im Aufstieg Stufen geschlagen und konnten in ihnen recht schnell absteigen. Ich war aber darauf vorbereitet, im Notfall mit der halben Sauerstoffmenge als beim Aufstieg auszukommen. Wir haben es sicher nach unten geschafft.

Longland: Noch eine Frage. Denken Sie, dass Ihre Route die einzig mögliche ist?

Einige von uns haben ja, wie bekannt, vor dem Krieg die andere Seite [Nordseite; Anm. d. V.] des Everest versucht.

Hillary: Ich würde keinesfalls sagen, dass sie die einzig mögliche ist. Aber den Eindruck, den ich von oben von den letzten dreihundert Metern der Nordseite hatte – sie schauten außergewöhnlich schwierig aus. Aber das ist wohl immer so, wenn man eine Wand hinabschaut.

Longland: Ich danke Ihnen vielmals, Mr. Hillary – so wie Millionen von Zuhörern, da bin ich mir sicher. Danke.

(Aus dem Englischen von Jochen Hemmleb; Abdruck mit freundlicher Genehmigung der BBC)

UNTEN UND OBEN

Die Erstbesteigung des Mount Everest wurde weltweit gefeiert. Mit ausgeprägtem Sinn für Dramatik und Symbolkraft passte James Morris, der «Times»-Reporter, den Zeitpunkt der Erfolgsmeldung so ab, dass sie gerade rechtzeitig zur Krönung von Königin Elizabeth II. in London eintraf. Es war «Coronation Everest», die «Everest-Krönung» – und England hatte nun doppelten Grund zum Feiern.

Hillary und Hunt wurden von ihrer Königin geadelt, während Tensing die George-Medaille erhielt, die höchste zivile Auszeichnung in Großbritannien. Hillary war diese ungleiche Behandlung unangenehm.

Umgekehrt schrieben sich in Nepal und Indien übereifrige Nationalisten den Erfolg eines Sherpas auf ihre politischen Fahnen. Sie ließen Tensing, der damals kaum des Lesens fähig war, ein Dokument unterschreiben, das behauptete, er habe den Gipfel vor Hillary erreicht. Andere schwenkten Bilder, auf denen ein triumphierender Tensing abgebildet war, der Hillary am Seil hinter sich herzog. Tenzing war peinlich berührt.

Es spricht für Tensing, dass er trotz eines möglichen Prestigegewinns in seiner Autobiografie bei der Darstellung blieb, er habe den Gipfel kurz nach Hillary – also «beinahe gemeinsam» – erreicht. Ebenso spricht es für Hillary, dass er immer wieder betonte, die Erstbesteigung sei ein gemeinsamer Erfolg gewesen.

Hillary wusste, was er dem Berg und den Menschen, die an seinem Fuße leben, zu verdanken hatte. In den Jahren nach der Everest-Besteigung begann er sich mehr und mehr für die Sherpas einzusetzen. Unter Hillarys Schirmherrschaft entstanden Schulen, Krankenhäuser, Flugplätze und Verkehrswege, welche die Lebensbedingungen in der Region nachhaltig verbesserten. Wohl kaum ein anderer Bergsteiger hat dem Land, welchem er seinen Ruhm verdankt, so viel zurückgegeben.

Tensing half beim Aufbau eines Bergsteigerverbandes, der Sherpa Climbers' Association, welcher die Ausbildung und die Organisation der Sherpas sichern sollte. Später wurde er Ausbildungsleiter am neu gegründeten Himalayan Mountaineering Institute in Darjeeling. Trotz des Versprechens einer Anstellung auf Lebenszeit entließ man ihn dort 1976 – eine Enttäuschung, die Tenzing nie ganz verwand. Seine letzten Lebensjahre waren schwierig.

Obwohl Tensings Freundschaft zu Hillary weniger eng war als die zu Raymond Lambert, kamen sich die beiden kurz vor Tensings Tod nochmals sehr nahe. Hillary war Botschafter für Neuseeland in Indien und kümmerte sich regelmäßig um seinen kranken Gefährten vom Everest. Tensings Enkel, Tashi, schrieb später: «Es war eine Symmetrie: Am Tiefpunkt seines Lebens erschien der Mann, der auch auf dem Höhepunkt seines Lebens neben ihm gestanden hatte. Der Kreis schloss sich.»

Tensing Norgay starb 1986, doch seine Vorbildfunktion für die Sherpas bleibt bestehen. Die von Hillary ins Leben gerufene Himalaja-Stiftung setzt ihre Arbeit in der Khumbu-Region fort. Die Nachkommen von Hillary und Tensing folgten ihren Vätern zum Everest-Gipfel: Hillarys Sohn, Peter, 1990; Tensings zweitältester Sohn, Jamling, 1996; und ein Jahr später auch Tashi. Peter und Tashi wiederholten ihre Besteigungen im Frühjahr 2002.

So bleibt Edmund Hillarys und Tensing Norgays Erstbesteigung des Mount Everest vor fünfzig Jahren vor allem eines – eine zeitlose und weltumspannende Inspiration. Dies erkannte schon damals James Morris: «Welche Zeitung veröffentlichte als Erste die Nachricht vom Erfolg? Keiner erinnert sich daran, und die anderen Zeitungen haben die Meldung sowieso bald danach geklaut. Wer betrat als Erster den Gipfel? Ich hab's vergessen (und auch nie danach gefragt). Waren die Bergsteiger Briten oder Inder, Buddhisten oder Christen? Weiße oder Schwarze? Wen interessiert das? Sie haben den höchsten Berg der Welt bestiegen und sandten ihre Freude darüber nicht nur an die Königin von England zu ihrer Krönung, sondern an uns alle. Es war in jeder Hinsicht ein königliches Geschenk.»

LIFE

IN THIS ISSUE
STEP BY STEP TO THE TOP OF EVEREST
WITH HILLARY AND TENZING

SIR EDMUND HILLARY AND TENZING NORKEY

20 CENTS

JULY 13, 1953

KAPITEL 7

DIE WAHREN HELDEN DES EVEREST

«Wenn die Bergsteigerwelt wirklich
den Beitrag der Sherpas zum Himalaja-Bergsteigen
würdigt, dann sollte sich daraus ergeben,
dass den Sherpas dafür das Gleiche zusteht wie
westlichen Expeditionsteilnehmern.»

Tashi Tensing

Im Schatten der Sahibs: Die Sherpas

Wer stand als Erster zweimal auf dem Everest? Wem gelangen die meisten Gipfelbesteigungen? Wer führte die schnellste Besteigung des Everest durch? Wer bei der Antwort auf einen westlichen Bergsteigerstar wie Chris Bonington, Reinhold Messner oder Alex Lowe getippt hat, lag falsch – richtig wäre gewesen: Nawang Gombu, Apa Sherpa und Babu Chiri Sherpa.

Das Volk aus dem Osten

Die Sherpas stammen von Nomaden, Bauern und Händlern in Südosttibet ab, die gegen Ende des 15. Jahrhunderts über die Pässe des Himalaja nach Nepal ausgewandert sind. Die Gründe für die Auswanderung waren vielschichtig: Glaubenskonflikte zwischen dem islamisch beeinflussten Zentraltibet und den buddhistischen Himalaja-Regionen, die Flucht vor der Unterdrückung durch die tibetischen Feudalherren sowie die Suche nach besserem Land und Klima für ihre Weide- und Viehwirtschaft.

Ursprünglich siedelten sich die Tibeter in den Tälern unmittelbar südlich des Mount Everest an, in der heutigen Khumbu-Region. Später breiteten sie sich nach Süden hin aus, in die heutigen Regionen Pharak und Solu Khumbu. Wann immer sie von Einheimischen gefragt wurden, wer sie seien und woher sie kämen, antworteten sie: «Shar pa.» «Shar» ist das tibetische Wort für «Osten», «pa» bedeutet «Volk» – die Sherpas waren «das Volk aus dem Osten». Erst durch die Expeditionen des zwanzigsten Jahrhunderts hat es sich eingebürgert, nahezu jeden Träger oder Bergführer in der Himalaja-Region als Sherpa zu bezeichnen – ungeachtet ihrer ethnischen Herkunft.

Mit der Großen Trigonometrischen Vermessung von Indien (siehe ab Seite 47) ergaben sich für die einheimische Bevölkerung zum ersten Mal Möglichkeiten, als Träger und Bergführer zu arbeiten. Darjeeling in Nordindien entwickelte sich zur Drehscheibe des östlichen Himalaja. Viele Sherpas zog es dorthin; anfangs zur Saisonarbeit, dann auch dauerhaft.

Ursprünglich war den Sherpas das ausländische Interesse an den Gipfeln des Himalaja unverständlich. Für sie waren die Berge Heiligtümer, Wohnsitze der Götter. Sie zu betreten war verboten, denn es würde die Götter erzürnen und Unglück bringen. Doch selbst wenn die Sherpas die Fremden mit einer Mischung aus Verwunderung und Neugierde betrachteten, so unterstützten sie deren Unternehmungen nach allen Kräften.

Leben und Arbeit im Schatten des Himalaja: Sherpani beim Lastentransport in einem Dorf im Dudh-Kosi-Tal.

Vorangehende Doppelseite: Das Rückgrat fast aller Expeditionen: eine Gruppe Sherpas am Nordgrat des Mount Everest.

«Tiger des Himalaja»

Der schottische Chemiker und Bergsteiger Alexander M. Kellas (1868–1921) war der Erste, der die Fähigkeiten der Sherpas als Helfer bei Hochgebirgsexpeditionen erkannte. Auf zahlreichen Unternehmungen verzichtete er auf europäische Begleiter und verließ sich allein auf Einheimische. Er war von ihrem Klettertalent, ihrer Höhenanpassungsfähigkeit und Ausdauer beeindruckt. Im Vorfeld der Everest-Erkundungsexpedition 1921, bei der Kellas ums Leben kam (siehe ab Seite 51), hatte er begonnen, einige der Sherpas zu Bergsteigern und Hochträgern auszubilden.

Das Geheimnis um Mallory und – Tensing

Leitfigur der Sherpas: Tensing Norgay mit einigen seiner Auszeichnungen.

Vorangehende Doppelseite: Die Sherpasiedlung Khumjung oberhalb von Namche Bazaar im Dudh-Kosi-Tal; im Hintergrund das Kwangde-Massiv.

Während der britischen Vorkriegsexpeditionen zur Nordseite des Mount Everest war der höchste Lama des Rongbukklosters der Dzatrul Rinpoche. Sein Name war Nawang Tensing Norbu. Er wurde 1866 in Kharta (östlich des Everest) geboren und war einer der bedeutendsten Religionsführer der Rongbuk-Tingri-Khumbu-Region. 1902 übernahm er die Schirmherrschaft für den Bau des Rongbukklosters; 1916 bewegte er Lama Gulu zur Gründung von Thyangboche, dem heiligsten Sherpakloster im Tal von Khumbu. Der Dzatrul Rinpoche übernahm auch die Puja-Zeremonien (Segnungen) der Expeditionen von George Mallory 1922 und 1924.

In Tensing Norgays Autobiografie «Tiger of the Snows» finden wir folgende Passage: «Als ich geboren wurde, war mein Name noch nicht Tensing. Ich hieß Namgyal Wangdi. Aber eines Tages brachte man mich zu einem hohen Lama von Rongbuk, welcher seine heiligen Schriften konsultierte und mir sagte, ich wäre die Wiedergeburt eines sehr reichen Mannes, der kürzlich in Solu Khumbu gestorben sei. Deshalb müsse mein Name geändert werden. Er schlug den Namen Tensing Norgay vor, da er Großes für mich prophezeite.

Norgay bedeutet ‹der Reiche› oder ‹der Glückliche›. Tensing bedeutet ‹Jünger des Glaubens› und war tatsächlich der Name vieler Lamas, auch von diesem.»

Über Nawang Tensing Norbu gibt es also eine Verbindung zwischen zwei bedeutenden Männern der Everest-Geschichte, George Mallory und Tensing Norgay. Es ist gut möglich, dass sich ihre Wege irgendwann gekreuzt haben. Vielleicht so:

Es war die erste Augustwoche 1921. Ein aufgeweckter, sieben Jahre alter Junge, erst kürzlich auf den Namen Tensing Norgay getauft, spielte in der Nähe seines Heimatdorfs Moyun, oder er hütete die Yaks seiner Familie auf den Wiesen von Gangla. Da begegnete ihm ein seltsam gekleideter, hellhäutiger Mann – George Mallory, der sich auf dem Weg zur Ost- oder Kangshungseite des Mount Everest befand.

Am 2. August 1921 schrieb Mallorys Partner, Guy Bullock, in sein Tagebuch: «Beim Roten Kloster [Kloster Tharpa Choeling, das zentrale Kloster von Kharta, nahe Moyun] blieben Gyaljen [der Dolmetscher] und Dupa zurück, und Mallory suchte nach ihnen. [. . .] Er ging zurück bis zur letzten Siedlung und verlief sich dabei.

Deshalb konnte ich ihn nicht finden, obwohl ich ihm gefolgt war.»

Der Eintrag belegt, dass Mallory und Bullock fast einen ganzen Tag lang in der Nähe von Tensings Dorf waren – und welcher Junge würde sich die Gelegenheit entgehen lassen, diese Männer, die von weit her gekommen waren, um den höchsten aller Berge zu besteigen, aus der Nähe zu sehen? Zweifelsohne hatte Tensing schon von ihnen gehört, entweder durch die Erzählungen seiner Eltern oder von den Trägern aus Kharta, die Ausrüstung und Proviant für die Engländer das Kamatal hinauftransportiert hatten.

32 Jahre später stand derselbe Junge, Tensing Norgay – nun ein erfahrener Bergsteiger –, gemeinsam mit Edmund Hillary als Erster auf dem Mount Everest. Und während der fünfzehn Minuten auf dem Gipfel dürfte Tensing, der Junge aus Kharta, nach Osten auf das Hochland von Tibet hinabgeschaut haben. Seine Augen wanderten über den langen Kangshunggletscher bis zum heiligen Tal des Kama Chu, und er wird gelächelt haben, als er die Almwiesen von Gangla erkannte sowie das kleine Seitental mit dem See des lebensspendenden Wassers, Tshechu, wo er (höchstwahrscheinlich) einst geboren wurde.

Ed Webster

Ed Webster, geboren 1956, ist ein international bekannter amerikanischer Bergsteiger, Vortragsredner und Autor. 1988 nahm er an der Erstbegehung einer neuen Route durch die Kangshungwand des Everest teil, mit einem kleinen Team und ohne künstlichen Sauerstoff. Er lebt mit seiner Familie in Maine.

Mit der Gründung des Himalayan Club in Darjeeling 1928 wurde die Rekrutierung, Auswahl und Bezahlung der Sherpas erstmals systematisch organisiert. Jeder Sherpa erhielt ein Buch, in dem seine einzelnen Expeditionen sowie besondere Leistungen vermerkt waren. Dies diente ihm sozusagen als «Bewerbungsschreiben» und erlaubte Expeditionsleitern, seine jeweiligen Fähigkeiten einzuschätzen.

Den Leitern der frühen Everest-Expeditionen war die Bedeutung leistungsfähiger Sherpas für eine erfolgreiche Besteigung bewusst. Ohne ihre Hilfe wäre es nicht möglich gewesen, die Hochlager einzurichten – und ohne diese hätte es keine Gipfelversuche geben können. Jene Träger, welche Lasten in das höchste Lager gebracht hatten, wurden mit dem Titel «Tiger» ausgezeichnet. Mit der letzten Vorkriegsexpedition 1938 wurde der Titel dann zu einer formellen Auszeichnung, der «Tiger-Medaille», verliehen durch den Himalayan Club. Die ersten Sherpas, die mit der Medaille ausgezeichnet wurden, waren Ongdi Nurbu, Pasang Bhotia, Rinsing, Lhakpa Tshering, Da Tshering, Lobsang und – Tensing Norgay. Es war die höchste Auszeichnung, die ein Sherpa erhalten konnte. Tensing bedeutete sie mehr als irgendeine andere Auszeichnung, die er in seinem Leben verliehen bekam.

Rechte Seite:
Alltag der Sherpas.
In den Straßen von
Namche Bazaar
(oben) und im Haus
einer Sherpafamilie
(unten).

Von den ersten «Tigern des Himalaja» wurde Tensing durch die Erstbesteigung mit Edmund Hillary weltbekannt und verfasste später auch eine Autobiografie. Dank seines Enkels erfahren wir nun auch erstmals Näheres über das Leben einiger von Tensings Kollegen. Tashi Tensings Buch «Tenzing Norgay and the Sherpas of Everest», dem die folgenden Kurzbiografien entnommen sind, ist eine wichtige und notwendige Ergänzung der Literatur über die frühe Everest-Geschichte.

Ang Tshering (1908–2002) war der letzte Überlebende der berühmten Expedition von Mallory und Irvine 1924. Während der Unterbrechung der englischen Versuche schlug er sich zunächst als Holzfäller und Rikschafahrer durch, begleitete dann Expeditionen zum Kangchenjunga und Kamet, bevor er 1933 neuerlich zum Everest ging. Ein Jahr später war Ang Tshering der Letzte, der sich nach fünf endlosen Tagen aus der Sturmhölle des Nanga Parbat retten konnte, in der zuvor sechs Sherpas und vier Deutsche zu Grunde gegangen waren. Nach der Expedition wurde Ang Tshering mit der Ehrenmedaille des Deutschen Roten Kreuzes ausgezeichnet. Seine schweren Erfrierungen und der Schock des Erlebten hielten ihn lange Zeit von den Bergen fern, und er verdiente seinen Unterhalt als Stadtführer. Doch in den Fünfzigerjahren kehrte Ang Tsherings Ehrgeiz zurück. Nach anfangs schwierigem Neubeginn wurde er Sirdar etlicher Expeditionen und stand 1960 im Alter von 52 Jahren auf seinem ersten Himalaja-Gipfel. Nach dem Tod seiner Frau im gleichen Jahr beendete er seine Karriere und widmete sich ganz seinen acht Kindern.

Ang Tharkay (1907–1981) war einer der beliebtesten und bekanntesten Sherpas. Nach 1933 wurde er zum konstanten Begleiter von Eric Shipton auf dessen Expeditionen zum Nanda Devi, zum Everest und in den Karakorum. 1950 war Ang Tharkay Sirdar der französischen Expedition

zum Annapurna, der die erste Besteigung eines Achttausenders gelang. Als erster Sherpa bereiste Ang Tharkay anschließend den Westen und wurde in Paris zum Mitglied der Ehrenlegion ernannt. Zwischen 1951 und 1954 folgten weitere Expeditionen zum Everest, Cho Oyu, Dhaulagiri und Makalu. Nach einem Training in der Schweiz arbeitete Ang Tharkay bis Ende der Fünfzigerjahre als Ausbilder am Himalayan Mountaineering Institute, danach wechselte er die Branche und wurde Straßenbauunternehmer in Sikkim. Nach der Rückkehr in seine Heimat Nepal begleitete er 1962 ein letztes Mal eine Everest-Expedition und erreichte mit 55 Jahren noch eine Höhe von 8420 Metern. Die letzten fünfzehn Jahre seines Lebens verbrachte Ang Tharkay als Landwirt und Leiter einer Trekking-Agentur in Kathmandu.

Da Tensing (circa 1907–1985) war ebenfalls ein Veteran zahlreicher Expeditionen, beginnend mit der Everest-Expedition von 1924. Als Hillary und Tensing 1953 zum Gipfel aufbrachen, wurde Da Tensing stellvertretender Sirdar. Er begleitete Hillary 1954 zum Makalu und war Sirdar bei der Erstbesteigung des Kangchenjunga 1955 sowie bei der Zweitbesteigung des Everest ein Jahr später. Noch 1963, bei der ersten amerikanischen Everest-Expedition, stieg Da Tensing zweimal bis auf den Südsattel. Doch im Gegensatz zu vielen seiner Kollegen beeinflussten ihn die vielen Reisen und Kontakte wenig. Tashi schrieb über Da Tensing: «Er wurde zum internationalen Star, indem er absolut sich selbst treu blieb.» Selbst auf Auslandsreisen trug er die traditionelle Sherpatracht, und zwischen den Expeditionen hütete er sein Vieh in seinem Heimatdorf Khumjung. Da Tensings späteres Leben war vom Schicksal geschlagen: Sein Sohn verunglückte in den Siebzigerjahren auf einer Expedition tödlich. Seine Frau, der man fälschlicherweise mitgeteilt hatte, auch ihr Mann sei umgekommen, nahm sich daraufhin das Leben. Dann verdächtigte man Da Tensing unberechtigt eines Diebstahls, und die Zahlungen trieben ihn in die Armut. Hilfe kam durch Tony Streather von der Kangchenjunga-Expedition, der zusammen mit Freunden in Großbritannien eine monatliche «Pension» organisierte. Doch 1983 schlug das Schicksal erneut zu: Bei einem Busunfall starb ein weiterer seiner Söhne, Da Tensing selbst wurde schwer verletzt. Von den Folgen des Unfalls erholte er sich nicht mehr.

Ang Tshering, Ang Tharkay und Da Tensing stehen mit ihrem Leben und ihren Leistungen für viele der Sherpas in der Pionierzeit des Himalaja-Bergsteigens. Ihre gesamte Geschichte würde mehr als nur ein Buch füllen. Und auch die Opfer unter ihnen sollten nicht vergessen werden: Ein namenlos gebliebener Träger starb 1921; Lhakpa, Norbu, Pasang, Pema, Sange, Temba und Dorje waren die sieben, die in der Lawine 1922 ums Leben kamen; der nepalesische Soldat (Gurkha) Shamsher sowie der Schuster Manbahadur wurden 1924 Opfer eines Schneesturms (siehe ab Seite 68). Von den bislang 175 Opfern des Everest (Juni 2002) waren fast ein Drittel Sherpas.

Nawang Gombu

TENSING NORGAYS ERBEN

Für die Sherpas aus Tensings Generation war Bergsteigen eine Notwendigkeit, um den Lebensunterhalt zu sichern. «Ich klettere, damit du es später nicht zu tun brauchst», sagten viele ihren Kindern. Mit Tensings Erfolg und der Einrichtung des Himalayan Mountaineering Institute (HMI) änderte sich dies. Nun bestand für Sherpas die Möglichkeit, zwischen Expeditionen in einer festen Anstellung zu arbeiten, was ihnen zusätzliche Sicherheiten gab.

Tensings Neffe Nawang Gombu (geboren 1936) steht stellvertretend für diesen neuen Lebensweg eines Sherpas: Ursprünglich sollte er Mönch in Rongbuk werden, flüchtete jedoch aus dem Kloster und gelangte nach Khumbu. Auf Hunts Expedition 1953 galt der unerfahrene Neuling anfangs noch als «der erste Sherpa, der seinen Herrn bat, langsamer zu gehen», doch später trug er zweimal Lasten auf den Südsattel. Anschließend wählte man ihn mit fünf Kollegen zu einem Lehrgang in der Schweiz aus – der Start in eine neue Zukunft als Ausbilder am HMI. Nach mehreren Expeditionen stand er 1963 mit dem Amerikaner Jim Whittaker auf dem Everest und war zwei Jahre später der erste Mensch, der den höchsten Berg der Welt zweimal bestiegen hatte. 1976 wurde er Tensings Nachfolger als Ausbildungsleiter des HMI und behielt diesen Posten bis zu seinem Ruhestand 1999. Heute arbeitet Nawang Gombu hauptsächlich für die Sherpa Buddhist Association (früher Sherpa Climber's Association), die sich um die Versorgung alter und erwerbsunfähiger Sherpas sowie der Hinterbliebenen verunglückter Sherpas kümmert.

In den Siebzigerjahren begannen Sherpas das Expeditionsbergsteigen nicht nur als zeitweilige Beschäftigung, sondern als vollwertigen Berufszweig zu sehen. Zudem erkannten ausländische Bergsteiger die Sherpas nicht länger nur als Helfer, sondern auch als leistungsstarke Kletterpartner an. So wurde beispielsweise Pertemba (1948 geboren) zu einem dauerhaften Begleiter und Freund des britischen Bergsteigerstars Chris Bonington. Bei der Erstbegehung der Everest-Südwestwand durch eine von Bonington geleitete Expedition 1975 erreichte Pertemba zusammen mit Peter Boardman als zweite Seilschaft den Gipfel.

Ein Markstein war 1991 die erste Sherpa-Expedition zum Mount Everest. Die Finanzierung kam mit Hilfe des Amerikaners Pete Athans zu Stande,

Apa Sherpa (oben)
und Ang Rita
(unten).

selbst ein mehrfacher Everest-Besteiger. In einer bemerkenswerten und symbolkräftigen Umkehr der Rollenverteilung agierten Athans und einige seiner amerikanischen Kollegen auf dieser Expedition als Hochträger, halfen beim Lastentransport und bei der Errichtung der Lager. Drei Sherpas – Sonam Dendu, Ang Temba und Apa – schafften schließlich eine Gipfel-besteigung.

Weitere bedeutende Everest-Besteigungen durch Sherpas folgten: Ebenfalls 1991 gelang Mingma Norbu und Gyalbu im Rahmen einer schwedischen Expedition die dritte Durchsteigung der Nordwand, noch vor den ausländischen Teilnehmern. Sherpa Ngati begleitete 1993 einen Koreaner auf einer abenteuerlichen Überschreitung von Nord nach Süd. Und als 1995 einer japanischen Expedition die Erstbegehung des gesamten Nordostgrates gelang, war die Route zuvor im Wesentlichen von Sherpas gespurt und mit Fixseilen versehen worden. Die Namen von Dawa Tshering, Pasang Kami, Lhakpa Nuru und Nima Dorje sollten deshalb bei der Auflistung der Gipfelbesteiger dieser Expedition an erster Stelle stehen! Mit der dritten Begehung der Ostwand des Südsattels wurden Kusang Dorje und Sange Mudok aus Darjeeling 1999 zu den Ersten, die den Berg von allen drei Seiten bestiegen haben.

Tragisch endete hingegen 1993 die erste Besteigung durch eine Sherpani (Sherpa-Frau): Pasang Lhamu erreichte zwar den Gipfel, sie und ihr Begleiter Sonam Tshering starben jedoch im Abstieg an Erschöpfung. Ihre Landsmännin Lhakpa wurde acht Jahre später die zweite Frau, die den Everest von Norden und von Süden bestieg.

Sherpas glänzten auch durch Höchstleistungen anderer Art: Apa Sherpa (geboren 1962) stand bislang (Juni 2002) zwölfmal auf dem Everest. Seinem Kollegen Ang Rita gelangen zehn Besteigungen – alle ohne zusätzlichen Sauerstoff, und eine davon sogar im Winter.

BABU CHIRI UND DIE ZUKUNFT DER SHERPAS

Für viele gilt Babu Chiri (1966–2001) als das Aushängeschild der modernen Sherpas. Als Bergsteiger gelangen ihm zehn Everest-Besteigungen, dazu noch die schnellste Besteigung in unter siebzehn Stunden ab Basislager sowie ein 21-stündiger Biwakrekord auf dem Gipfel. Mit seiner sonstigen Tätigkeit als Direktor einer eigenen Trekking-Agentur, seiner Zusammenarbeit mit Ausrüstungsfirmen und seinen Sponsorverträgen glich er schon sehr stark westlichen Profi-Bergsteigern. Ein zukunftsweisender Weg für andere Sherpas?

Leider starb Babu im Frühjahr 2001 als Führer einer weiteren Everest-Expedition durch einen Sturz in eine Gletscherspalte – der 56. Sherpa, der am Everest sein Leben verlor. Auf die Frage nach der Motivation hinter seinen Höchstleistungen antwortete Babu einmal entwaffnend: «Sie sind gut fürs Geschäft, und sie sind mein Job. Sie werden mir helfen, in meinem Heimatdorf eine Schule für meine Kinder und die meiner Freunde zu bauen, die ansonsten keine Chance auf eine Schulbildung hätten.»

Babu Chiri

Für viele Sherpas wird auch weiterhin im Bergsteigen die Zukunft liegen, zumal die Zahl der Expeditionen weiterhin zunimmt. Bei einem Einkommen zwischen 3000 und 4000 US-Dollar pro Expedition kann ein «Climbing Sherpa» in zwei Monaten so viel verdienen wie ein «Trekking Sherpa» in einem Jahr. Außerdem bedeutet für jeden Sherpa eine Besteigung des Everest eine Garantie auf weitere Beschäftigung und eine nicht unwesentliche soziale Anerkennung.

In den fünfzig Jahren seit der Erstbesteigung des Mount Everest hat sich das Leben der Sherpas grundlegend gewandelt. Viele kommen heute in den Genuss einer guten Ausbildung und sind in den unterschiedlichsten Berufen tätig, manche auch im Ausland. Aber im selben Maß, wie ihnen der Tourismus Wohlstand, verbessertes Bildungs- und Gesundheitwesen sowie Technisierung brachte, stellt er sie auch vor Probleme: Erhalt von Umwelt und Kultur, Bekämpfung der Landflucht und des größer werdenden Sozialgefälles – dies sind nur einige der Aufgaben, denen sich die junge Generation der Sherpas stellen muss.

Die Sherpas sind heute selbständig und selbst verantwortlich – und ohne sie würde kaum eine der modernen Expeditionen zum Mount Everest Erfolg haben. Auch das Erlebnis wäre ohne sie nicht so unvergesslich. Gerade deshalb sollten Tashi Tenzings abschließende Worte zu denken geben: «Es gibt ausländische Expeditionsbergsteiger, die sich die Zeit nehmen, uns und unsere Kultur kennen zu lernen, und die später öffentlich und ehrlich den Beitrag der Sherpas zum Erfolg ihrer Expedition erwähnen. [...] Doch wir wünschen, sie wären eher die Regel als die Ausnahme. Mit ausreichender Unterstützung, Training und Freiheit dürfte es für jeden Messner, Hillary, Bonington und so weiter ein entsprechendes Beispiel unter den Sherpas geben. [...] Wenn die Bergsteigerwelt wirklich den Beitrag der Sherpas zum Himalaja-Bergsteigen würdigt, dann sollte sich daraus ergeben, dass den Sherpas dafür das Gleiche zusteht wie westlichen Expeditionsteilnehmern: Erwerbsunfähigkeitsversicherung, gesichertes Einkommen, Hinterbliebenenrente für ihre Familien. Erst wenn diese Einrichtungen geschaffen sind, werden die Sherpas wirklich gleichberechtigte Expeditionsmitglieder sein, mit gleichen Risiken, gleichen Sicherheiten und gleicher Freude am Erreichen des Gipfels.»

Mythos Sherpa – Anmerkungen einer Anthropologin

Der Sherpa als treuer, seinen «Sahibs» (Herren) ergebener Diener. Der Sherpa als gottergebener Buddhist, der selbst den Tod eines Kollegen mit einem Achselzucken als «Schicksal» abtut. Diese und ähnliche Bilder durchziehen die Literatur des Himalaja-Bergsteigens. In ihrer völkerkundlichen Studie «Die Welt der Sherpas» geht die Amerikanerin Sherry B. Ortner den Wurzeln dieser Klischees auf den Grund.

«Die Bergsteiger, die in den Himalaja kamen, begegneten zwei ‹anderen› – den Bergen und den Sherpas. In der Anfangszeit waren die beiden kaum voneinander getrennt: Beide stellten für die Bergsteiger einen Kontrast zu einer negativ empfundenen Moderne dar. Wie die Berge und die Praxis des Bergsteigens standen die Sherpas für alles, was noch nicht von der modernen Welt verdorben und korrumpiert worden war. [...] Die dominierende Idee bei diesem Diskurs über das Natürliche und das Unverfälschte war vielleicht, dass die Sherpas wie Kinder waren. Diese Analogie machte im Laufe der Zeit einige Wandlungen durch. Zuerst waren sie kindisch, undiszipliniert. [...] Die Idee konnte jedoch auch in einer anderen Richtung verstanden werden, nämlich sie als kindlich, unschuldig und unverdorben zu sehen. [...] Der Diskurs über die Unschuld der Sherpas hängt eng mit einem weiteren Hauptthema bezüglich ihrer Unmodernität zusammen: In den frühen Jahren wurde immer wieder betont, dass die Sherpas nicht um des Geldes willen, sondern mit Sicherheit aus anderen Gründen auf die Berge stiegen.»

Ortner belegt diese Meinung anhand von Zitaten aus der Bergliteratur und zeigt gleichzeitig auf – wie auch an anderer Stelle in diesem Buch beschrieben –, dass in Wahrheit das genaue Gegenteil zutraf: Die Sherpas stiegen aus finanzieller Notwendigkeit in die Berge. Die Darstellung der Sherpas durch die westlichen Bergsteiger und Autoren war eine Projektion ihrer eigenen Ideale und Wunschvorstellungen: «Zum einen sollte [diese Darstellung] dafür stehen, dass die Sherpas nicht zur modernen (‹kommerziellen›, ‹materialistischen›) Welt gehörten, zum anderen bot sie den Sahibs die Möglichkeit einer seltsamen Verdrängung des Wissens um ihre eigene ökonomische Macht über die Sherpas.»

Gleichzeitig konnte das Bild vom kindischen, undisziplinierten Sherpa dazu dienen, die oft hierarchischen Strukturen der frühen Expeditionen zu rechtfertigen. Eine ähnliche Idealisierung der Sherpas oder des «Asiatischen» im Allgemeinen kehrte übrigens unter etwas anderen Vorzeichen mit der Hippiekultur der Sechziger- und Siebzigerjahre wieder.

Umgekehrt wird von den geschäftstüchtigen Sherpas der jüngeren Generation häufig gesagt, sie seien durch das Geld und den westlichen Einfluss «verdorben» worden – was außer Acht lässt, dass die Sherpas schon immer Geschäftsleute gewesen sind und ihnen diese Eigenschaft in der modernen Welt zugute kommt.

Die Loyalität der Sherpas zu ihren Sahibs, zum Teil bis hin zur Selbstaufgabe, ist hingegen kein Idealbild. Es gibt zahlreiche belegte Beispiele dafür, von Gaylay und Willi Merkl am Nanga Parbat 1934 bis zu Lobsang und Scott Fischer am Everest 1996. Jedoch darf diese Loyalität nicht mit Unterwürfigkeit gleichgesetzt werden. Ortner zitiert dazu Tensing Norgay: «Wir [betrachten] es als unsere Pflicht, für die Sahibs zu sorgen. Wir kochen für sie, bringen ihnen Tee, kümmern uns um ihre Ausrüstung und sorgen dafür, dass sie es in ihren Zelten möglichst behaglich haben. All das tun wir nicht, weil wir es tun müssen, sondern weil wir es wollen, nicht im Sinne von Dienern, sondern von guten Kameraden.»

Ortner erklärt auch den kulturellen Hintergrund: «Bei den Sherpas gibt es den Begriff des Zhindak, eines Patrons oder Beschützers, der einer geringeren Person zum Erfolg verhalf. [...] Es ist jedoch wichtig festzuhalten, dass die Zhindaks einem nicht direkt zum Erfolg verhalfen, sondern es nur erleichterten, ihn zu erreichen, dem Helden halfen, sich selbst zu helfen. [...] Alles in allem haben die Sherpas den Sahibs offenbar häufig die Rolle von Zhindaks zugewiesen, von wohlwollenden Beschützern, die ihnen im Leben helfen würden. Im Gegenzug waren sie oft bereit, den Sahibs loyal und ergeben zu dienen.»

Was als unterwürfige Loyalität erschien, beruhte in Wahrheit auf einem Gegenseitigkeitsprinzip. Die Sherpas lehnten Hierarchie ab und reagierten empfindlich darauf, als Untergebene betrachtet zu werden. So betonte etwa Tensing Norgay, er habe sich mit den Schweizern freundschaftlicher verbunden gefühlt als mit den kolonialistisch agierenden Briten – obgleich er sich für beide Expeditionen gleichermaßen einsetzte.

Ein weiterer Mythos handelt vom Sherpa als gläubigem Buddhisten, für den der Tod einfach nur höhere Vorsehung ist und der deshalb recht emotionslos zur Tagesordnung überginge. Ortner widerspricht dieser Feststellung: «Nach meinen eigenen Erfahrungen mit den Sherpas waren sie angesichts solcher Ereignisse zutiefst erschüttert, ob wegen des persönlichen Verlustes,

der damit verbunden war, oder weil solche Unfälle auch immer ein Zeichen sind, dass etwas absolut nicht in Ordnung ist.»

Etliche Sherpas haben nach Unglücksfällen mit dem Bergsteigen ausgesetzt oder es ganz aufgegeben. Für die scheinbare Teilnahmslosigkeit einiger Sherpas bei Todesfällen, welche das beschriebene Bild stützten, hat Ortner ebenfalls eine Erklärung: «Ein Motiv [...] ist einfach die Professionalität. Er hat gesagt, er würde den Job übernehmen, und er fühlt sich verpflichtet, ihn zu erfüllen, egal, was er emotional erlebt. [...] Auf einer anderen Ebene können die Sherpas jedoch möglicherweise andere kulturelle Ressourcen mobilisieren, um mit ihren Gefühlen fertig zu werden. [...] Eine davon ist, dass der Verstorbene noch nicht ganz aus dem Leben geschieden ist (dies gilt insbesondere bei gewaltsamen Unglücksfällen) und dass es ihm schwer fällt, seine Bindungen zu lösen und weiterzugehen, wenn er das Weinen der Lebenden hört. Manchmal wird auch gesagt, wenn bei Bestattungen allzu stark geweint werde, würde dies dazu führen, dass Blut vom Himmel regnet oder dass die Augen des Verstorbenen mit einem Blutschleier verdeckt werden, so dass er ‹den Weg› nicht finden kann, den Weg zu einer guten Wiedergeburt.»

Am Ende ihrer Studie zieht Sherry Ortner die Bilanz, dass das in der Bergliteratur vertretene Bild der Sherpas ein Resultat der Vermischung westlicher Vorstellungen mit kulturellen und religiösen Eigenarten der Sherpas selbst ist. Die Geschichte der Sherpas im zwanzigsten Jahrhundert, so wie sie überliefert ist, muss aus diesen unterschiedlichen Perspektiven betrachtet werden.

KAPITEL 8

GESCHICHTEN UND GESCHICHTE

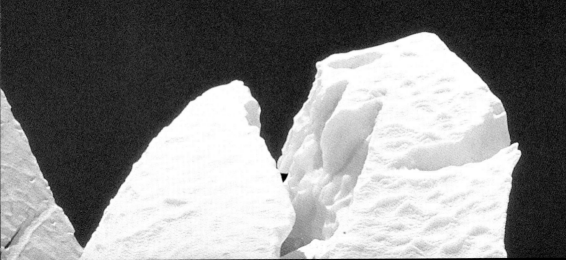

«Siehst du den dreieckigen Gipfel dort drüben?
Die Tibeter nennen ihn Chomolungma.» –
«Was bedeutet das?» – «Göttinmutter der Erde.» –
«Wie poetisch.»

Bob Langley

Der Everest in der Literatur

Es gibt nur wenige Gipfel, die Gegenstand einer literarischen Fiktion sind: Mont Blanc und Meije, Matterhorn und Eiger zum Beispiel, also die für die Bergsteiger faszinierendsten Gipfel der Welt. Und natürlich der Mount Everest. Er spielt in rund dreißig Romanen und Erzählungen eine Rolle, seit dem Verschwinden von Mallory und Irvine 1924 bis zu den kommerziellen Expeditionen von heute – eine Expedition der Buchstaben am großen E.

«I killed him!»

Die ersten Worte von George Mallory, als er gefunden wurde. Lebend oben in Lager VI. Von Noel Odell, der aufgebrochen war, um nach Mallory und seinem Gefährten Andrew Irvine zu schauen, die zum entscheidenden Besteigungsversuch auf den Gipfel des Mount Everest aufgebrochen waren, am 8. Juni 1924. 600 Höhenmeter fehlten noch zum höchsten Gipfel der Welt. Odell hatte die beiden hoch oben am Grat beobachtet, irgendwo zwischen Erster und Zweiter Stufe, dann raubten ihm Wolken die Sicht. Umso größer die Überraschung, als Odell Lager VI erreichte und Mallory im Zelt fand. Allein.

«Ich hab' ihn umgebracht!» – Die Expeditionsmitglieder konnten es kaum glauben, als Odell ihnen die ersten Worte Mallorys mitteilte, nachdem er ihn heruntergebracht hatte. Ein Schock: Mallory, ihr geschätzter Mallory, als Mörder. Das konnten sie nicht fassen. Wahrscheinlich hatte er diesen Satz nur in seiner totalen Erschöpfung gesagt. In der Verzweiflung, dass sein Andrew, den er zum Gipfel führen wollte, verschollen war. Und doch: Was, wenn Mallory diesen Satz vor Reportern wiederholte? Vor dem Everest-Komitee? Expeditionsleiter Norton erteilte den entscheidenden Befehl: «Wir müssen ihn im Geheimen nach Hause bringen.»

Eine gute Idee. Von Norton. Und vom kanadischen Schriftsteller J. A. Wainwright im Roman «A Deathful Ridge» von 1997. Zwei Jahre später wurde der arme George dann tatsächlich gefunden, nicht weit vom Lager VI. Tot. Freilich: Was wäre gewesen, wenn Mallory nicht den Heldentod an seinem geliebten Berg gestorben und nur der junge Irvine oben geblieben wäre? Wenn der geistig umnachtete Mallory heimlich nach England zurückgebracht worden wäre und dort noch jahrzehntelang weitergelebt hätte –

«Everestland»: Für die kanadische Karikaturistin Tami Knight ist der Mount Everest das bergsteigerische Disneyland – und der Fundort von George Mallory das beliebteste Fotomotiv . . .

Vorangehende Doppelseite: Der Everest ist einsame Spitze – auch als Bücherberg.

ein furchtbares Geheimnis. Wie versteckt man gefallene Helden? Wie wäre das (alpinistische) Establishment damit umgegangen? Wäre Mallory zum Everest zurückgekehrt? Und, viel wichtiger: Was wäre aus seiner Frau Ruth geworden? Aus seinen Kindern? Interessante Gedanken, die Wainwright hier verarbeitet: über Mythologisierung, über die Erschaffung von Heldenfiguren, über offizielle und inoffizielle Versionen von Geschichte.

Im Jahr des Verschwindens von Mallory und Irvine, 1924, tauchte der Everest auch erstmals in einem Roman auf: In «Terre de Suspicion» von André Armandy wollen zwei Flugzeuge über den Everest fliegen, um dort die französische Flagge auf die Spitze abzuwerfen. Dem ersten gelingt es nicht, weil es über Afghanistan abstürzt – die Abenteuer der Überlebenden im unübersichtlichen Gebirgsland machen den Hauptteil des Romans aus. Das zweite Flugzeug schafft den Überflug, doch der Pilot verzichtet auf den Abwurf der Flagge. Grund: Es steckte schon eine andere ganz oben . . .

DER MYTHOS

Mallory und Irvine, das große Geheimnis des Mount Everest: Seit jeher beschäftigen sie nicht nur die alpinen Chronisten, sondern auch Schriftsteller. Wilhelm Ehmers «Um den Gipfel der Welt» von 1936 schildert pathetisch und sehr deutsch das Schicksal der beiden Bergsteiger: «Morgen wird die Entscheidung fallen. Für die Vorstellung von Millionen Menschen seines Volkes, seiner Rasse besitzt sie eine mächtige, umspannende Symbolkraft. Everest bezwungen, der Gipfel von Menschen erstürmt – wie ein Fanfarenstoß klingt diese Botschaft über Meer und Länder!» Bergsteiger als Eroberer von neuem Lebensraum – blöd eigentlich, dass Mallory und Irvine Engländer waren . . . Nebenbei: Ehmers Roman wurde im Internationalen Kunstwettbewerb der XI. Olympischen Spiele 1936 in Berlin mit der Silbermedaille ausgezeichnet.

Immer noch pathetisch, dafür politisch korrekt: «Der große Berg» des Holländers Willem Enzinck aus dem Jahre 1952. Nochmals ein Roman über die 1924er-Expedition, doch diesmal begleitet der Autor seine beiden Hauptfiguren bis ganz hinauf. «Irvine nickte heftig. ‹Lass mich hier, gehe du weiter!›» Und Mallory ging weiter, immer weiter: «Als dann, nur noch einige Meter von der Stelle, von der die Welt erwartet, dass er sie für sie in Besitz nehmen wird, sein Körper ein kleiner dunkler Punkt wird, der sich mit dem großen Dunkel des Abgrunds verbindet und sich in ihm verliert, da steht George Mallory in vollem Glanz des einsamen Siegers, der er immer sein wollte, auf dem Gipfel des heiligen, höchsten Berges des Erde.» Eine schöne Vorstellung. Ob die jugendlichen Leser – der Roman erschien in der zweiten deutschen Auflage von 1972 nämlich als Jugendbuch – dies nachvollziehen konnten?

Immer wieder haben Autoren den Mythos auf ganz unterschiedliche Art aufgegriffen: Zum Beispiel der Amerikaner Guy Waterman in der Kurzgeschichte «The Bronx Plumber» (1976). Der ältere Klempner Giovanni Malvolio gerät beim Reparieren der Toilette eines Kenners der Everest-Geschichte plötzlich in Trance, so dass der Auftraggeber zu glauben anfängt, er habe einen andern G. M. vor sich. Er kann es kaum glauben, sieht jedoch bei einem zweiten Reparaturauftrag seine Ahnungen bestätigt, als er den transzendierten Klempner fragt, ob er es bis zum Gipfel geschafft habe. «Right to the top!» ist dessen Antwort. Und offenbar kam er auch wieder herunter. Doch nun nicht mehr heil zurück in die Bronx: Er steuert seinen Truck in einen Brückenpfeiler. Schicksal Auto: In der Kurzgeschichte «In Gentle Combat with the Cold Wind» (1977) des Amerikaners Jeff Long nimmt ein Yosemite-Kletterer einen älteren Anhalter mit, der sich als Andrew Irvine entpuppt.

In «Mother Goddess of the World» (1988) verwebt Kim Stanley Robinson, Autor zahlreicher Science-Fiction-Romane, geschickt Daten der Everest-Geschichte mit dem Abenteuertrip zweier leicht verrückter amerikanischer Trekking-Leiter in Nepal. In der Everest-Nordwand finden sie Mallory: «Seine Augen waren geschlossen, und unter einer zerfallenden Kapuze wirkte seine Haut papierdünn. Sechzig Jahre draußen in Sonne und Sturm, doch immer unter dem Gefrierpunkt, hatten ihn auf seltsame Art und Weise erhalten. Ich hatte das unheimliche Gefühl, dass er nur schlief und jeden

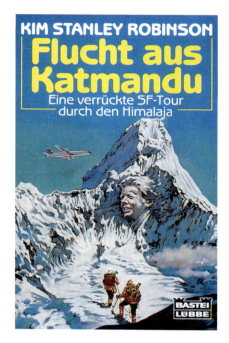
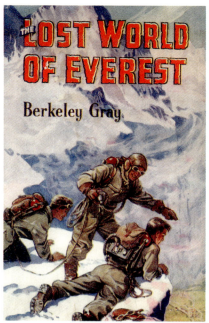

Augenblick aufwachen und aufstehen würde. Fred kniete neben ihm und
grub ein wenig im Schnee: ‹Seht mal – er ist angeseilt, aber das Seil ist
gerissen.›» Genauso war es, als Conrad Anker Mallory dann wirklich fand,
elf Jahre nach Erscheinen von Robinsons Erzählung. Übrigens die mit
Abstand beste Mallory-Story. Nicht wegen der Vorwegnahme des Fundes,
sondern weil der Autor so virtuos und witzig mit dem Mythos spielt. Und
mit dem ganzen Trekking-Everest-Rummel.

Fakten und Fiktion

Zur Science-Fiction zählt auch Nicholas Luards Roman mit dem schlichten
Titel «Himalaya» (1992). Darin geht es um die Tochter reicher Engländer, die
in die Hände der Yetis fällt, und um einen armen Engländer, der besessen
davon ist, den Everest zu besteigen: «Aber es gab einen Weg, den Berg ohne
Sauerstoff zu bezwingen. Die Yetis kannten ihn. Und deshalb musste
Geraint die Yetis finden und ihnen ihr Geheimnis entlocken: Dann würde
er es schaffen.» Ob er dies tut, verraten wir nicht. Genauso wenig, ob Big
Bill und seine Kameraden es schaffen, dem unter-Everest'schen Höhlen-
labyrinth zu entkommen, in das sie beim Aufstieg stürzen. Berkeley Grays
Jugendbuch «The Lost World of Everest» (1941) kommt einem vor, als
rutschte Jules Verne vom Dach der Welt in einen unbekannten Hinterhof
und müsste sich dann selbst durchschlagen.

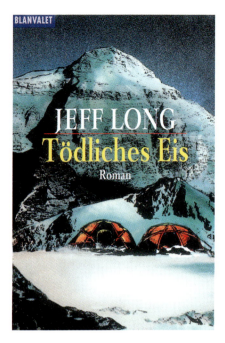
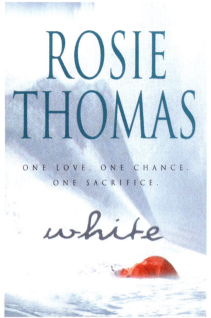

Kehren wir zurück zu den wirklich bergsteigerischen Everest-Romanen. Der Erste, der nicht Mallory nachstolpert, ist «Mont Everest» (1942) von Joseph Peyré. Er schildert eine Kleinexpedition, deren Teilnehmer – ein heimweh- und höhenkranker Zermatter Bergführer, ein gegen den Schweizer hasserfüllter Schotte, ein neben den Bergschuhen stehender Inder und ein sich aufopfernder Träger – so wenig harmonieren, dass man erstaunt ist, dass sie es überhaupt bis zum Basislager und darüber hinaus schaffen.

Die in den Neunzigerjahren erschienenen Everest-Romane beschäftigen sich mit dem heutigen Rummel um den Gipfel der Welt. Werner Kopacka nennt sein Werk etwas vollmundig «Everest. Der Roman», Jeff Longs Werk trägt im Deutschen den reißerischen Titel «Tödliches Eis», und Matt Dickinsons «Death Zone» liest sich wie die belletristische Ausgabe von Krakauers «In eisige Höhen». Der britische Dokumentarfilmer Dickinson hat das Drama von 1996 selbst miterlebt, stand ganz oben und schrieb – wer denn nicht? – über seine Erfahrungen. In «Die Weiße Hölle», so der deutsche Titel, hat er sie zu einem Roman ausgeweitet und verdichtet. Diskussion zwischen Führer und Gefährtin auf 8850 Metern: «Aber die Übertragung vom Gipfel war Teil der Abmachung, das bin ich dem Studio schuldig.» – «Und ich bin es dir und mir schuldig, dich lebendig von diesem Berg hinunterzubekommen.» Dann bricht der Sturm los. Ob die beiden wohl der Todeszone entrinnen können?

Jeff Longs Buch heißt im Englischen «The Ascent» – der Aufstieg, die Besteigung. Mehr nicht. Und doch alles. Die Verdichtung aller Expeditionsberichte: tiefgründig, humorvoll und vor allem sehr gut geschrieben. Zu Recht erhielt das Werk 1993 den renommierten Boardman Tasker Award for Mountain Literature. Dass Long die Korewand am Everest erfunden beziehungsweise vom Makalu hierher verlegt hat, stört nicht. Ein kluges Buch übers Bergsteigen, mit einem verrückten Schluss: Der Berg ruft nicht mehr, sondern schickt eine riesige Lawine, um endlich Ruhe zu haben.

Doch immer wieder kommen die Menschen, klettern mit letzter Kraft dem endgültigen Gipfel entgegen. So auch der walisische Bergführer Al Hood mit seinen Klienten und der an Kälte leidenden Expeditionsärztin und Geliebten Finch Buchanan in Rosie Thomas' «Weiß wie Schnee» (2000). «Steig ab und kümmere dich um deine Füße. Ich muss die andern zum Gipfel bringen. Warte nur noch ein paar Stunden auf mich. Dann müssen wir uns nie mehr trennen, ich versprech's dir», sagt Al zu Finch. Kann er das Versprechen halten? Wir erraten es. Gegen Schluss des Buches besucht die Heldin mit Nebenbuhler Sam das Grab von Al in Wales, und ganz am Ende fallen sich die beiden Überlebenden um den Hals. Was wäre ein Roman ohne Liebesgeschichte? Dennoch: Dass Thomas ihre Everest-Protagonisten weit in den Alltag hinaus zurückbegleitet, ist neu. Männliche Schriftsteller brechen ihre Zelte lieber schon am Wandfuß ab.

Und dann gibt es da noch den 1996 aufgelegten Everest-Roman von Jean-Michel Asselin, einem der bekanntesten französischen Bergpublizisten. Wie er selbst versucht sein Protagonist immer wieder, den Gipfel der Gipfel zu besteigen, und nie klappt es ganz. Doch mit Marie, einer Schweizerin – und einer der vielen schönen Frauen am Lebensweg –, gelangt er endlich zum endgültigen Höhepunkt. Aber nicht wieder zurück. Titel des Romans: «Nil, sauve-toi!» (Nil, rette dich!)

DER GIPFEL DER POESIE

Rette dich! Das riefen wohl einige Zeitgenossen dem verrückten Maurice Wilson zu, der 1933 allein per Flugzeug und per pedes den höchsten Gipfel der Welt erreichen wollte. Seine sterblichen Überreste tauchen mit makabrer Regelmäßigkeit aus dem Gletscher unterhalb des Nordsattels auf. Seinem Geist hingegen begegnen wir in einem Buch, in dem wir ihn kaum vermuteten: in Salman Rushdies «Die Satanischen Verse». Und zwar zusammen mit Alleluia Cone, einer der weiblichen Hauptfiguren des ausufernden Romans, Siegerin über den Everest ohne Sauerstoff, «die erste sexuell attraktive Blondine» dort oben; ein Fressen für die Presse. Am Schluss stirbt sie, unten

in der Stadt, zusammen mit ihrem Filmmogul, unfreiwillig. Der Everest war – wie bei Wilson – ein Fixpunkt in ihrem Leben gewesen.

Everest forever: Er ist da, auch wenn der Berg Changma heißt, wie in Wilfrid Noyces Expeditionsroman «The Gods are angry». Am Gipfelgrat warten Erste und Zweite Stufe auf die Alpinisten. Er ist da, wenn auch nicht direkt angesprochen, im Klassiker «Lost Horizon» von James Hilton, der im fiktiven Kloster Schangri-La spielt, dem Paradies «Irgendwo in Tibet» (so der ursprüngliche deutsche Titel). Und er ist da in Bob Langleys fulminantem Tibet-Thriller «East of Everest»:

«Siehst du den dreieckigen Gipfel dort drüben?», fragt der ziemlich exzentrische Führer Silas Ramdon seine ziemlich unbedarfte Begleiterin Tracy Morrill.

«Der fast ohne Schnee auf dem Gipfel?»

«Genau. Schaut nur ein paar Kilometer entfernt aus, nicht wahr? Dabei müsste man während acht oder neun Tagen mühsam und ständig reisen, um ihn zu erreichen. Die Tibeter nennen ihn Chomolungma.»

«Was bedeutet das?»

«Göttinmutter der Erde.»

«Wie poetisch.»

«Sie könnten über einen Traum schreiben, über ihren Traum, einmal den Mount Everest zu besteigen.»

«Ich würde nie davon träumen.»

«Da gibt es aber ein Problem», sinnierte er. «Es kann gelöst werden, wenn Sie in Ihrem Buch mehr übers Bergsteigen schreiben.»

Er stand auf und streckte mit einem freundlichen Lächeln seine Hand aus.

«Hier», sagte er und ließ das Manuskript in meinen Schoß fallen. «Nehmen Sie es mit, und schreiben Sie es um. Und dass Sie es nicht vergessen: Bergsteigen ist in.»

«Mountain-climbing's the thing!» So einfach ist das. Und so schwierig. Vor allem dann, wenn es noch humoristisch sein sollte. Nicht immer nur Texte, die mit letzter Kraft und außer Atem daherkommen (was natürlich gerade am höchsten Berg der Welt das Thema ist). Doch zur Ab-

wechslung mal solche, die ein bisschen lustig, ein bisschen böse, ein bisschen satirisch vom Bergsteigen im Allgemeinen und vom Everest im Besonderen handeln. Und ein bisschen fiktiv. Aber deswegen nicht weniger wahrhaftig.

Maurice Dolbier stieg als Erster ein. 1955 publizierte der renommierte New Yorker Verlag Alfred A. Knopf sein «Nowhere near Everest», eine 56-seitige Humoreske mit Zeichnungen von Virgil F. Partch. Darin erzählt Dolbier (s)eine Lebensgeschichte, wobei er immer wieder Bergsteigerjargon einklinkt. Was er schließlich auch muss, wie der Verleger ausdrücklich gewünscht hat. Ein Theaterbesuch mit Wilhelm Tell, seinem Studienkollegen am Culdesac College, gerät zu einer Expedition um richtige Eintrittskarten und Begleitung. Tourenbuchmäßig teilt der Autor mit: «20 HOURS 58: BEGIN descent. Pass rival expedition. Should have realized – Englishmen and blondes always win.» Eine hübsche Anspielung auf die glorreiche britische Everest-Expedition von 1953 – dass «Nirgends in der Nähe des Everest» 1955 erschien, ist kein Zufall. Nach all den Heldenberichten von Hunt, Hillary & Co. konnte ein etwas weniger ernsthafter Blick auf das Dach der Welt nur gut tun. Zum Beispiel mit den folgenden drei Sätzen:

«Zum ersten Mal in meinem Leben erhielt ich eine Einladung zur Besteigung des Mount Everest.

Ich lehnte sie ab.

Ich habe es nie bereut.»

Maurice Dolbiers Alter Ego, der Abenteurer Orontes Bump, hatte ihn dazu eingeladen. Allerdings: Um dem Wunsch des Verlegers zu entsprechen – Bergliteratur stand vor fünfzig Jahren offenbar ebenfalls hoch im Kurs –, erzählt er von der Bump-Grind-Expedition auf den Mount Everest, die erfolgreich verläuft. Mit einer nicht ganz nebensächlichen Ausnahme: Der eroberte Gipfel liegt im US-Bundesstaat Massachusetts und heißt Mount Everett.

«The Ascent of Rum Doodle»

Rum Doodle heißt ein anderer. Er ist der höchste Gipfel der Welt, «higher than Everest», wie die Überschrift zu Kapitel 10 lautet. Rum Doodle ist nämlich genau 40 000,5 Fuß hoch, das sind umgerechnet

«Good luck, all»

173

12 192 Meter. Ganz schön dünn, die Luft dort oben. Zum Glück gibt es noch drei andere Rum Doodles, wo sich besser atmen lässt: Der erste liegt in der Nähe der australischen Station Mawson in der Antarktis, der zweite ist ein Teil der Kloof Gorge beim südafrikanischen Durban, und zum Dritten weist der Pike's Peak im US-Bundesstaat Colorado eine Rumdoodle Ridge auf. Und dann wartet seit 1980 in Kathmandu noch die Rum Doodle Bar auf Alpinisten, Trekker und Touristen – und alle bestaunen die unter Glas gelegten Holzquadrate hinter dem Tresen, wo Everest-Besteiger wie Hillary, Messner, Rob Hall und Ang Rita Sherpa ihre Namen eingraviert haben.

Diese Rumdoodlerei hat einen Anfang und einen Namen: der 1956 erschienene Roman «The Ascent of Rum Doodle» des Engländers William Ernest Bowman (1911–1985). Darin schildert der Expeditonsleiter Binder den helden- und schließlich glückhaften Versuch, den höchsten Berg der Welt, den Rum Doodle, erstmals zu besteigen. Der klassische Expeditionsbericht also, beginnend mit einem Vorwort des Expeditionsausschusses, dann einsetzend mit der Vorstellung des Teams und des Zieles, weiterfahrend mit der Schilderung von Anmarsch, Basislager und Erkundungsaufstiegen, dramatisierend mit Schwierigkeiten aller Art und schließlich feiernd mit dem Gipfelsieg. Immer wieder dasselbe Schema, am Everest und anderswo, im Tatsachenbericht und im Roman. Bowman hält sich daran, und doch nicht. Denn sein Buch ist eine, ja wahrscheinlich die Parodie auf alle diese Werke.

So unwahrscheinlich hoch der Gipfel, so ungewöhnlich auch die Mannschaft mit sechs ziemlich verschrobenen Englän-

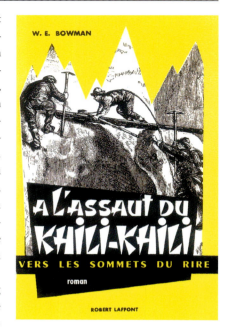

dern. Da ist zum Beispiel der Funkexperte und Routenkenner Humphrey Jungle, der seine Gefährten allerdings mehrmals im Kreis herumführt. Da ist der Wissenschaftler Christopher Wish, der dauernd irgendwelche überflüssigen Versuche anstellt. Da ist der Expeditionsarzt Ridley Prone, der, obwohl im Basislager zurückgeblieben, zuletzt als Einziger auf den Gipfel – getragen wird, gegen seinen Willen. Doch 92 Träger haben einen Befehl falsch verstanden, weil in ihrer Sprache, dem Yogistani, Basislager und Gipfel sehr ähnlich lauten. Und dort oben bleiben sie, bis ein Gegenbefehl eintrifft, und rauchen ihren «stunk», so dass sich über dem Dach der Welt ein Wölkchen bildet. Wunderbar! Genau wie die Idee, Expeditionskoch Pong so kotzüble Speisen brauen zu lassen, dass das Höhersteigen von Binders Team mehr einer Flucht vor dessen Pfanneninhalt gleicht. Erst als ihn der Leiter in ein vertrauliches

Gespräch über seine Verlobte verwickelt, verliert der Koch etwas von seiner Schrecklichkeit, wenigstens im Kopf – nicht jedoch für den Magen. Überhaupt diese Fiancée-Gespräche von Binder mit den Gefährten: kolossal fehl am Platz und doch unbedingt lesenswert, gerade in der heutigen Zeit des Outings. Alles erzählt in einem so trockenen Stil, dass die Augen manchmal nass werden vor Lachen. Binder über seinen Aufstieg in Lager 2:

«Ich versuchte mich an all das zu erinnern, was ich über das Bergsteigen in solchen Höhen gelesen hatte. Ich tat einen Schritt, dann wartete ich zehn Minuten. Das war – soviel ich verstanden hatte – ganz wichtig. Unsere Vorgänger waren diesbezüglich einmütig dieser Ansicht: ein Schritt, dann zehn Minuten warten, oder sieben in einem Notfall. Ich fand dies schwieriger, als ich es mir vorgestellt hatte. Zehn Minuten lang in der gleichen Position zu bleiben war alles andere als einfach. Zuerst befürchtete ich, seitwärts umzufallen; dann bekam ich einen Krampf in der Wade; dann fing mich die Nase an zu jucken; dann begann der Fuß unkontrol-liert zu zittern und musste mit beiden Händen gehalten werden. Dies war sehr ermüdend, und wenn ich mich bückte, um den Fuß zu halten, stand ich plötzlich tiefer unten als vor dem letzten Schritt, weshalb ich mich zu fragen begann, ob ich an Höhe gewann oder verlor; und die gedankliche Anstrengung war so groß, dass ich die Kontrolle verlor und aus der Spur fiel.»

«The Ascent of Rum Doodle»: ein humoristisches Meisterwerk, nicht nur in der Sparte Bergliteratur. Ein Jahr später publizierte W. E. Bowman «The Cruise of the Talking Fish», eine Parodie auf Thor Heyerdahls Kon-Tiki-Expedition, wiederum mit Binder in der Hauptrolle. Allerdings hatte dieses Werk weniger Erfolg als «Rum Doodle». Die französische und die spanische Übersetzung erschienen noch 1956, die dänische im folgenden Jahr. Und seither wird «Rum Doodle» immer wieder aufgelegt. Berge und Kneipen wurden nach dem 40 000-and-a-half-foot peak benannt, die Homepage ist auch eingerichtet: www. rumdoodle.org.uk. Nur ins Deutsche wurde das Buch noch nicht übersetzt. Dabei heißt es doch: Bergsteigen ist in.

Daniel Anker, geboren 1954, studierte in Bern Geschichte und Germanistik – vielleicht der Grund, warum er sich in seinen Büchern mit der Geschichte des Alpinismus beschäftigt und gern Romane zum Thema aufstöbert und verschlingt. Im europäischen Raum machte er sich vor allem als Herausgeber von Monografien Schweizer Berge einen Namen. In «Eiger – Die vertikale Arena» stellte er auch die fiktionale Literatur über die berühmte Nordwand vor. Er lebt mit seiner Familie in Bern.

KAPITEL 9

DIE DUNKLE SEITE

«Bald erhob sich die Sonne langsam im Osten.
Es war das strahlende Licht unseres
Landes, der Partei und des Vorsitzenden
Mao Tse-tung. Sie hatten uns
grenzenlose Kraft und Weisheit gegeben.»

Wang Fuzhou nach der ersten Besteigung
des Everest von Norden, 1960

China und der Mount Everest, 1950–1979

Mit der Besetzung Tibets durch die Chinesen 1950 verschwand die Nordseite des Mount Everest für die nächsten drei Jahrzehnte weitgehend von der Bildfläche der alpinistischen Berichterstattung. Doch dies bedeutet nicht, dass dort ein bergsteigerisches Vakuum herrschte: Unter Ausschluss der Öffentlichkeit schrieben die Chinesen ihr eigenes Kapitel Everest-Geschichte – mit ihrem eigenen Stil, ihren eigenen Stars, ihren eigenen Erfolgen und Tragödien.

Reise nach Peking

Zusammen mit Eric Simonson reiste ich im August 2001 nach Peking, um zu versuchen, ein wenig mehr Licht in die Umstände der chinesischen Versuche am Everest zu bringen. Am ersten Tag trafen wir uns mit Mitgliedern der Expedition von 1960, Wang Fuzhou, Qu Yinhua, Xu Jing, Zeng Shusheng, Wang Zhenhua und Liu Dayi, um sie zu interviewen. Zheng Shusheng und Xu Jing berichteten unter anderem von den Anfängen des chinesischen Bergsteigens.

Bergsteigen als Sport existiert in China erst seit 1955. Von Beginn an wurde es von staatlicher Seite her organisiert, gefördert und ideologisch verwertet. Es gab eine «Bergsteiger-Nationalmannschaft», und vor den Toren der Hauptstadt Beijing (Peking) wurde ein militärisch geführtes Trainingszentrum errichtet. Ihre ersten bergsteigerischen Schritte lernten die Chinesen von Bergsteigern aus der Sowjetunion. Eine Gruppe chinesischer Bergsteiger wurde zur Ausbildung in das Pamirgebirge geschickt, und sowjetische Bergsteiger arbeiteten als Ausbilder in Peking. Im Frühjahr 1958 beschlossen beide Nationen eine gemeinsame Expedition zum Mount Everest – oder Qomolangma, wie er in China genannt wird.

Nach weiteren Trainingsexpeditionen erkundeten sieben Chinesen und drei Sowjets im Herbst 1958 die Anmarschwege zum Mount Everest. Von Lhasa aus gelangten sie nach Rongbuk und stiegen von dort bis zum oberen Ende des Haupt- und Ost-Rongbukgletschers. Zur Vorbereitung hatten die Chinesen zahlreiche Bücher der britischen Vorkriegsexpeditionen übersetzt und verwendeten auch deren Karten.

Der organisatorische Aufwand für die Erkundung und die geplante Besteigung war enorm: Sowjetische Flugzeuge wurden für Luftbildauf-

Begegnung mit einem besonderen Kapitel Everest-Geschichte: Jochen Hemmleb (Mitte) und Eric Simonson (rechts daneben) mit Wang Fuzhou, Xu Jing und Qu Yinhua, Mitgliedern der chinesischen Everest-Expedition von 1960, im Sommer 2001.

Vorangehende Doppelseite: Aus dem Dunkel ans Licht. Sonnenaufgang in 8570 Meter Höhe am Nordostgrat des Mount Everest.

Die Phantom-Expedition

Bereits im April 1952 schrieb das deutsche Magazin «Der Bergsteiger» über einen geplanten sowjetischen Versuch an der Everest-Nordseite. Scheinbar hatte er zum Ziel, der englischen Expedition 1953 die mögliche Erstbesteigung vor der Nase wegzuschnappen. Danach hörte man über ein Jahr lang nichts mehr.

Im Herbst 1953 berichtete dann die Londoner Zeitung «The Times» unter Berufung auf zwei Sherpas, die von Tibet nach Kathmandu gelangt waren, über Details des Versuchs: Die Sowjets seien Mitte Oktober von Moskau über Irkutsk und Lhasa zum Berg angereist. Die Leitung übernahm ein gewisser Pavel Datschnolian, weitere Mitglieder waren die Bergsteiger Wladimir Kaschinski, Alexei Metzdarow und Ivan Lenitzow, der Geologe Anatoli Jindomnow sowie der Arzt Josef Dengumarow. Unterstützt wurden sie durch 36 Träger aus dem Kaukasus. Am Berg errichteten sie eine Lagerkette bis zum Lager VIII auf 8220 Metern. Von dort aus funkte die sechsköpfige Spitzengruppe: «Erhoffen morgen oder übermorgen bei günstigem Wetter den Gipfel zu erreichen.» Es war ihre letzte Nachricht. Weder eine achtzehntägige Suche bis hinauf ins Hochlager noch eine weitere Suche im folgenden Frühjahr traf auf irgendwelche Spuren.

Hat diese Expedition tatsächlich stattgefunden? Von russischer Seite ist dies stets abgestritten worden, auch noch in jüngerer Zeit. Yevgeni Gippenreiter, der lange Zeit als Vermittler zwischen russischen und westlichen Bergsteigerkreisen tätig war, berichtete im britischen «Alpine Journal» von seinen erfolglosen Nachforschungen. Aber auch bei den Chinesen findet sich kein Hinweis auf einen sowjetischen Versuch 1952 – und sie hätten nach dem Zerwürfnis mit Moskau einen solchen Misserfolg ihres «Gegners» sicherlich propagandistisch genutzt.

1999 tauchte zwar das Gerücht auf, ein Chinese habe 1960 am Nordostgrat ein Zelt gefunden, das von seiner Höhe her keiner britischen Expedition zuzuordnen war. Doch nach Interviews mit anderen Mitgliedern der chinesischen Expedition scheint eine Verwechslung mit dem ebenfalls gefundenen Lager VI von 1933 vorzuliegen. Keine sonstige Expedition hat bislang an der Everest-Nordseite irgendwelche Spuren einer sowjetischen Expedition – Zelte oder Ausrüstungsgegenstände – gefunden, so dass es sich bei der Tragödie von 1952 wohl um eine Zeitungsente handelte

Doch dann war da noch der alte Benzinkocher mit russischer Schrift, den der Amerikaner Andy Politz 2001 aus dem Lager V hinunterbrachte . . .

nahmen des Berges eingesetzt, und um den Transport von Ausrüstung und Proviant für die spätere Expedition zu erleichtern, wurde eigens eine 300 Kilometer lange Schotterpiste von Shigatse in Tibet zum Rongbukkloster gebaut.

Doch dann gerieten die Pläne ins Wanken: Erst führten Aufstände in Tibet dazu, dass die Chinesen die Expedition um ein Jahr verschoben. Anschließend brachten zunehmende politische Spannungen zwischen Peking und Moskau das gemeinsame Unternehmen endgültig zum Kippen. Die Chinesen beschlossen, allein weiterzumachen.

WAREN SIE OBEN ODER NICHT?

«Wir wollten den Mount Everest aus drei Gründen besteigen», erklärte uns Zheng Shusheng. «Erstens hatten wir unseren Nationalstolz, nachdem die Sowjets uns fallen gelassen hatten. Zweitens war der Everest noch nie von Norden bestiegen worden, sondern nur von Nepal aus. Nepal hatte zu der Zeit enge Verbindungen mit Indien, wir hingegen lagen mit Indien im Clinch über den Grenzverlauf entlang dem Himalaja. Eine Besteigung des Everest von China aus sollte unsere Position stärken. Und drittens wurde unser Land damals von Hungersnöten heimgesucht. Wir wollten den Menschen eine Inspiration geben.»

Mit einer sowjetischen Transportmaschine flog eine Gruppe Chinesen, unter ihnen auch Expeditionsleiter Shi Zhanchun, nach Europa und kaufte in der Schweiz, in Frankreich und Deutschland Ausrüstung ein. Die Expedition war eine wahre Armee: 214 Teilnehmer, ein Drittel davon aus Tibet.

Die Chinesen folgten genau der britischen Route über den Ost-Rongbukgletscher. Und wie ihre Vorgänger hatten sie mit dem Wetter und der Höhe zu kämpfen. Zwei Mitglieder des wissenschaftlichen Begleitteams starben nach einem Aufstieg zum Nordsattel an den Folgen der Höhenkrankheit, und heftige Stürme behinderten den Aufstieg über den Nordgrat. Anfang Mai stand Lager VI in 8120 Meter Höhe.

Von dort aus brachen am Morgen des 3. Mai zwei Dreierseilschaften auf: der Leiter Shi Zhanchun, Wang Fengtong und der Tibeter Lhakpa Tsering in der einen, der stellvertretende Leiter Xu Jing, Shi Ching und ein weiterer Tibeter, Gonbu, in der anderen. Nach vier Stunden anstrengender Kletterei waren sie am Gelben Band, wo Xu Jing erschöpft aufgab. Kurz darauf stießen die anderen auf ein altes Zelt, einen Holzstock und ein Stück Hanfseil – die Reste des britischen Lagers VI von 1933. Zwei Stunden später erreichten sie den Nordostgrat und fanden auf 8460 Metern einen Platz für Lager VII.

Während drei zurückblieben, um die Zelte aufzubauen, erkundeten Shi Zhanchun und Wang Fengtong den Weiterweg. Sie umgingen die Erste Stufe und stiegen über steile Felsen zurück zum Grat. Eine scharfe Schneeschneide leitete zur Zweiten Stufe – jenem Hindernis, das zuvor die britischen Expeditionen abgeschlagen hatte.

Ein Aufstieg direkt über den «Schiffsbug» der Stufe schien zu schwierig und ausgesetzt, doch auf der rechten Seite der Klippe sahen die Chinesen eine gangbare Linie. Ein schräger, mit Blöcken gefüllter Kamin brachte sie auf einen Schneefleck, über dem eine letzte, fünf Meter hohe, senkrechte Wand aufragte. Es war bereits 7 Uhr abends, und Shi und Wang hatten keine Chance mehr, vor Einbruch der Nacht ins Lager zurückzukehren. In einer Verschneidung hatte sich eine Schneewehe angehäuft, in die sie zum notdürftigen Schutz eine Kuhle gruben. Die beiden überstanden das Biwak und stiegen am nächsten Morgen ab.

Nachdem sich die Bergsteiger im Basislager erholt und auf günstiges Wetter gewartet hatten, starteten die Chinesen ihren Gipfelversuch. Am 23. Mai besetzten sie erneut Lager VII. Die Seilschaft bestand aus Xu Jing, Wang Fuzhou, Liu Lienman und Gonbu. Qu Yinhua, der eine Versorgungsgruppe angeführt hatte, sollte im Lager bleiben und Filmaufnahmen machen. Doch kurz nach dem Aufbruch am 24. Mai wurde Xu Jing höhenkrank, so dass Qu seinen Platz einnahm.

Gegen Mittag erreichten die vier den obersten Teil der Zweiten Stufe. Liu Lienman versuchte sich als Erster an der senkrechten Schlusswand. Viermal probierte er, am splittrigen Fels Halt zu finden – viermal glitt er ab. Dann waren die anderen an der Reihe.

Selbst heute, vier Jahrzehnte später, merkte man Qu Yinhua und Wang Fuzhou an, was für ein einschneidendes Erlebnis diese waghalsige, verzweifelte Kletterei gewesen sein musste. Die beiden redeten, gestikulierten und deuteten immer wieder auf die Fotos der Zweiten Stufe, die wir mitgebracht hatten. Sie erzählten, wo sie die Haken geschlagen hatten. Wie sie es ein ums andere Mal probierten. Wie Qu schließlich seine Schuhe und Steigeisen auszog und nur mit Socken an den Füßen auf Lius Schultern stieg. Wie er fast eine Stunde brauchte, bevor er mit ausgestreckten Armen einen weiteren Haken am oberen Ende der Wand anbringen konnte. Und wie er endlich mit einem weiten Spreizschritt nach rechts das kleine Podest über der Schlüsselstelle erreichte.

Mit Hilfe von Qus Seil kamen die anderen nach. Es war 3 Uhr nachmittags. Sie hatten für die fünf Meter geschlagene drei Stunden gebraucht.

Liu Lienman war am Ende seiner Kräfte. Auf dem Plateau oberhalb der Zweiten Stufe konnte er sich kaum mehr auf den Beinen halten. Nach längerer Beratung mit seinen Kameraden beschloss er, am Fuß der Dritten Stufe auf 8700 Metern zu warten, während die anderen versuchen sollten,

Die Erstbesteiger des Mount Everest von Norden: Wang Fuzhou, Gonbu und Qu Yinhua (von links nach rechts).

den Gipfel zu erreichen. Erst zwölf Stunden später, nach einer bitterkalten Nacht, sah er die drei wieder.

Nach ihren Angaben hatten sie sich bei anbrechender Dunkelheit das tiefe Gipfelschneefeld hinaufgekämpft, teilweise auf allen vieren kriechend. Ein letzter Felsturm vor dem Gipfelgrat war zu steil und zu schwierig, so dass sie ihn mit einer Traverse über die oberste Nordwand umgehen mussten. Es war schon nach Mitternacht. Als die drei wieder auf der Grathöhe angelangt waren, waren selbst ihre allerletzten Sauerstoffreserven verbraucht. Sie rissen sich die Masken von den Gesichtern und schleppten sich mit äußerster Anstrengung weiter, bei jedem Schritt nach Atem ringend. Für die letzten hundert Meter Wegstrecke brauchten sie 45 Minuten. Um 2.20 Uhr am 25. Mai 1960 standen Wang Fuzhou, Gonbu und Qu Yinhua auf dem Gipfel des Everest, «ihres» Qomolangma.

Im fahlen Sternenlicht kritzelte Wang ihre Namen auf ein Stück Papier, steckte es in einen Ersatzhandschuh, und Gonbu hinterlegte es zusammen mit einer chinesischen Flagge und einer kleinen Gipsbüste Maos in den letzten Felsen nordöstlich des Gipfels. Dann begannen die drei, sich langsam wieder den Grat hinunterzutasten. Als sie wieder mit Liu Lienman zusammentrafen, war es hell, und Qu Yinhua konnte mit seiner Filmkamera einige Aufnahmen machen.

Als die drei Chinesen die Zweite Stufe erreichten, begann es zu schneien. Eine indische Expedition, die am Südostgrat unterwegs war, drehte zur gleichen Zeit unterhalb des Südgipfels um. Es dauerte bis um 7 Uhr abends, bis sich die Chinesen über die rutschigen Bänder und Stufen zum Lager VII durchgekämpft hatten. Beim weiteren Abstieg am nächsten Tag glitt Qu aus und riss Wang mit sich. Ihr Seil verfing sich aber an einem Felsen und rettete

184

Triumphaler Empfang für die Gipfelbesteiger im Basislager – doch werden sie nicht getragen, um sie hochleben zu lassen, sondern wegen ihrer schweren Erfrierungen (oben).
Der Tibeter Gonbu empfängt die Ehrung für den Gipfelsieg von Mao Tse-tung (unten).

Die höchsten
Aufnahmen aus
dem chinesischen
Expeditionsfilm
von 1960: ein Pano-
rama der Gipfel
nördlich des Mount
Everest (links) und
die Gipfelpyramide
mit den Felsen
der Dritten Stufe
(Mitte). Ein
Vergleich mit einer
neueren Aufnahme
der Dritten Stufe
(rechts) zeigt, dass
das chinesische
Bild etwas näher
an der Stufe aufge-
nommen wurde,
ungefähr vom
Fuß ihrer rechten
Begrenzungskante
aus.

sie vor dem Absturz. Sie verbrachten eine miserable Nacht im verlassenen Lager VI. Liu und Gonbu schafften es noch bis zum Nordsattel und alarmierten eine Rettungsmannschaft. Am folgenden Nachmittag traf diese oberhalb von Lager V auf Qu und Wang und geleitete sie nach unten. Beide waren am Ende ihrer Kräfte und litten unter Erfrierungen.

Als wir Wang Fuzhou und Qu Yinhua zur Begrüßung die Hand gegeben hatten, hatten wir schon gesehen, dass ihnen mehrere Fingerkuppen fehlten. Später konnten wir an Qus Gang erkennen, dass er keine Zehen mehr besaß.

Waren die Chinesen 1960 auf dem Gipfel oder nicht? Eine Besteigung im Dunkeln ohne Sauerstoffgeräte, ein ungeschütztes Biwak auf 8700 Metern, Kletterei in Socken – für westliche Beobachter war das des Guten ein wenig zu viel. Dazu kam die noch reichlich dick aufgetragene Propaganda in den chinesischen Berichten, die den Erfolg «der Führung der Kommunistischen Partei und der unerreichten Überlegenheit des sozialistischen Systems» zuschrieb. So zweifelt beispielsweise Reinhold Messner bis heute den Bericht der Chinesen an und behauptet, «Dokumente» zu besitzen, die beweisen, dass das Gipfelteam niemals über das höchste Lager hinausgekommen sei.

Allerdings: Der chinesische Expeditionsfilm beinhaltet die höchsten Aufnahmen von Qu Yinhua. Sie zeigen den Schlusshang der Gipfelpyramide mit den Felsen der Dritten Stufe im Vordergrund. Sie sind somit eindeutig vom Plateau oberhalb der Zweiten Stufe aus aufgenommen worden – oder aus einer Höhe von 8700 Metern, wie von den Chinesen angegeben. Darüber hinaus beschrieben bereits die ersten veröffentlichten Berichte im britischen «Alpine Journal» Einzelheiten der letzten 250 Meter des Nordostgrates wie das Gipfelschneefeld oder die nördliche Umgehung des Gipfelturms. Letztere wurde von späteren Expeditionen, welche die Route der Chinesen wiederholten, als bester Anstieg zum Gipfelgrat bestätigt.

Zwar warten die von den Chinesen am Gipfel hinterlegten Gegenstände noch immer darauf, gefunden zu werden. Doch scheint es heute sehr wahrscheinlich, dass den Chinesen tatsächlich gelungen ist, was sie behaupteten – die vermutlich erste Besteigung des Mount Everest von Norden.

Die tibetische Seite des Mount Everest war seit 1950 offiziell unzugänglich – was einige Bergsteiger aber nicht davon abhielt, ihr trotzdem einen Besuch abzustatten.

Drei Jahre vor der chinesischen Besatzung war bereits der Kanadier Earl Denman illegal über die klassische Engländerroute bis unter den Nordsattel gekommen. Begleitet wurde er von zwei Sherpas, Tensing Norgay und Ang Dawa. Genauso weit kam der dänische Alleingänger Klavs-Becker Larsen 1951. Gemeinsam mit vier Sherpas hatte er zunächst versucht, von Khumbu über den Lho La Rongbuk zu erreichen. Von den Schwierigkeiten des Passes abgewiesen, wechselten sie auf die alte Handelsroute über den Nangpa La und gelangten auf diese Weise nach Tibet.

Ein Jahr später machten Edmund Hillary und George Lowe einen «Ausflug» über den Nup La, der Khumbu mit dem West-Rongbukgletscher verbindet. Hauptsächlich aus dem Wunsch heraus, die historische Nordseite des Everest zu sehen, stiegen die beiden bis zum alten Lager II auf dem Ost-Rongbukgletscher.

Den tollkühnsten dieser Vorstöße unternahmen jedoch 1962 die Amerikaner Woodrow Wilson Sayre, Norman Hansen, Roger Hart und der Schweizer Hans Peter Duttle. Sie gaben vor, den Gyachung Kang besteigen zu wollen, der nahe des Nup La liegt. So konnten sie ohne Aufsehen zu erregen ihre komplette Expeditionsausrüstung mit Sherpahilfe in ein Lager unterhalb des Passes bringen. Dann schickten sie die Sherpas zurück – und gingen statt zum Gyachung Kang über den Pass in Richtung Everest. Jeder der vier hatte sechzig Kilo an Ausrüstung und Proviant, die sie auf drei Lasten verteilt abwechselnd weitertransportierten – das heißt, jeder musste jede Etappe dreimal laufen. Mit diesem System kamen sie in neunzehn Tagen bis an den Fuß des Nordsattels – und standen am 31. Mai tatsächlich auf der Passhöhe.

Doch die Strapazen des Anmarsches hatte die Männer ausgezehrt. Ein Sturz beim Materialtransport zwang sie zu einem Biwak in der Eisflanke. Trotzdem stieg Sayre mit Hansen weiter und kam nach zwei Biwaks am Nordgrat zuletzt allein bis auf etwa 7750 Meter. Der Abstieg wurde zum Martyrium: Stürze hielten sie auf und erforderten ein weiteres Biwak, sie waren völlig erschöpft. Es erscheint wie ein Wunder, dass alle vier überlebten und nach zehn Tagen wieder das Basislager am Gyachung Kang erreichten. Sie waren 47 Tage unterwegs gewesen.

ZWISCHENSPIEL

Selbst wenn sich Peking nach außen hin nichts anmerken ließ, so zeigten die westlichen Zweifel an der Besteigung 1960 doch ihre Wirkung. Für 1967 plante man eine neuerliche Besteigung des Mount Everest, diesmal mit noch höher gesteckten Zielen. Zwei Partien sollten den Berg gleichzeitig über den West- und den Nordostgrat besteigen – und der Gipfel sollte bei Tag erreicht werden.

Im Frühjahr 1966 erkundete eine Gruppe den Westgrat und erreichte den Pass Lho La an der Grenze zu Nepal. Im Herbst des gleichen Jahres unternahm man einen Vorstoß am gesamten Nordostgrat, welcher im Rapiu La gegenüber Lager III am Ost-Rongbukgletscher fußt. Die Bergsteiger gelangten bis auf fast 7500 Meter. Eine weitere Expedition 1966 sollte zur Auswahl von Teilnehmern für den Gipfelversuch im folgenden Jahr dienen. 32 Bergsteiger erreichten am Nordgrat 8100 Meter, ein Mitglied stürzte im Abstieg von Lager V tödlich ab.

In dieser Zeit tauchten aus verschiedenen Quellen Berichte über eine Tragödie oder weitere Besteigungen bei chinesischen Expeditionen auf. Unbestätigte Meldungen wie diese trugen nicht gerade zur Glaubwürdigkeit der chinesischen Berichte bei. Aber auch in China selbst ließ die Unterstützung für das Bergsteigen nach: Die Führer der Kulturrevolution erklärten: «Sport ist nutzlos!» und strichen die geplante große Expedition von 1967. Zwei kleinere Unternehmungen 1967 und 1968 dienten wissenschaftlichen Zwecken und gelangten nur bis zum Nordsattel. Das nationale Bergsteigerteam wurde aufgelöst, und Berghelden wie Wang Fuzhou – einst als «Meister des Sports» ausgezeichnet – wurden zu Arbeitern und Landwirten umgeschult.

Erst fünf Jahre später wurde mit Unterstützung des Vizepremierministers Deng Xiaoping das Bergsteigerteam neu formiert und die Pläne für eine zweite Besteigung des Everest wieder aufgenommen. Im Zuge der Vorbereitung erreichte eine Trainingsexpedition 1974 den Nordsattel.

EINE MAMMUT-EXPEDITION

Am zweiten Tag unseres Besuchs in Peking sprachen wir mit Mitgliedern der chinesischen Everest-Expedition von 1975: Jin Junxi, Xia Boyu und Zhang Junyan. Diese Expedition war die größte in der Geschichte des Mount Everest – sie umfasste 434 Mitglieder. Davon waren 179 Bergsteiger, unter ihnen auch 36 Frauen.

Am Anfang lief die gigantische Maschinerie reibungslos, abgesehen vielleicht von dem fast üblichen «Vom-Winde-verweht-Sein» am Nordgrat. Dann aber verschwand ein Bergsteiger, Wu Zongyue, auf dem Weg zwischen Lager VI und VII. Eine eilig ausgesandte Suchmannschaft fand nur noch

seinen Rucksack, seinen Eispickel und die Filmkamera. Drei Wochen später entdeckte man seine Leiche 200 Meter tiefer auf einem Geröllfeld. Zwar versuchte die Expedition nach Wus Absturz noch einen Gipfelaufstieg, doch die erste Seilschaft wurde von einem Sturm zwei Tage lang im höchsten Lager auf 8460 Metern festgehalten und musste danach den Rückzug antreten.

Xia Boyu war einer von denen, die damals im Lager VII festsaßen. Es war unvorstellbar für uns, was die Bergsteiger durchgestanden haben mussten. Wir fragten ihn, wie er die fünfzig Stunden in der Kälte und ohne Sauerstoffgerät überstanden hätte. Wortlos krempelte er seine Hosenbeine hoch und klopfte gegen seine Schienbeine. «Klock, klock» – solides Plastik, von beiden Knien abwärts. «Ich war ein guter Fußballspieler und Athlet, deshalb hat man mich damals ausgewählt», erzählte er uns. «Inzwischen spiele ich wieder.»

Mit militärischer Strenge: Appell im Basislager der chinesischen Expedition von 1975.

Rechte Seite: Eine Armee gegen den Berg – Mitglieder der chinesischen Expedition 1975 im Aufstieg zum Nordsattel.

Ein weiterer Gipfelversuch vier Tage später scheiterte, als die Gruppe an der Ersten Stufe die Route zum Grat verfehlte und stattdessen im Großen Couloir endete.

Am 25. Mai gelang schließlich Sodnam Norbu und Kunga Pasang der Vorstoß zur Zweiten Stufe, wo sie die 1960 zurückgelassenen Haken und Seile fanden. Da sie kein Interesse hatten, Qu Yinhuas «Sockenkletterei» zu wiederholen, brachten sie am nächsten Tag mit Hilfe von Lotse und Tsering Tobgyal an der Schlüsselstelle eine Aluminiumleiter an. Zur gleichen Zeit rückten fünf weitere Bergsteiger – Hou Shengfu, Samdrup, Darphuntso, Ngapo Khyen und die Tibeterin Phantog – ins höchste Lager nach.

Unumstößlicher Beweis: die Chinesen mit dem Vermessungsstativ auf dem Gipfel des Mount Everest, 27. Mai 1975.

Um 6 Uhr morgens am 27. Mai brachen die neun zum Gipfel auf. Sie benutzten nur während Rastpausen Sauerstoff. Nach eineinhalb Stunden hatten sie die Zweite Stufe überwunden und spurten langsam die Hänge der Gipfelpyramide hinauf. Am letzten Aufschwung des Gipfelturms wurde Kunga Pasang vor Anstrengung ohnmächtig. Nachdem er sich erholt hatte, umgingen die Bergsteiger, wie schon 1960, das Hindernis in der Nordwand. Um 12.30 Uhr standen sie schließlich ganz oben. Phantog war die zweite Frau, die den Everest bestieg – nur elf Tage nach der Japanerin Junko Tabei, welche den Gipfel von Nepal aus erreicht hatte.

Auf der höchsten Spitze filmten und fotografierten die Chinesen ausgiebig und führten wissenschaftliche Experimente durch. Ein EKG von Phantog wurde per Funk ins Basislager übertragen. Erst nach siebzig Minuten machten sie sich an den Abstieg.

192

Auch diesmal zweifelten Kritiker an der Besteigung. Doch als im Nachmonsun 1975 die nächsten Bergsteiger den Gipfel betraten, fanden sie dort ein Vermessungsstativ – sichtbarer Beweis für den chinesischen Erfolg.

Drei Jahre später luden die Chinesen eine Gruppe iranischer Bergsteiger zu einer Erkundungsexpedition ein. Die Iraner waren damit die ersten legalen ausländischen Besucher der Everest-Nordseite nach dem Zweiten Weltkrieg. Im November 1979 genehmigte der chinesische Bergsteigerverband offiziell ausländische Expeditionen zum Mount Everest und anderen Bergen in Tibet. Nach fast dreißig Jahren der Abschottung war die historische Nordroute wieder zugänglich.

Ein Sauerstoffgerät und sein langer Weg: 1938 im Lager V am Everest-Nordgrat zurückgelassen, 1960 von den Chinesen dort gefunden und nach Peking gebracht, 2001 in Peking fotografiert.

FUNDSACHEN

Die Chinesen haben nicht nur ihr eigenes Kapitel Everest-Geschichte geschrieben, sie waren auch die Ersten, die nach den britischen Vorkriegsexpeditionen die Nordseite des Mount Everest besuchten. Bedenkt man die große Teilnehmerzahl ihrer Expeditionen, so ist es kaum verwunderlich, dass sie früher oder später auf Spuren ihrer Vorgänger stießen.

Mindestens dreimal begegneten die Chinesen am Ost-Rongbukgletscher dem «rastlosen Geist» Maurice Wilson (siehe Seite 83), und höher oben am Berg fanden sie 1960 die Überbleibsel des Lagers V von 1938 sowie der Lager VI von 1924 und 1933.

Ich fragte die Chinesen, ob einige der Fundstücke von 1960 noch zu besichtigen seien. Am letzten Tag unseres Besuchs bekamen wir sie präsentiert: eine Sauerstoffflasche von 1922 aus Lager III und das Sauerstoffgerät, das Peter Lloyd 1938 im Lager V zurückgelassen hatte. Ich erinnerte mich, in einem der chinesischen Berichte gelesen zu haben, dass das Gerät bei der Bergung 1960 noch funktioniert hatte. Ich drehte am Ventilrad. «Pschhht» – 63 Jahre alte «englische Luft»!

Der Fund eines «englischen Toten» durch Wang Hongbao 1975 heizte die Debatte um das Verschwinden von Mallory und Irvine erneut an und war der Schlüssel zum Fund von George Mallorys Leiche im Mai 1999. Nach der aufsehenerregenden Enthüllung von Xu Jing bei unseren Interviews 2001 (siehe Seite 80) scheint es nun wahrscheinlich, dass die Chinesen bei ihren Expeditionen beide Verschollenen von 1924 gefunden haben. Man darf gespannt sein, was für überraschende Seiten der Everest-Geschichte im Laufe der Jahre noch aus China zum Vorschein kommen.

KAPITEL 10

DER WEG ALS ZIEL

*«Irgendwie fehlte Wiederholungen
der gewisse Reiz. Doch es gab eine Lösung:
eine neue Route am Everest.»*

Tom Hornbein
(Erstbegehung Westgrat/Nordwand, 1963)

Die grossen Wände und Grate

Mit der chinesischen Besteigung 1960 war die zweite jener Routen begangen worden, die heute als Normalwege auf den Mount Everest gelten – die klassische Engländerroute über den Nordgrat von Tibet aus und der Weg der Erstbegeher, Hillary und Tensing, über den nepalesischen Südostgrat. Zwar hatten viele Expeditionen weiterhin den höchsten Berg der Welt als primäres Ziel und wählten deshalb den leichtesten Anstieg, doch ab den Sechzigerjahren gerieten auch die anderen großen Wände und Grate des Mount Everest zunehmend ins Blickfeld der Bergsteiger.

Vorstoss ins Neuland

Eigentlich hatte die erste amerikanische Mount-Everest-Expedition 1963 nicht unbedingt eine neue Route geplant. Doch um die Sponsoren zu überzeugen – an vorderster Stelle die renommierte National Geographic Society –, musste der Expeditionsleiter Norman Dyhrenfurth ihnen eine spektakuläre Idee präsentieren: den «Grand Slam», eine Besteigung aller drei Gipfel im Hufeisen um den Western Cwm – Everest, Lhotse und Nuptse.

Für die Bergsteiger bedeutete dies jedoch, dass sie sich auf die drei Gipfel aufteilen mussten, die zudem alle schon einmal bestiegen worden waren. Der 32-jährige Tom Hornbein formulierte, wo dabei das Problem lag: «Wer von uns würde schon lieber auf den Lhotse statt auf den Everest steigen wollen? Oder auf den vielgipfligen Kamm des Nuptse? Irgendwie fehlte zumindest für uns Bergsteiger diesen Wiederholungen der gewisse Reiz. Doch es gab eine Lösung: eine neue Route am Everest.»

Da Tibet gesperrt und der Berg somit nur von Süden zugänglich war, fiel ihre Wahl auf den Westgrat. Dieser fußt im Lho La, einem 6026 Meter hohen Gletschersattel im Grenzkamm. Auf nepalesischer Seite versperrt eine brüchige und eisschlaggefährdete Wand den Weg zum Pass. Es war aber möglich, von Lager II im Western Cwm über einen Gletscherlappen den Westgrat in seinem mittleren Teil, auf der fast horizontalen Westschulter (7309 m), zu erreichen. Von dort aus sahen die Amerikaner ihre Route zum ersten Mal aus der Nähe. Hornbein war beeindruckt: «Der Berg hatte alle Geschütze aufgefahren. Der Hexenkessel der Südwestwand brodelte, die Nebel akzentuierten die harsche, dunkle, gewundene Linie des Westgrates.

Auch am Everest kann man klettern. Behängt mit Felshaken, Klemmkeilen und «Friends» – mechanischen Rissklemmen – bereitet sich der Schweizer Thomas Pfenninger auf den Aufstieg zum Lho La am Beginn des Everest-Westgrats vor.

Vorangehende Doppelseite: Die magische Linie himmelwärts. Bergsteiger am Westgrat des Mount Everest.

Alle Routen, Versuche und Varianten am Mount Everest

1 Nordsattel, Nord- und Nordostgrat, Normalroute von Tibet (China 1960)

2 Nordwand der Nordostschulter, Nordcouloir (Russland 1996)

2a «Pinnacles Couloir» (unbegangen, Versuch bis 8000 m)

3 Gesamter Nordostgrat (Japan 1995)

3a «Bill's Buttress», Zustiegsvariante zum Punkt 7125

4 Ostwand von Punkt 7884 (unbegangen)

5 «Fantasy Ridge», Ostgrat zum Punkt 7884 (unbegangen, Versuche bis 6700 m)

6 Ostwand, Amerikanischer oder Zentralpfeiler (USA 1983)

7 Ostwand zum Südsattel, «Neverest Buttress» (international 1988)

7a direkter Einstieg

7b linker Einstieg (unbegangen, Versuch bis 5950 m)

8 Südsattel, Südostgrat, Normalroute von Nepal (Großbritannien 1953)

8a Originalroute, «Lambert Couloir»

9 Südpfeiler (Polen 1980)

9a Südpfeiler zum Südsattel (USA 1981)

9b Direkter Südpfeiler (CSSR 1984)

10 Südwestwand (Großbritannien 1975)

10a rechter Ausstieg (unbegangen, Versuche bis 8350 m)

10b rechte Variante (unbegangen, Versuch bis 8300 m)

11 Südwestpfeiler (Sowjetunion 1982)

12 Linker Südwestpfeiler (unbegangen)

13 Westgrat, Nordwand, Hornbein-Couloir (USA 1963)

13a direkter Zustieg aus dem Western Cwm

14 Gesamter Westgrat (Jugoslawien 1979)

14a rechter Zustieg zum Lho La

14b direkter Anstieg Lho La – Westschulter (unbegangen, Versuch bis 7400 m)

14c Zustieg über Khumbutse-Schulter (Polen 1989)

15 Nordsporn, Westgrat von Tibet (Kanada 1986)

16 Direktes Hornbein-Couloir (Japan 1980)

16a direkter Einstieg

16b linke Variante (unbegangen, Versuch bis 8700 m)

17 Nordwestpfeiler (unbegangen)

18 Direktes Großes oder Norton-Couloir (Australien 1984)

19 Großes oder Norton-Couloir, linke Variante (Italien/CSFR 1991)

20 Nordwestwand zum Nordgrat (Neuseeland 1985, ohne Fortsetzung zum Gipfel)

21 Westwand des Nordsattels (Großbritannien 1938)

22 Nordsattel, Großes Couloir (USA 1984)

22a Nordgrat, Großes Couloir (unbegangen, Versuch bis 8200 m)

23 Nordgrat, Großes Couloir, Messner-Route (Italien 1980)

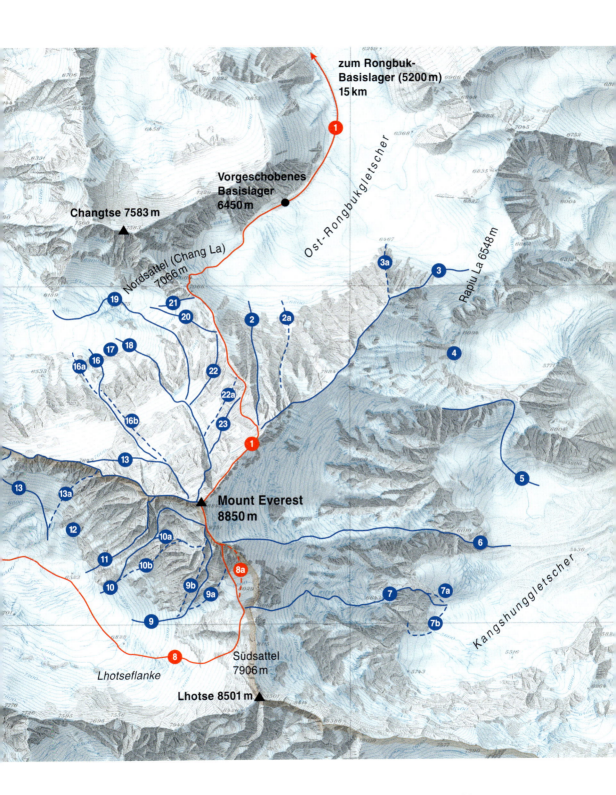

zum Rongbuk-
Basislager (5200 m)
15 km

1

Vorgeschobenes
Basislager
6450 m

Changtse 7583 m

Ost-Rongbukgletscher

Rapiu La 6548 m

Nordsattel (Chang La)
7066 m

3a

3

19

21

20

2

2a

4

17 **18**

16 **16a**

22

22a

16b

23

1

13

5

13 **13a**

**Mount Everest
8850 m**

12

6

10a

11

10b

8a

9b

9a

7 **7a**

10

7b

9

Kangshunggletscher

8

Lhotseflanke

**Südsattel
7906 m**

Lhotse 8501 m

199

Die Amerikaner
1963 im Horn-
bein-Couloir.

Rechte Seite:
Vorstoß ins Unbe-
kannte. Über-
mächtig, fast
erdrückend, ragt
der Westgrat über
den Bergsteigern
in den Himmel.

Unsere Augen folgten einer Meile von Schindeln aus Sedimentgestein, schwarzen Felsen, gelben Felsen, grauen Felsen, bis zum Gipfel.»

Ein direkter Aufstieg über die turmreiche Schneide schien aussichtslos. Die einzige Umgehungsmöglichkeit lag links über die abschüssige Nordwand, wo eine enge Rinne durch die Abbrüche bis unter die Gipfelpyramide leitete – das spätere Hornbein-Couloir. Zwar lag diese Variante auf der verbotenen tibetischen Seite des Berges, doch schien die Gefahr, dort oben auf chinesische Grenzpatrouillen zu treffen, recht gering.

Norman Dyhrenfurth stand bei dieser Expedition vor einem Dilemma: Da war einerseits der Reiz der neuen Route, andererseits aber auch das prestigeträchtige Ziel der ersten amerikanischen Besteigung. Und so verlegte man nach der ersten Erkundung des Westgrats zunächst alle Kräfte auf die klassische Südostgratroute, so dass am 1. Mai Jim Whittaker als erster Amerikaner auf dem Mount Everest stand. Es war einzig der Entschlossenheit – oder Dickköpfigkeit – von Tom Hornbein zu verdanken, dass das Westgrat-Projekt nicht fallen gelassen wurde.

So sah ein neuer Plan vor, den Berg gleichzeitig von beiden Seiten anzugehen: Hornbein und Willi Unsoeld sollten, unterstützt von drei Kollegen, den Westgrat versuchen. Barry Bishop, der Fotograf für «National Geographic», und Luther Jerstad würden über den Südostgrat aufsteigen – auch um den Bergsteigern vom Westgrat einen alternativen Abstieg offen zu halten.

Nachdem ein Sturm zunächst beinahe die Lager auf der Westschulter samt Insassen weggefegt hatte, stieg die Westgrat-Mannschaft am 22. Mai ins Hornbein-Couloir und stellte in 8300 Meter Höhe auf einem schmalen Band ein kleines Zweimannzelt auf. Von dort begannen am nächsten Morgen Hornbein und Unsoeld ihren Vorstoß ins Neuland.

«Wo das Couloir das Gelbe Band durchschnitt, verengte es sich auf drei bis fünf Meter und wurde bis zu 50 Grad steil. Der Schnee war zu hart, um Stufen zu treten, aber zu weich für die Steigeisen. Wir mussten Stufen schlagen. [...] Durch eine Stelle, an der die Wände bis auf Schulterbreite zusammenrückten, quetschten wir uns regelrecht hindurch. [...] [Dann] drängte uns eine senkrechte Wand aus der Rinne hinaus. Um wieder ins Couloir zu gelangen, mussten wir diese zwanzig Meter hohe Klippe überklettern. Sie bestand aus zwei Stufen, unterbrochen durch ein Schneeband.»

Hornbein ging voraus. Der Kalk war äußerst brüchig, fast jeder Griff blieb ihm in der Hand. Den Haken, den er schlug, konnte er mit den Fingern herausziehen. Vor dem letzten Aufschwung verließen ihn die Kräfte. Er seilte zurück zu Unsoeld und überließ seinem Partner die Führung, der dann das Hindernis auch bewältigte.

Kurze Zeit später entledigten sie sich der leeren Sauerstoffflaschen und funkten ins Basislager. Ihre Entscheidung stand fest – ein Rückweg über die unter ihnen liegenden Passagen wäre glatter Selbstmord. Sie würden den Gipfel überschreiten.

Über eine Schneerippe stiegen Unsoeld und Hornbein aus dem Kessel des oberen Couloirs aus. Eine Querung nach rechts brachte sie zurück auf den Westgrat, wenig mehr als hundert Meter unterhalb des Gipfels. Sie legten die Steigeisen ab und genossen vier Seillängen schöner Felskletterei in schwindelerregender Höhe über dem Western Cwm. «Es war wie ein Tag in den Rocky Mountains», schrieb Hornbein. Dann folgten wieder Schutt und Schnee.

«Eine schmale, weiße Kante wies direkt in den Himmel. [...] Willi hielt an. Worauf wartete er? Ich schloss zu ihm auf. Ungläubig schaute ich nach oben. Kaum zehn Meter voraus flatterte die windzerzauste Fahne, die Jim vor drei Wochen zurückgelassen hatte. Es war 18.15 Uhr. Die Sonne schien

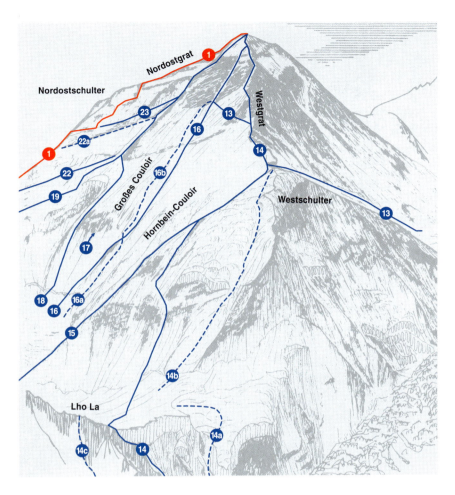

Mount Everest und die vorgelagerte Westschulter von Westen

- ❶ Nordsattel, Nord- und Nordostgrat, Normalroute von Tibet
- ⑬ Westgrat, Nordwand, Hornbein-Couloir
- ⑭ Gesamter Westgrat
- ⑭ₐ rechter Zustieg zum Lho La
- ⑭ᵦ direkter Anstieg Lho La – Westschulter
- ⑭꜀ Zustieg über Khumbutse-Schulter
- ⑮ Nordsporn, Westgrat von Tibet

- ⑯ Direktes Hornbein-Couloir
- ⑯ₐ direkter Einstieg
- ⑯ᵦ linke Variante
- ⑰ Nordwestpfeiler
- ⑱ Direktes Großes oder Norton-Couloir
- ⑲ Großes oder Norton-Couloir, linke Variante
- ㉒ Nordsattel, Großes Couloir
- ㉒ₐ Nordgrat, Großes Couloir
- ㉓ Nordgrat, Großes Couloir, Messner-Route

waagrecht über den Gipfel. Wir umarmten uns. Tränen stiegen uns in die Augen, liefen über unsere Sauerstoffmasken und gefroren zu Eis.»

Eilig machten sich die beiden an den Abstieg auf der Gegenseite. Im letzten Licht überquerten sie den Südgipfel. Sie riefen nach der Mannschaft am Südostgrat – und hörten zu ihrer Überraschung Stimmen aus der Tiefe. Es waren Bishop und Jerstad, die nach mühevollem Aufstieg am selben Nachmittag den Gipfel erreicht hatten und noch immer auf dem Weg nach unten waren. Die Seilschaften schlossen zueinander auf und tasteten sich gemeinsam über den Grat hinab. Doch sie verloren den Wettlauf gegen die Nacht. Völlig ausgelaugt kauerten sich die vier nieder und zitterten dem Morgen entgegen. Unsoeld und Bishop erfroren sich die Zehen – doch alle überlebten das Biwak auf 8500 Metern und kehrten sicher ins Basislager zurück.

Es war Norman Dyhrenfurth selbst, der acht Jahre später den Coup der amerikanischen Expedition von 1963 überbieten wollte. Mit einem internationalen Team plante er 1971 erneut eine Doppelbesteigung des Everest – doch diesmal waren die Ziele noch höher gesteckt: der direkte Westgrat und die undurchstiegene Südwestwand. Der Traum zerbrach schließlich an den nationalen Motiven einzelner Bergsteiger, welche die erste Everest-Besteigung für ihr jeweiliges Land verbuchen wollten, sowie am Tod des Inders Harsh Bahuguna, der beim Abstieg von der Westschulter in einem Schneesturm ums Leben kam.

In einem Desaster endete der nächste Versuch durch Franzosen im September 1974, als eine Lawine zwei besetzte Lager unter der Westschulter wegriss. Der Leiter Gérard Devouassoux und fünf Sherpas kamen ums Leben.

Fünf Jahre später, 1979, begingen Jugoslawen dann erstmals den gesamten Westgrat. Sie fanden links der Lawinenrinnen des Lho La einen Anstieg über einen Felspfeiler mit Stellen im IV. bis V. Schwierigkeitsgrad. Auf dem Sattel errichteten sie in Schneehöhlen ein Vorgeschobenes Basislager, wobei sie zum Materialtransport über den Pfeiler eine Seilwinde einsetzten. Steiles Eis und schwieriges kombiniertes Gelände markierten den Weiterweg zur Westschulter. Von der Stelle, an der die Amerikaner nach links ins Hornbein-Couloir gequert waren, stiegen die Jugoslawen geradeaus weiter. Schlüsselstellen am komplizierten und ausgesetzten Grat waren der Höllenspalt des «Manfreda-Kamins» sowie weiter oben die «Graue Stufe», die sie mit Hakenhilfe und Trittschlingen über einen überhängenden Riss in der Südwestwand bezwangen. Beide Passagen lagen nochmals im V. Schwierigkeitsgrad. Am 13. Mai erreichten Andrej Stremfelj und Nejc Zaplotnik den Gipfel und stiegen über die Amerikanerroute ab. Zwei Tage später folgten Stane Belak, Stipe Bozic und Ang Phu, doch beim Abstieg nach einem Biwak im Hornbein-Couloir stürzte der Sherpa tödlich ab.

Bei der zweiten Begehung des gesamten Westgrates 1984 ereignete sich ebenfalls eine Tragödie, als der Bulgare Hristo Prodanov nach einer Besteigung ohne Sauerstoffgerät ein Biwak im Abstieg nicht überlebte. Seine Expeditionskollegen Ivan Vultchev und Metodi Savov kämpften sich knapp drei Wochen später bei Schnee und großer Kälte zum Gipfel durch. In ihrem erschöpften Zustand beschlossen sie, über den Südostgrat abzusteigen. In der Nähe des Südgipfels mussten sie biwakieren. Kiril Doskov und Nikolay Petkov, die ihnen zu Hilfe eilten, überschritten ebenfalls den Gipfel und

Schwierige Kletterei in Fels und kombiniertem Gelände kennzeichnet den Anstieg über den Westgrat: Mitglieder einer Schweizer Expedition 1990 in der Wand über dem Lho La (unten) und im Hochlager unterhalb der Westschulter (oben).

Vorangehende Doppelseite: Bergsteiger in der Felswand des Lho La am Beginn des Everest-Westgrats.

Mit dem Aufstieg über den Westgrat und dem Abstieg über den Südostgrat waren den Amerikanern und Bulgaren die ersten Überschreitungen des Mount Everest geglückt. An einem Berg mit solchen Dimensionen war dies nur möglich, weil die Teams entweder die Abstiegsroute vorbereitet hatten (1963) oder ihnen eine andere Expedition zu Hilfe kam (1984).

So war die erste Überschreitung über die klassischen Routen – Nordgrat und Südostgrat – ein gigantisches Projekt mit insgesamt 254 Mitgliedern aus Japan, China und Nepal. Noboru Yamada, Ciren Duoji und Ang Lhakpa überschritten am 5. Mai 1988 den Gipfel von Nord nach Süd; Da Ciren, Renquin Pingcuo und Ang Phurba in der Gegenrichtung. Das Ereignis wurde mittels einer Helmkamera live übertragen und erreichte geschätzte 280 Millionen Fernsehzuschauer in Südostasien, den USA und Australien.

Am 14. April 1993 sahen Expeditionen im Western Cwm zu ihrer Überraschung zwei Bergsteiger vom Südsattel herabkommen. Überraschend deshalb, weil zu diesem Zeitpunkt noch niemand den Südsattel erreicht hatte. Diese zweite Nord-Süd-Überschreitung war völlig ungeplant gewesen: Heo Young-Ho aus Korea und Ngati Sherpa hatten am Tag zuvor den Gipfel über die Nordseite erreicht. Auf Grund der Schwierigkeiten ihrer Aufstiegsroute und drohenden Schlechtwetters entschlossen sie sich, über die leichtere Südseite abzusteigen. Nach einem Biwak auf 8500 Metern und insgesamt 37 Stunden ohne Wasser und Verpflegung trafen sie im Lager III in der Lhotseflanke endlich auf Hilfe. Heo und Ngati gelangten sicher nach Nepal – und wurden dort wegen illegaler Einreise vorübergehend festgenommen.

holten die beiden oberhalb des Südsattels ein. Mit Hilfe einer indischen Expedition gelang schließlich allen der restliche Abstieg ins Basislager.

Die Kanadierin Sharon Wood und ihr Landsmann Dwayne Congdon wiederholten 1986 die amerikanische Route durch das Hornbein-Couloir, wobei sie im Gegensatz zu 1963 die Westschulter von Tibet aus über den Nordsporn erreichten.

Den Polen Eugeniusz Chrobak und Andrzej Marciniak glückte zwar im Frühjahr 1989 eine weitere Durchsteigung des Hornbein-Couloirs (mit Zustieg über den Westgrat vom Lho La), aber die Expedition endete in einer Katastrophe: Ihr Weg zum Lho La hatte über eine Schulter des Everest-Nachbarn Khumbutse geführt. Beim Zurücksteigen über diese Variante löste sich eine Lawine und begrub die beiden Gipfelbesteiger sowie eine weitere Gruppe unter sich. Fünf Menschen starben, einzig Marciniak überlebte und wurde nach acht Tagen in einer groß angelegten Rettungsaktion von Tibet aus in Sicherheit gebracht. Im Herbst des gleichen Jahres gelang dann dem Südkoreaner Chung Sang-Yong mit den Sherpas Nima Rita und Nuru Jangbu von Nepal aus die bisher letzte Begehung des Westgrates.

DER WEG IST DAS ZIEL

Mit der Durchsteigung der Annapurna-Südwand 1970 durch eine britische Expedition unter Chris Bonington begann die Epoche der großen Wandanstiege im Himalaja. Im gleichen Jahr folgte die Rupalflanke am Nanga Parbat, die höchste Wand der Welt, ein Jahr später der Westpfeiler des Makalu – um nur zwei zu nennen. Und auch der Everest rückte ins Zentrum dieser Aktivitäten, besser gesagt seine fast 2400 Meter hohe Südwestwand, die das Tal des Western Cwm beherrscht. Es ist die steilste und felsigste der drei Seiten des Mount Everest.

In der Übersicht zeigt sich die Wand als fast gleichschenkliges Dreieck, das links und rechts von zwei mächtigen Pfeilern gestützt wird. Zwischen den Pfeilern zieht ein weites Couloir empor, das auf etwa 8000 Metern von einem 300 bis 400 Meter hohen, nahezu senkrechten Felsband abgeriegelt wird. An seinem Fuß gabelt sich das Couloir: Der linke Ast verliert sich in mehreren engen Schluchten gegen den Westgrat, während nach rechts eine schräge Rampe zum Südpfeiler leitet.

Während die Japaner, welche 1969 und 1970 die ersten Vorstöße unternahmen, den linken Ast probierten, versuchten sich alle anderen – die internationalen Expeditionen 1971 und 1972, die Engländer 1972 und auch die Japaner 1973 – an der rechten Variante. Doch die geplante Umgehung des Felsbandes endete in einer Sackgasse aus äußerst steilen Kaminen und Rissreihen. Zwar fanden 1971 Don Whillans und Dougal Haston vom Ende der Rampe aus einen «Notausgang» zum Südostgrat, doch der hätte das eigentliche Problem – und Ziel – des Wanddurchstiegs umgangen. Erst die britische Expedition 1975 schwenkte wieder auf die ursprüngliche Route ein.

Chris Bonington, der noch heute im Himalaja aktiv ist, prägte als Leiter wesentlich die Zeit der klassischen Großexpeditionen der Sechziger- und Siebzigerjahre. Das jüngste Mitglied in Boningtons Team, Peter Boardman, bemerkte scherzhaft: «Für einen Bergsteiger dürfte eine Bonington-Expedition eines der letzten großen imperialistischen Abenteuer sein!»

Den Kern von Boningtons Expedition 1975 bildeten einige der ganz großen Namen unter den britischen Himalaja-Bergsteigern: Dougal Haston, Doug Scott, Mick Burke, Nick Estcourt. Um sie scharte sich eine wohl abgestimmte Gruppe aus Veteranen und jungen, ambitionierten Neulingen.

Es war Estcourt, dem es zusammen mit Paul «Tut» Braithwaite gelang, das Problem des Felsbandes zu knacken. Vom Lager V im Couloir brachten sie einige heikle Seilquergänge über schneebedeckte Platten in den linken Seitenast, der als tief eingeschnittener Spalt geradewegs im Berg zu verschwinden schien. Nachdem sie einen riesigen Klemmblock überklettert hatten, öffnete sich die Schlucht zu einem kleinen Amphitheater. Eine

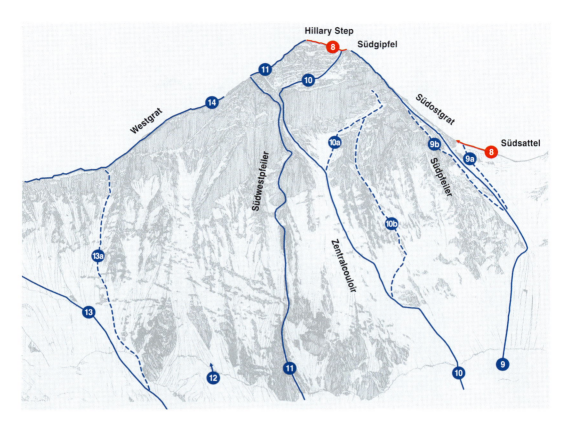

Die Südwestwand des Mount Everest

8 Südsattel, Südostgrat, Normalroute von Nepal

9 Südpfeiler

9a Südpfeiler zum Südsattel

9b Direkter Südpfeiler

10 Südwestwand

10a rechter Ausstieg

10b rechte Variante

11 Südwestpfeiler

12 Linker Südwestpfeiler

13 Westgrat, Nordwand, Hornbein-Couloir

13a direkter Zustieg aus dem Western Cwm

14 Gesamter Westgrat

abschüssige Rampe führte über die rechte Seitenwand nach oben. Beiden Bergsteigern war der Sauerstoff ausgegangen, trotzdem kämpfte sich Estcourt über den losen, nur von Eis zusammengebackenen Fels aufwärts.

«Ich war am Verzweifeln, meine Brille war beschlagen, ich keuchte hilflos. Irgendwie schaffte ich es, mit den Fingern etwas Schnee hinter einem Wulst herauszukratzen, während mein ganzes Gewicht an einem Arm hing. [...] Ich fummelte nach einem Haken am Gurt hinter meinem Rücken. [...] Irgendwie bekam ich einen der richtigen Größe zu fassen. [...] Mein Hammer hatte sich in seinem Holster verhakt, aber schließlich bekam ich ihn

Die wichtigsten Passagen der Süd-westwand: Blick die Wand aufwärts in das Zentralcouloir und auf das Fels-band (oben), im Zentralcouloir oberhalb von Lager V (Mitte), die enge Nebenrinne, die durch das Felsband führt (unten).

Rechte Seite: Die abschüssigen Schneebänder der Traverse oberhalb des Felsbandes. Im Hintergrund rechts das Couloir zum Südgipfel.

Das letzte Hindernis vor dem Gipfel: Dougal Haston wühlt sich im Tiefschnee den Hillary Step hinauf.

frei und drosch den Haken in den Riss. Wenn man nur in einer Richtung zog, würde er schon halten. Ich stemmte mich gegen den Seilzug, trat höher, verkeilte meinen Arm hinter einem Felskopf, griff nach oben. Im Schnee fand ich irgendwie Halt – ich weiß nicht, an was. Es gab keine sicheren Griffe oder Tritte; ich musste weiter. Es blieb mir gar nichts anderes übrig. [. . .] Es war die schwierigste Länge, die ich je geführt habe.»

Lager VI stand in 8320 Meter Höhe oberhalb des Felsbandes. Von dort querten am 24. September Dougal Haston und Doug Scott über steile Schneefelder nach rechts in ein Couloir, das zum Südgipfel hinaufführte. In der Rinne lag hüfttiefer Pulverschnee, so dass sie erst um 3 Uhr nachmittags den Gipfelgrat erreichten. Trotz vorgerückter Stunde gingen sie weiter. Der Hillary Step war tief verschneit, und nach seiner Überwindung standen Haston und Scott um 6 Uhr in der Abendsonne auf dem höchsten Punkt der Erde. Sie verbrachten die Nacht in einer Schneehöhle am Südgipfel und kamen ohne Erfrierungen davon.

Zwei Tage später erreichten auch Boardman und Sirdar Pertemba den Gipfel. Sie waren im Abstieg, als ihnen oberhalb der Hillary-Stufe plötzlich Mick Burke entgegenkam, dessen Partner aufgegeben hatte. Burke wollte den höchsten Punkt filmen, und Boardman und Pertemba beschlossen, am Südgipfel auf ihn zu warten. Dann brach ein Schneesturm los. «Alle Winde Asiens schienen uns vom Grat blasen zu wollen. [. . .] Es war 4 Uhr nachmittags, und der Himmel wurde bereits dunkel. Ich beugte meinen Kopf in den Triebschnee und versuchte, den Grat entlangzuschauen. Mick hätte schon vor einer Dreiviertelstunde bei uns eintreffen sollen. [. . .] Wir mussten eine Entscheidung treffen. Ich deutete auf meine Uhr und sagte: ‹Wir warten noch zehn Minuten.›»

Doch Burke kehrte nicht zurück. Vermutlich war er auf dem Rückweg vom Gipfel bei immer schlechterer Sicht auf eine Wechte getreten und abgestürzt.

1980 war das Jahr der Polen am Everest: Zunächst gelang Leszek Cichy und Krysztof Wielicki die erste Winterbesteigung des Mount Everest. Am Südsattel herrschten Temperaturen von bis zu minus 50 Grad Celsius – wohlgemerkt im Zelt! Dann durchstiegen Andrzej Czok und Jerzy Kukuczka erstmals den Südpfeiler am rechten Rand der Südwestwand. Kukuczka wurde später nach Reinhold Messner zum zweiten Menschen, der alle vierzehn Achttausender bestiegen hatte, bevor er 1989 in der Lhotse-Südwand wegen eines Seilrisses abstürzte.

Von allen Neurouten am Everest erhielt der Südpfeiler bislang die meisten Begehungen, wobei allerdings einige Partien im oberen Teil nach rechts auf den Südostgrat auswichen.

Der sowjetische
Anstieg über den
Südwestpfeiler
führt über teilweise
senkrechte Fels-
passagen und
durch steile Kamin-
rinnen: ein Mit-
glied der Expedi-
tion von 1982 im
letzten Abschnitt
des Pfeilers unter
dem Westgrat
(unten). Die Lager-
plätze waren oft
abenteuerlich
(oben).

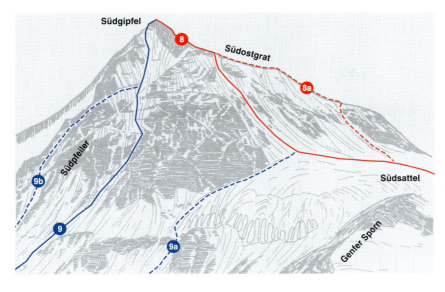

Auch der abschreckend steile Südwestpfeiler links der Bonington-Route wurde 1982 durch eine sowjetische Expedition begangen. Er ist eine der schwierigsten Felsrouten am Everest, mit Passagen im VI. Grad in 7500 Meter Höhe. Eduard Myslovski und Vladimir Balyberdin waren am 4. Mai die Ersten, neun ihrer Kollegen folgten in den Tagen danach. Vier davon erreichten den Gipfel bei Nacht – im Gegensatz zu den Chinesen 1960 geschah dies jedoch geplant.

Ein kleines tschechisches Team führte 1988 im Alpinstil die zweite Begehung der Südwestwand durch. Josef Just erreichte als Einziger den Hauptgipfel, doch beim Abstieg über den Südostgrat verschwanden er und seine drei Partner spurlos (siehe ab Seite 246). Japanern gelang im Dezember 1993 die erste Winterbegehung und einem koreanischen Team 1995 die vierte und vorerst letzte Durchsteigung.

DIE VERGESSENE WAND

Mit der Öffnung Tibets für ausländische Expeditionen wurden auch die beiden übrigen Wände des Mount Everest zugänglich. Natürlich richtete sich das Hauptaugenmerk der Bergsteiger sofort auf die Nordwand, das Schaustück des Tals von Rongbuk.

In der Übersicht wirkt das riesige Trapez relativ ungegliedert. Zwar weist das untere, steilere Drittel zahlreiche Rippen und Runsen auf, doch im Vergleich zur Südwestwand fehlen markante Pfeiler. Darüber bildet die Flanke eine einzige schräge Fläche aus Schneefeldern und horizontal verlaufenden Felsbändern. Nur zwei bedeutende Schluchten – das Große oder Norton-

Die Nordwand des Mount Everest über dem Haupt-Rongbukgletscher. Links das Große oder Norton-Couloir, rechts die Rinne der Japanerroute von 1980 zum Hornbein-Couloir, der engen Schlucht knapp unterhalb des Gipfels.

Rechte Seite: Hexenkessel. Die Ostwand des Mount Everest mit dem «Neverest Buttress» zum Südsattel (links) und dem Amerikanischen Pfeiler (Mitte) über dem Kangshunggletscher.

Couloir und das Hornbein-Couloir – durchteilen die Flanke vom Fuß bis zum Gipfelaufbau und bieten naturgegebene Anstiegslinien.

Das Hornbein-Couloir erhielt 1980 durch Japaner einen eleganten direkten Zustieg, und eine amerikanische Expedition versuchte sich 1982 an der linken Seite des Großen (oder Norton-) Couloirs. Beide Unternehmungen waren noch klassische Großexpeditionen. Doch mit ihren direkten Anstiegen und den nicht übermäßigen Schwierigkeiten bot die Nordwand geradezu das ideale Gelände für schnelle Begehungen in modernem Stil. Reinhold Messners Solobesteigung, die Erstbegehung des Großen Couloirs durch die Australier 1984 sowie Loretans und Troillets vierzigstündiger Sprint durch die Japanerroute – all dies waren Marksteine einer neuen Epoche des Himalaja-Bergsteigens, von der im Kapitel «Mit fairen Mitteln» die Rede sein wird.

Lagen die Nord- und die Südwestwand stets im Blickfeld von Expeditionen, so dauerte es hingegen nach der ersten Erkundung 1921 fast sechzig Jahre, bis

Der Amerikaner
Dave Cheesmond
1983 in der Schluss-
wand des unteren
Pfeilers der Everest-
Ostwand.

Bergsteiger die abgeschiedene Ost- oder Kangshungwand des Everest erneut in Augenschein nahmen. Der erste Eindruck ist abschreckend: Die oberen zwei Drittel der Wand sind eisgepanzert und gleichen einer riesigen hohlen Hand, aus der fünf Hängegletscher wie Finger nach unten ziehen, gestützt auf fast tausend Meter hohe Strebepfeiler aus Fels. Von allen Seiten stürzen Lawinen in diesen Kessel hinab und fegen durch die Couloirs, bevor die turmhohen Wolken aus Schneestaub mit Donnergrollen auf dem Kangshunggletscher zerfließen.

Der Amerikaner Andrew Harvard, der im Herbst 1980 das Kangshungtal besuchte, studierte die Wand ausgiebig auf eine Anstiegsmöglichkeit hin. «Als die Sonne langsam über die oberen Hänge strich, begann sich eine feine, aber deutliche Gratlinie abzuzeichnen. Sie schlängelte sich vom Südostgrat durch den gefrorenen Mahlstrom der Lawinenhänge bis zur Oberkante der Felswand, über einen Höhenunterschied von 2000 Metern. [...] Da wusste ich: Es gab eine Route. Sie würde schwierig und gefährlich sein, aber nicht unmöglich oder selbstmörderisch.»

Ein Jahr später ging eine amerikanische Expedition, der auch Sir Edmund Hillary und der österreichische Achttausender-Veteran Kurt Diemberger angehörten, den Zentralpfeiler an. Unter den drohenden Eisbalkonen fühlten sich die Bergsteiger anfangs wie Schießbudenfiguren. Eine besonders gefährdete Rinne tauften sie deshalb sarkastisch «Kegelbahn». Oberhalb waren sie durch die lotrechte Pfeilerwand geschützt, über die sie sich unter der Führung von George Lowe (nicht zu verwechseln mit Hillarys Partner von 1953) in direkter Linie hinaufnagelten – extreme technische Kletterei (A3/A4), abwechselnd mit Freikletterei im Schwierigkeitsgrad V bis VII, alles zum Teil in abenteuerlich brüchigem Fels. Am Ende schafften sie es, auf dem darüber liegenden Hängegletscher Fuß zu fassen, bevor sie die Expedition auf Grund zu großer Lawinengefahr abbrachen.

Zwei Jahre darauf, im Herbst 1983, kehrten die Amerikaner zurück. Diese zweite Expedition zur Ostwand war vielleicht der Gipfel der «Eroberungsfeldzüge» in den großen Wänden. Der Materialeinsatz war enorm: Am Pfeiler wurde für den Lastentransport eine Motorwinde installiert, zu deren

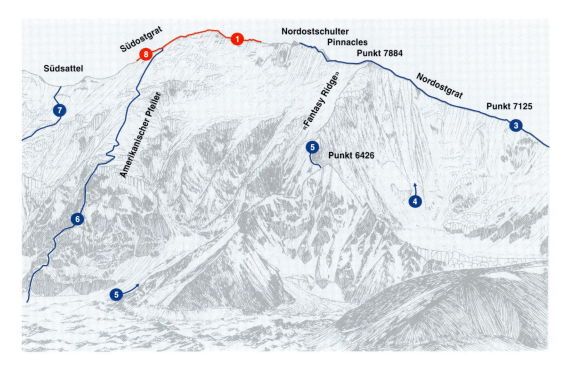

Die Ostwand des Mount Everest

1. Nordsattel, Nord- und Nordostgrat, Normalroute von Tibet

3. Gesamter Nordostgrat

4. Ostwand von Punkt 7884

5. «Fantasy Ridge», Ostgrat zum Punkt 7884

6. Ostwand, Amerikanischer oder Zentralpfeiler

7. Ostwand zum Südsattel, «Neverest Buttress»

8. Südsattel, Südostgrat, Normalroute von Nepal

Aufbau man die Seile mit einem Raketenwerfer die Wand hinaufschoss! Auf ähnliche Weise hatte man Ende des 19. Jahrhunderts versucht, die Granitnadel des Dent du Géant im Mont-Blanc-Gebiet zu bezwingen . . . Dennoch dauerte die vollständige Überkletterung des unteren Pfeilers noch immer vier Wochen. Auf dem langen Rücken des Hängegletschers waren die Verhältnisse besser als 1981, und am 8. Oktober gelang Carlos Buhler, Kim Momb und Lou Reichardt der Durchstieg zum Südostgrat, dem sie trotz horrender Lawinengefahr bis zum Gipfel folgten. Einen Tag später wiederholten Jay Cassell, George Lowe und Dan Reid die Besteigung.

Die nächste Expedition zur Ostwand 1988 war das genaue Gegenteil der amerikanischen Materialschlacht: Sie umfasste nur vier Bergsteiger. Ihre erfolgreiche Durchsteigung einer neuen Route im Leichtgewichtstil und

Folgende Doppelseite: Der vergessene Talkessel von Kangshung, umgeben von Pethangtse, Shartse I, Shartse II (oder Peak 38), Lhotse Shar, Lhotse, Südsattel und Everest (von links nach rechts). Am rechten Bildrand der Rapiu La.

Der linke Teil der Ostwand des Mount Everest

1 Nordsattel, Nord- und Nordostgrat, Normalroute von Tibet

5 «Fantasy Ridge», Ostgrat zum Punkt 7884

6 Ostwand, Amerikanischer oder Zentral- pfeiler

7 Ostwand zum Südsattel, «Neverest Buttress»

7a direkter Einstieg

7b linker Einstieg

8 Südsattel, Südostgrat, Normalroute von Nepal

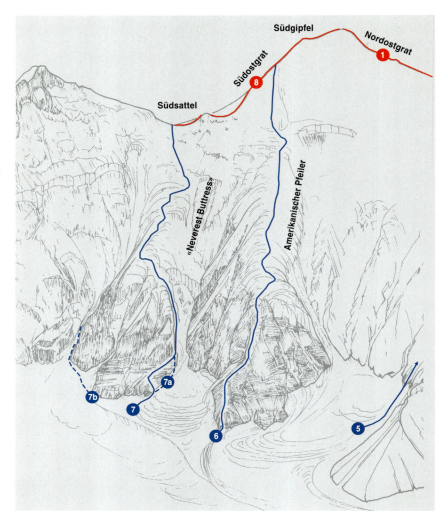

Rechte Seite: Der Amerikaner Robert Anderson 1988 auf den endlosen Gletscherfeldern der oberen Everest- Ostwand. Mehr als tausend Meter über ihm der Südsattel.

ohne Sauerstoffgeräte war eine der kühnsten und stilreinsten Besteigungen des Mount Everest – und ihr viertägiger Abstieg an der Grenze zwischen Leben und Tod eine der dramatischsten Episoden der Everest-Saga (siehe ab Seite 249).

Über die Route von 1988, die zum Südsattel und anschließend über Hillarys Südostgrat zum Gipfel führt, erfolgten bis heute alle weiteren Be- gehungen der Ostwand: 1992 durch Chilenen und 1999 durch ein indisches Team. Allerdings benutzten sie allesamt Sauerstoff, und durch die Verän- derung des Hängegletschers hatten sie im Eis mit keinen vergleichbaren Schwierigkeiten wie die Erstbegeher zu kämpfen.

DER LETZTE GRAT

Der Nordostgrat war zwar schon in den Zwanzigerjahren von den Briten als Aufstiegsweg ausgemacht worden, doch berührte ihre Route vom Nordsattel nur sein letztes Drittel ab der Nordostschulter (8423 m). Einzig George Finch hielt anfangs den gesamten Grat, der am Pass Rapiu La (6548 m) gegenüber von Lager III am Ost-Rongbukgletscher beginnt, für vorteilhaft, da er ihm windgeschützter erschien. Mallory widersprach ihm mit dem Hinweis, dass die Felsen bis zur Schulter «nicht einladend» aussahen – was angesichts der Realität noch milde ausgedrückt ist.

Vom Pass aus führt der Grat zunächst als Firnschneide zum Punkt 7125 Meter, dann steiler werdend über zwei Aufschwünge zu einem weiteren Zwischengipfel, Punkt 7884 Meter. Von dort bis zur Nordostschulter weist der Grat dann eine ganze Reihe wild zerborstener Felszähne auf – die so genannten «Pinnacles» (Zinnen). Insgesamt sind es vom Rapiu La bis zum Gipfel mehr als fünf Kilometer, und die schwierigsten Stellen liegen allesamt in über 8000 Meter Höhe.

Nach dem Vorstoß der Chinesen 1966 (siehe ab Seite 188) war 1982 eine britische Expedition die erste, die sich eine Begehung des gesamten Nord-ostgrates zum Ziel setzte. Chris Boningtons kleines, aber schlagkräftiges Team markierte nach über vierzig Jahren Abwesenheit die Rückkehr der Engländer zur Everest-Nordseite – und mit gespenstischer Parallelität zu 1924 verschwanden bei dieser Expedition zwei Bergsteiger, Peter Boardman und Joe Tasker, beim Gipfelaufstieg (siehe ab Seite 246).

Zwischen 1985 und 1988 versuchte sich jedes Jahr eine Expedition an diesem «letzten Problem». Die meisten dieser Unternehmungen waren große Expeditionen, die Fixseile und Sauerstoff einsetzten. Im Gegensatz dazu versuchte es 1987 Doug Scott wie zuvor Bonington mit einem kleinen Team im Leichtgewichtstil. Doch alle Versuche scheiterten an Höhen-stürmen am Aufschwung des Ersten Pinnacle auf 8170 Metern.

Auch die Expedition von 1988 war ein großes Unternehmen. In bri-tischen Bergsteigerkreisen nannte man sie auf Grund des Durchschnitts-alters der Teilnehmer die «Golden Oldies' Expedition». Mit dabei war zum Beispiel die lebende Legende Joe Brown, in den Fünfziger- und Sechziger-jahren ein exzellenter Felskletterer und Erstbesteiger des Kangchenjunga. Harry Taylor und der Neuseeländer Russell Brice trieben die Route voran und errichteten Anfang August das höchste Lager bei Punkt 7884 Meter. Von dort aus fixierten sie zunächst Seile bis zum Gipfel des Ersten Pinnacle, bevor sie am 3. August die Schlüsselstelle in Angriff nahmen.

Taylor berichtete: «Um 8 Uhr waren wir wieder an unserem höchsten Punkt. [. . .] Der Grat war ein sprichwörtlicher Gang auf Messers Schneide. Zu

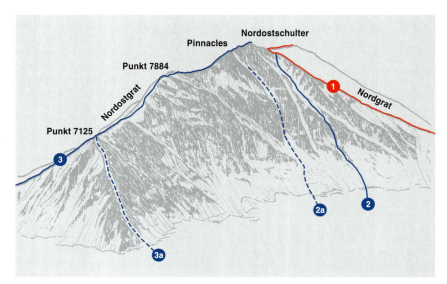

Die Nordwand der Everest-Nordostschulter

① Nordsattel, Nord- und Nordostgrat

② Nordwand der Nordostschulter, Nordcouloir

②ₐ «Pinnacles Couloir»

③ Gesamter Nordostgrat

③ₐ «Bill's Buttress», Zustiegsvariante zum Punkt 7125

Im Bild: Nordostschulter, Pinnacles, Punkt 7884, Nordostgrat, Punkt 7125, Nordgrat

beiden Seiten hingen ausladende Wechten, und wir mussten etliche schwierige Schneepilze überwinden. Wir kamen nur langsam voran, schafften aber eine gewisse Stetigkeit, indem wir uns durch den obersten halben Meter Pulverschnee wühlten und gleichzeitig gingen. Es war eine ernüchternde Erfahrung. Rechts von uns schossen Rinnen in die Tiefe, und direkt zu unserer Linken war das steile Riffeleis der Kangshungwand. Nach einem vierstündigen Drahtseilakt brachte uns eine 55 Grad steile Rampe auf den Zweiten Pinnacle. Der Schnee auf der Rampe war schier bodenlos, und wir keuchten wie alte Männer.»

Die beiden gingen ohne zusätzlichen Sauerstoff. Nach weiteren zwei Stunden fanden sie den ersten Platz, an dem sie sich ausruhen konnten, ohne den Grat im Reitsitz nehmen zu müssen. Auf 8300 Metern, unweit des Dritten Pinnacle, kratzten sie ein Band aus dem Schnee und beschlossen zu biwakieren. In der Nacht schlug das Wetter um. Es begann zu schneien, und am Morgen betrug die Sicht nur wenige Meter. Brice und Taylor überschritten den Dritten Pinnacle, stiegen in eine Scharte hinab und querten auf Bändern um den senkrechten Aufschwung der Nordostschulter herum zum Nordgrat. Damit hatten sie den letzten unbegangenen Teil des Grates überwunden. Um 11.30 Uhr klarte das Wetter auf, doch für den Weiterweg zum Gipfel war es zu spät, und die Bergsteiger stiegen geradewegs zum Nordsattel ab.

Einer japanisch-kasachischen Expedition gelang es 1992 ebenfalls, die Pinnacles bis zum Nordgrat zu durchsteigen, wo sie ein letztes Lager errichteten. Hinter dem Zweiten Pinnacle stießen sie auf die Leiche von

Peter Boardman. Doch auch ihr Gipfelversuch schlug fehl; zwei Japaner verschwanden auf dem Weg ins Hochlager. Die Russen fanden einen von ihnen nach drei Tagen delirierend und mit schweren Erfrierungen nur wenige Seillängen vor den Zelten. Sie brachten ihn hinab zum Nordsattel. Sein Partner blieb verschwunden.

Drei Jahre später, 1995, gelang es schließlich einer weiteren japanischen Expedition unter massivem Einsatz von Sherpas, Fixseilen und Sauerstoff, den Gesamten Nordostgrat zu begehen. Die Sherpas leisteten die Hauptarbeit an der Route, und vier von ihnen – Dawa Tshering, Pasang Kami, Lhakpa Nuru und Nima Dorje – erreichten gemeinsam mit Kiyoshi Furuno und Shigeki Imoto den Gipfel. Es war ein bedeutender Erfolg – doch es bleibt der Wermutstropfen, dass die Erstbegehung dieser großartigen Linie nicht im Stil der Pioniere Boardman und Tasker erfolgt ist. Es wäre ein angebrachter Tribut gewesen, denn trotz ihres tragischen Ausgangs war die Leistung der Expedition von 1982 bewundernswert und ihrer Zeit voraus.

Die Nordostschulter des Mount Everest über dem Vorgeschobenen Basislager am Ost-Rongbuk-gletscher, einge-rahmt vom Nordostgrat (links) und vom Nordgrat (rechts). Der «Gipfel» links ist Punkt 7884 Meter, der Hauptgipfel ragt als unscheinbare Pyramide gerade noch hinter dem Nordgrat hervor.

DIE ZUKUNFT?

Alle großen Wände und Grate des Mount Everest sind inzwischen begangen. Es gibt siebzehn selbständige Routen, dazu noch etliche Varianten. Allerdings warten viele dieser Routen noch immer auf ihre erste Wiederholung. Auf ihnen ließe sich auch heute noch das große Abenteuer am Mount Everest erleben – heute, wo Besteigungen fast ausschließlich über die beiden Normalwege erfolgen und alle von einer Abwertung des Berges sprechen. Wo also sind die Bergsteiger, welche die Herausforderung eines Großen Couloirs, eines Südwestpfeilers oder des Ostwand-Zentralpfeilers annehmen?

Wirkliches Neuland gibt es nur noch wenig. Im abgesetzten Teil der Nordwand zwischen Nord- und Nordostgrat durchstiegen Russen 1996 das recht markante Nordcouloir. Die Südwestwand dürfte noch einige Möglichkeiten mit zum Teil extremer Felskletterei bieten. In der Nordwand liebäugelten schon einige mit einer Linie über den breiten Rücken zwischen dem Großen und dem Hornbein-Couloir, während die verschiedenen Rippen der Ostwand objektiv zu gefährlich erscheinen.

Eine große Linie ist allerdings noch offen: der Ostgrat, der auf Grund seiner bizarren Eisformationen auch «Fantasy Ridge» – Phantasiegrat – genannt wird. Er zieht am rechten Rand der Ostwand empor und mündet bei Punkt 7884 Meter in den Nordostgrat. Als Japaner 1991 den ersten Versuch unternahmen, kamen sie nicht über 6400 Meter hinaus. Bei den instabilen Schneepilzen und Wechten hätte ansonsten Gefahr bestanden, «dass entweder die gesamte Expeditionsmannschaft oder der gesamte Grat heruntergefallen wäre». Eine indische Expedition zehn Jahre später kam ganze 300 Meter weiter.

Ein äußerst anspruchsvolles Unternehmen also – zumal der Anstieg bei Punkt 7884 Meter noch nicht zu Ende ist. Sollte er bis zum Gipfel begangen werden (was bei heutigen Erstbegehungen ja nicht immer üblich ist), warten auf die Bergsteiger danach noch die berüchtigten Pinnacles der Nordostschulter sowie der oberste Teil des Nordostgrates mit der Ersten und Zweiten Stufe. Es wäre der komplexeste Anstieg auf den Mount Everest – und seine Erstbegehung würde vielleicht noch einmal den Geist der großen Wand- und Gratanstiege aufleben lassen.

Frauen am Everest

Junko Tabei (links), die erste Frau auf dem höchsten Berg der Welt, Phantog (Mitte), die erste Besteigerin von der chinesischen Seite, und Wanda Rutkiewicz (rechts), die erste Europäerin auf dem Everest.

«Die Route war zu steil und zu lang für eine Frau. Ang Tsering kletterte schneller und trieb mich oft an, indem er mich an der Hand nahm. Ich war müde, und wir näherten uns langsam dem Gipfel, manchmal auf allen vieren. Es war eine sehr harte Kletterei.» So Junko Tabeis eigene negative Einschätzung, nachdem sie am 16. Mai 1975 als erste Frau den Everest über den Südostgrat bestiegen hatte. Man muss ihre Leistung im Kontext sehen, um sie entsprechend würdigen zu können: Tabei war damals erst die 39. Person, die den Gipfel erreichte – und das, obwohl sie zwei Wochen vorher durch eine Lawine verletzt worden war.

Noch bedeutender, allerdings im Westen damals nahezu unbekannt (und deshalb unterbewertet) war die Leistung der Tibeterin Phantog, die den Gipfel nur elf Tage nach Tabei von der Nordseite aus erreichte. Phantog war ursprünglich eine Landarbeiterin und wurde 1959 für die

chinesische Bergsteiger-Nationalmannschaft ausgewählt. Im selben Jahr gelang ihr die zweite Besteigung des Mustagh Ata (7546 m) und 1961 die Zweitbesteigung des Kongur Tiube (7595 m), beide im chinesischen Pamir. Durch ihre Erfahrung wurde sie nach der Kulturrevolution zu einer der leitenden Personen beim Neuaufbau des Bergsteigerteams (siehe ab Seite 186). Bei der Expedition 1975 war Phantog stellvertretende Leiterin, und wie ihre männlichen Kollegen benutzte sie beim Gipfelanstieg kaum Flaschensauerstoff. Insgesamt erreichten bei der Expedition vierzehn Frauen Höhen von 7800 Metern und darüber, was von Leitung und Partei postwendend zur Demonstration sozialistischer Gleichberechtigung genutzt wurde: «Frauen und Männer sind gleich. Was die Genossen erreichen können, können Genossinnen auch!»

Vor Junko Tabei und Phantog hatten schon andere Frauen an Everest-Besteigungen teilgenommen – oder es zumindest versucht. Bereits 1924 bewarb sich eine Frau namens Anne Bernard um die Teilnahme an der britischen Expedition – doch der Everest war damals nicht nur eine britische Angelegenheit, sondern auch Männersache. Die Bergsteigerin Elizabeth Cowles begleitete Charles Houstons Erkundungsfahrt ins Khumbutal 1950, die Ethnologin Marguerite Lobsiger war Mitglied der ersten Schweizer Expedition 1952, und 1970 erreichte die Japanerin Setuko Watanabe schließlich als erste Frau den Südsattel. Dabei sollten aber jene zahlreichen namenlos gebliebenen Sherpanis nicht vergessen werden, die seit den ersten Versuchen bei vielen Expeditionen als Trägerinnen mitwirkten.

Die dritte Frau auf dem Mount Everest war 1978 gleichzeitig die erste Europäerin, die Polin Wanda Rutkiewicz. Sie wurde in der Folge zur erfolgreichsten Höhenbergsteigerin, bevor sie 1992 beim Versuch einer Besteigung des Kangchenjunga ums Leben kam. Er wäre ihr neunter Achttausender gewesen.

Hannelore Schmatz, die 1979 als erste Deutsche auf dem Everest stand, wurde als erste Frau Opfer des Berges, als sie und ihr Seilpartner Ray Genet nach einem Biwak im Abstieg an Erschöpfung starben. Helga Hengge war dann zwanzig Jahre später die erste Deutsche, die den Gipfel erreichte und auch wieder heil zurückkam.

Der Kanadierin Sharon Wood gelang 1986 als erster Frau eine Erstbegehung am Everest: Gemeinsam mit Dwayne Congdon beging sie erstmals den Westgrat über den eleganten Nordsporn von Tibet aus, mit Ausstieg über das Hornbein-Couloir. Es war ein langer, schwieriger Anstieg,

gekrönt von einem prächtigen Sonnenuntergang auf dem Dach der Welt.

Lydia Bradey aus Neuseeland schaffte 1988 als erste Frau eine Besteigung ohne Sauerstoffgerät – doch für Schlagzeilen sorgte nicht ihre Leistung, sondern das Nachspiel: Bradey verband mit dem Bergsteigen eine sehr liberale, fast rebellische Haltung. Regeln und Bürokratie bedeuteten ihr wenig. Und so war sie, nachdem ihre drei männlichen Kollegen ihren Everest-Versuch aufgegeben hatten, kurzerhand auf den Südostgrat umgeschwenkt, für den sie keine Genehmigung hatte. Nach der Rückkehr distanzierte sich die Expeditionsleitung von Bradey, da die Teilnehmer wegen des Vergehens eine Einreisesperre fürchteten – dabei wohlweislich verschweigend, dass sie bei ihrem Versuch selbst auf eine ungenehmigte Route ausgewichen waren. Man zweifelte Bradeys Besteigung öffentlich an, verbreitete Unwahrheiten. Aussagen anderer Bergsteiger, die ihren Erfolg stützten, wurden verfälscht oder ignoriert. Bradey selbst konnte die Besteigung nicht beweisen, da ihre Kamera eingefroren war. Allein ihr Wort zählte – und nachdem ein Journalist die Machenschaften im Hintergrund aufgedeckt hatte, glaubten ihr schließlich die meisten.

Bradey hat die Diskussionen längst hinter sich gelassen. Nur einmal sagte sie in einem Anflug von Verbitterung: «Ich war ein Opfer von Sexismus. Hatten meine Kollegen eine Genehmigung für ihre Route? Nein. Wurden sie dafür kritisiert, dass sie den Berg ohne mich verlassen hatten? Nein. Gibt es einen Beweis, dass ich es nicht geschafft habe? Nein. Der Kern der Sache ist, dass ich oben war – und sie nicht.»

Unumstritten war hingegen 1995 die nächste Besteigung ohne Flaschensauerstoff durch die Britin Alison Hargreaves über die Nordseite. Sie scheute sich selbst, von einem Alleingang zu reden, da weitere Bergsteiger zur gleichen Zeit auf der Route unterwegs waren – doch ihre Unabhängigkeit ging so weit, dass sie ihre eigenen Lager errichtete und sogar einen Becher Tee ausschlug, der ihr von anderen angeboten wurde! Leider währte die Freude über diese bestechende Leistung nicht lange, denn im Sommer des gleichen Jahres kam Hargreaves nach einer Besteigung des K2 (ebenfalls ohne zusätzlichen Sauerstoff) beim Abstieg gemeinsam mit fünf Kollegen in einem Höhensturm um.

Bis April 2002 hatten 69 Frauen den Everest bestiegen, vier davon sogar zweimal. Die Erste war dabei die Inderin Santosh Yadav, welche darüber hinaus auch die Ostwand bis zum Südsattel durchstieg. Der Südafrikanerin Cathy O'Dowd gelan-

Alison Hargreaves

gen als Erster zwei Besteigungen auf unterschiedlichen Routen, 1996 über den Südostgrat und 1999 über die Nordseite.

Fünf Frauen sind bislang am Everest gestorben – mit Ausnahme von Marty Hoey (USA), die 1982 im Großen Couloir abstürzte, alle im Abstieg vom Gipfel. Besonders dramatisch waren dabei die Umstände des Todes der Letzten, der Amerikanerin Francis Arsentiev im Jahr 1998. Sie und ihr Mann, der Russe Sergei Arsentiev, hatten den Gipfel ohne Atemhilfe über die Nordseite erreicht, nachdem sie zuvor schon zwei Nächte im höchsten Lager verbracht hatten. Nach einem Biwak im Abstieg war Francis bewegungsunfähig, und Sergei stieg bis zum Lager ab, um Sauerstoff zu holen. Beim Wiederaufstieg stürzte er jedoch tödlich ab. Francis starb schließlich nach einer weiteren Nacht am Berg, ohne dass vorbeikommende Bergsteiger sie hätten hinabbringen können.

KAPITEL 11

MIT FAIREN MITTELN

«Wer zur Sauerstoffflasche greift,
degradiert den Everest zu einem Sechstausender.
Die Atemmaske ist wie eine Mauer
zwischen Mensch und Natur,
sie ist ein Filter, der visionäre
Erlebnisse verhindert.»

Reinhold Messner
(erste Besteigung des Everest
ohne zusätzlichen Sauerstoff, 1978)

Die neuen Pioniere

Ich bin ein Raum und Zeit sich verschiebendes Wesen. Trotzdem bewege ich mich. [...] Ich kann kaum noch. Keine Verzweiflung, kein Glück, keine Angst. Ich habe die Herrschaft über meine Gefühle nicht verloren, es gibt überhaupt keine Gefühle mehr. Ich bestehe nur noch aus Willen. Nach jeweils wenigen Metern ist auch dieser in mir abgestorben. [...] Ich lasse mich fallen, liege nur da. [...] Dann erst mache ich wieder einige Schritte.»

Es ist der 20. August 1980. Ein einzelner Mann bewegt sich auf den Everest-Gipfel zu. Er ist allein. Seit drei Tagen ist er unterwegs, auf einer neuen Route. Ohne Sauerstoffgerät. Es ist die ultimative Besteigung.

Mit oder ohne?

Reinhold Messner und seine Bedeutung für das Bergsteigen näher vorzustellen hieße Eulen nach Athen tragen – oder Schnee auf den Everest. Wie kein anderer hat es der 1944 geborene Südtiroler verstanden, immer wieder scheinbar unverrückbare Grenzen zu verschieben und diese Leistungen in die Öffentlichkeit zu tragen. Kompromisslos in seinem Stil, radikal in seinen Gedanken und Meinungen, inspirierend, abstoßend, streitbar – ein Mann der Extreme, in seinen Taten wie auch in seiner Person.

Eine dieser scheinbar unverrückbaren Grenzen war eine Besteigung des Mount Everest ohne Atemhilfe – und auch ihr begegnete Messner in seiner typischen Art: «Ich steige nicht auf Berge, um ihre Gipfel zu erobern. Für wen auch? Ich begebe mich in Grenzsituationen, um meine Ängste, Zweifel und Hochgefühle zu erfahren. Dieses Abenteuer verflacht, sobald sich der Mensch in seinem Ehrgeiz der Technik bedient. Selbst das höchste Gebirge schrumpft, sobald man mit Hunderten von Trägern, Haken und Sauerstoffgeräten in ihm ‹herumsteigt›. Wer zur Flasche greift, degradiert den Everest zu einem Sechstausender. [...] Die Atemmaske ist wie eine Mauer zwischen Mensch und Natur, sie ist ein Filter, der visionäre Erlebnisse verhindert. Eine Everest-Besteigung ohne Maske ist die Alternative zu den bisherigen Aufstiegen mit Hilfe eines Atemgerätes. ‹Everest by fair means› – es ist die humane Dimension, die mich interessiert.»

Mondaufgang über der obersten Nordwand des Mount Everest, 3. Oktober 1984. Zu dieser Zeit befanden sich die Australier Tim Macartney-Snape, Greg Mortimer und Andy Henderson auf den letzten Schneefeldern unterhalb des Gipfels.

Vorangehende Doppelseite: Auf neuen Wegen. Die Australier 1984 im Großen Couloir der Everest-Nordwand.

Grenzbrecher:
Peter Habeler
(oben) und
Reinhold Messner
(rechte Seite).

Die Debatte um die «unfaire» Benutzung von zusätzlichem Sauerstoff reicht bis zu den britischen Vorkriegsexpeditionen zurück (siehe ab Seite 61). Mallory sprach sich anfangs dagegen aus, wenngleich er seine letzten Hoffnungen dann doch auf das Gerät setzte. Norton, der 1924 ohne Flaschensauerstoff bis auf 8572 Meter gekommen war, zeigte sich überzeugt, «dass nichts eine ausgeruhte und starke Seilschaft davon abhalten dürfte, den Gipfel ohne Sauerstoff zu erreichen». Und Peter Lloyd erkannte, in welchem faszinierenden Grenzbereich der Mount Everest lag: «Der Everest besitzt genau die richtige Höhe, um die perfekte Herausforderung an die physische Kraft und Ausdauer eines Bergsteigers darzustellen. Wäre er 300 Meter niedriger, wäre er 1924 erstbestiegen worden. Wäre er 300 Meter höher, wäre er ein Problem für Ingenieure.»

Doch trotz der positiven Einschätzung Nortons hielten nicht wenige eine Besteigung des höchsten Berges der Welt ohne Atemhilfe für unmöglich. Der österreichische Bergführer Peter Habeler, Messners Partner bei der Herausforderung «Everest by fair means», zitierte eine der Meinungen, die ihnen entgegenschlug: «Es ist nicht zu schaffen. Entweder kommt ihr gar nicht erst hinauf, oder ihr kommt nicht mehr herunter. Und wenn ihr ganz großes Glück habt, kehrt ihr als lallende Idioten zurück. Der Sauerstoffmangel in dieser Höhe lässt bereits nach wenigen Minuten die Gehirnzellen absterben. [...] Der Everest ohne Sauerstoff ist Selbstmord.»

Zwar waren «niedrige» Achttausender wie Annapurna, Nanga Parbat oder Broad Peak ohne zusätzlichen Sauerstoff erstbestiegen worden, aber bei den meisten anderen – insbesondere bei den «großen fünf» Everest, K2, Kangchenjunga, Lhotse und Makalu – kam er zum Einsatz. Er wurde zur akzeptierten Notwendigkeit – und keiner hatte es bislang gewagt, diese ganz bewusst in Frage zu stellen.

Messner und Habeler waren ein eingespieltes Team. Gemeinsam hatten sie die Eiger-Nordwand in zehn Stunden durchstiegen – zu einer Zeit, als die meisten Seilschaften in dieser Riesenwand mindestens einmal biwakierten. Und 1975 hatten sie als Erste einen Achttausender, den Hidden Peak, im reinen «Alpinstil» bestiegen – in drei Tagen, ohne fest eingerichtete Lager, mit dem Notwendigsten im Rucksack. Eben so, wie man einen Berg in den Alpen bestieg. Schnell und sicher – nur so würde es gelingen, ohne zusätzlichen Sauerstoff in der «Todeszone» oberhalb von

8000 Metern zu überleben. Dort, wo der Körper sich auch im Schlaf nicht mehr erholen kann.

Für ihr Vorhaben schlossen sich Messner und Habeler 1978 einer österreichischen Expedition an. Sie halfen wesentlich dabei, die Route voranzutreiben, und bei einem ersten Vorstoß überlebte Messner nur knapp zwei Nächte in einem Höhensturm am Südsattel. Von dort aus wollten er und Habeler später in einem Zug, ohne ein weiteres Zwischenlager, zum Gipfel und zurück gehen, um die Zeit in der Todeszone so weit wie möglich zu beschränken.

Am 8. Mai brachen sie gegen 6 Uhr vom Südsattel auf. Außer ihrer Kleidung – Seide, Faserpelz und Daune – trugen sie nur ein Minimum an Ausrüstung: Eispickel, Steigeisen, ein Stück Seil, Ersatzhandschuhe, Kameras, ein kleines Tonbandgerät. «Schon beim Weggehen spürte ich, wie ich unter der Höhe zu leiden begann», berichtete Habeler. «Von erhabenen Gedanken oder Gefühlen konnte keine Rede sein. Mein Gesichtskreis war ganz eng, beschränkte sich auf das Allernotwendigste. Ich sah nur meine Füße, nur die nächsten Schritte und Griffe und bewegte mich wie ein Automat. Ich schaltete völlig ab und dachte nur noch an die nächsten fünf Meter vor mir. [...] Die Luft wurde mir knapper und knapper. [...] Mechanisch setzte ich einen Fuß vor den anderen.»

Nach vier Stunden waren Messner und Habeler im Lager V der Österreicher auf 8500 Metern am Südostgrat, rasteten und kochten Tee. Das Wetter war schlecht. Die Spurarbeit in den schneegefüllten Rinnen hatte beide ausgelaugt. Sie sahen kaum noch eine Chance, auf den Gipfel zu kommen. Allein der Wille, es zumindest zu versuchen, trieb sie weiter.

Auch der Südostgrat war tief verschneit. Sie mussten in die Felsen ausweichen. Die Anstrengung war jetzt fast übermenschlich. Messner: «Immer nach einigen Schritten stützen wir uns auf die Pickel und entlasten so, den Mund weit geöffnet und nach Luft schnappend, den Oberkörper, damit er mit allen Muskeln und Fasern arbeiten kann. Dennoch habe ich das Gefühl, gleich zu zerspringen. Höher oben habe ich sogar das Bedürfnis, mich hinzulegen, um weiter atmen zu können.»

Am Südgipfel ließ Habeler als letzte Gewichtsersparnis seinen Rucksack zurück, dann folgte er Messner über den ausgesetzten, wechtengekrönten Schlussgrat. «Trotz aller Euphorie war ich körperlich total am Ende. Ich ging nicht mehr aus eigenem Willen, sondern nur noch mechanisch, wie ein

Automat. Ich trat aus mir heraus und hatte die Vision, dass da ein anderer an meiner Stelle ging. Dieser andere gelangte zum Hillary Step und stieg und zog sich daran hoch in den ausbrechenden Fußstapfen der Vorgänger. [...] Links ging es 2000 Meter hinab auf die nepalesische Seite, rechts fiel die Wand 4000 Meter nach China hinunter ab.»

Habeler spürte plötzlich, wie es ihm die Finger der rechten Hand zusammenzog. Drohte ein Gehirnschlag? Aber sie gingen weiter, krochen auf Knien und Ellenbogen gestützt vorwärts. So beschrieb Messner das letzte Stück: «Die letzten Meter hinauf zum Gipfel fallen mir nicht mehr schwer. Oben angekommen, setze ich mich hin und lasse die Füße in den Abgrund baumeln. Ich brauche nicht mehr weiterzusteigen. [...] Ich atme wie jemand, der das Rennen seines Lebens gelaufen ist und nun weiß, dass er sich für immer ausruhen kann. [...] Ich bin nur mehr eine einzige, eine enge, keuchende Lunge, die über Nebeln und Gipfeln schwebt. [...] In dem Augenblick, als Peter bei mir ankommt und mich umarmt, brechen wir beide in Tränen aus. Wir liegen, von Emotionen geschüttelt, im Schnee. [...] Ich kann weder reden noch denken, spüre aber, wie mich diese tiefe seelische Erschütterung in ein neues Gleichgewicht wirft. [...] Alles was ist, was ich bin, ist getragen von dem Wissen, dass ich den Endpunkt erreicht habe.»

Sie fotografierten sich gegenseitig, Messner filmte und versuchte, seine Empfindungen auf Tonband festzuhalten. Aber nach kaum einer Viertelstunde verspürte Habeler erneut Krämpfe in seiner Hand. Von Angst getrieben, begann er den Abstieg. Die kurze Gegensteigung zum Südgipfel raubte ihm alle Kraft, er bewältigte sie auf allen vieren. Dann eilte, stolperte, rutschte er abwärts, fuhr weite Strecken auf dem Hosenboden im steilen Schnee der Kangshungseite ab. Im letzten Teil löste er ein Schneebrett und glitt, sich mehrfach überschlagend, mit den stiebenden Schollen bis in den Südsattel hinab. Habeler hatte für den Abstieg eine einzige Stunde gebraucht! Messner traf dreißig Minuten später ein, erschöpft und schneeblind, da er beim Filmen immer wieder die Sonnenbrille abgenommen hatte.

«Am 10. Mai kommen wir wie zwei Invalide im Basislager an. Aber wir sind – so bestätigen es uns wenigstens die Kameraden – noch bei Trost.» Reinhold Messner und Peter Habeler hatten das «Unmöglich» einer Mount-Everest-Besteigung ohne Sauerstoffgeräte umgestoßen. Sie hatten als Erste den Berg in seiner vollen Höhe, Größe, Schwierigkeit und Härte erfahren. Es war, wenn man den Gedanken dahinter in letzter Konsequenz zu Ende denken wollte, die erste wirkliche Besteigung des Mount Everest.

Zwei Jahre später trieb Messner sein puristisches Konzept auf die Spitze. Zusammen mit seiner Freundin Nena Holguin, die ihn bis zum Vorgeschobenen Basislager begleitete, reiste er im Juni 1980 zur gerade erst wieder geöffneten Nordseite des Mount Everest. Nachdem ihm bereits 1978 mit dem Nanga Parbat die erste absolute Alleinbesteigung eines Achttausenders gelungen war, versuchte er sich nun solo am höchsten Berg der Welt.

Nach knapp sechswöchiger Akklimatisationszeit nützte Messner eine Schönwetterperiode inmitten des Monsuns zum Aufstieg über die klassische Nordgratroute. Er war der einzige Mensch am Berg. Am ersten Tag gelangte er vom Vorgeschobenen Basislager aus bis in über 7800 Meter Höhe, wobei ihn selbst ein Sturz in eine Gletscherspalte am Nordsattel nicht aufhalten konnte. Alles, was er benötigte – Zelt, Schlafsack, Kocher, Brennstoff, Proviant –, trug er in seinem Rucksack. Seine einzige Kletterausrüstung waren Skistöcke, Eispickel, Steigeisen sowie eine Eisschraube und ein Felshaken, mit denen er das Zelt verankerte. Als er am zweiten Tag feststellte, dass auf seiner geplanten Route über den Nordostgrat zu viel Schnee lag, querte er kurz entschlossen die Nordwand bis kurz vor das Große Couloir, wo er auf 8200 Metern erneut biwakierte. Für den letzten Anstieg ließ Messner alles bis auf Eispickel und Kamera zurück. Nach Überwindung der Unterbrechung des Couloirs querte er nach rechts hinaus auf den Nordpfeiler, nur wenig entfernt von der Stelle, an der Edward Norton 1924 umgekehrt war. Eine steile Felsmauer, das Graue Band, umging Messner mit einer Linksschleife, dann stieg er diagonal über die endlosen Hänge der Gipfelpyramide zum höchsten Punkt, den er am 20. August kurz nach 3 Uhr nachmittags erreichte.

Selbst für Messner war diese Solobesteigung ein Gang an die absolute Leistungsgrenze: «Ich weiß nicht, wie ich den Gipfel geschafft habe. Ich wusste nur, dass ich keinen Schritt weiter hätte gehen können.»

Es war tatsächlich die ultimative Besteigung: allein, ohne technische Hilfsmittel und auf einer neuen Route zum Gipfel der Welt. Und beim heutigen «Verkehrsaufkommen» am Berg war es eine Besteigung, die in dieser Art wahrscheinlich unwiederholbar bleibt.

«DOWN UNDER» GANZ OBEN

Messner war ein weltbekannter Bergsteiger, seine beiden Everest-Besteigungen das Werk eines erfahrenen Profis. Von den fünf Australiern hingegen, die sich 1984 zur Nordseite des Mount Everest aufmachten, hatte bis zu diesem Zeitpunkt kaum jemand Notiz genommen.

Geof Bartram, Lincoln Hall, Andy Henderson, Tim Macartney-Snape und Greg Mortimer hatten sich auf zahlreichen gemeinsamen Expeditionen von den Klettergebieten Australiens, des «flachsten Kontinents der Erde», bis zu den Gipfeln des Himalaja emporgearbeitet, wenngleich keiner von ihnen bislang auf einem Achttausender gestanden hatte. Nun fanden sie sich auf dem Haupt-Rongbukgletscher wieder und starrten gebannt auf die Wand, die sich über ihnen auftürmte.

«‹Was haltet ihr davon?›, fragte Tim. ‹Die Japanerroute schaut gut aus›, antwortete Geof. ‹Ja, aber die wurde bereits gemacht›, entgegnete Greg. ‹Wenn wir die Linie rechts von den Eisabbrüchen knacken könnten, wäre das ein echter Hammer. Eine neue Route am Everest – das wär's!›» Der Plan war simpel: direkt von unten ins Große Couloir und über dieses hinauf, fünf Mann, kein Sauerstoff oder sonstige Umstände.

Fast den gesamten September über werkelten die Bergsteiger und ihre fünfköpfige Unterstützungsmannschaft aus Arzt und Filmleuten im unteren Wanddrittel, das mit steilem, kombiniertem Gelände aufwartete. Dabei fegten Lawinen ein glücklicherweise unbesetztes Lager weg und begruben einen Großteil der am Wandfuß deponierten Ausrüstung unter sich, inklusive der Plastikstiefel. Nun hieß es improvisieren – Gurte wurden aus Schlauchband zusammengeknüpft, Schuhe von den Filmleuten geborgt, Macartney-Snape behalf sich mit Tourenskistiefeln.

So bewaffnet ging es Anfang Oktober Richtung Gipfel. Vom Lager II am Ende des unteren Wanddrittels querten die Australier über ein riesiges Schneefeld, das sie «White Limbo» – weißes Niemandsland – tauften. Dort kehrte Bartram auf Grund eines beginnenden Hirnödems um. Die übrigen vier fanden am Einstieg ins Couloir in einer Spalte einen Platz für Lager III. Dann nahm sie der riesige Eisschlauch auf.

«Hundert Meter unterhalb des Lagers stürzte das Große Couloir über eine mächtige Eiswand und zog dann ununterbrochen bis zum Fuß des Berges. Um schneller zu sein, kletterten wir unangeseilt, doch jeder von uns war sich genau im Klaren darüber, wie ernst die Folgen eines Sturzes wären. [...] Es war kein Platz für Menschen. Keine Luft, kein Wasser, keine Hoffnung. Ich schüttelte den Kopf und verscheuchte diese negativen Gedanken. Es ist nur ein weiterer Berg, sagte ich mir. Nur eine weitere Tour.»

Wo das Couloir von der Barriere des Gelben Bandes unterbrochen wird, gruben sie eine Plattform in den Schnee und zwängten sich in ihr einziges Zelt. Ohne zusätzlichen Sauerstoff strengte jede noch so kleine Tätigkeit in der Höhe über Gebühr an, und so kamen sie erst um 11 Uhr vormittags los. Hall spürte nach einer Stunde, dass er zu müde und zu langsam war. Da waren es nur noch drei.

Über brüchigen und ausgesetzten Fels schwindelten sie sich nach oben. Eines von Hendersons Steigeisen brach, und er fiel zurück. Zum Reparieren

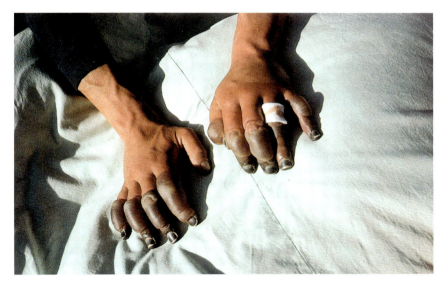

Ein hoher Preis: Andy Hendersons erfrorene Finger.

Linke Seite: Kleiner Mensch – großer Berg. Lincoln Hall in der Everest-Nordwand, hoch über dem Rongbuk-gletscher.

zog er mehrmals seine Handschuhe aus und erfror sich seine Hände. Als er den Westgrat erreichte, gab er auf – 50 Meter unterhalb des Gipfels. Macartney-Snape und Mortimer hingegen standen bei Sonnenuntergang auf dem Dach der Welt.

Um ein Biwak zu vermeiden, tasteten sich alle drei langsam durch die Dunkelheit abwärts. An der untersten, steilsten Felsbarriere mussten sie abseilen – und da sie keine Haken dabei hatten, banden sie ihr Seil an eine der Versteifungsschienen von Mortimers Rucksack und vergruben diese im Schnee. Die Verankerung hielt, und drei Stunden später erreichten sie erschöpft das Zelt, wo Hall gewartet hatte.

«Es war irgendwann nach 3 Uhr morgens, 16 Stunden nachdem wir Lager IV verlassen hatten. Wir lagen in einem kleinen Zelt auf einem noch kleineren Podest in 8200 Meter Höhe – und ich verstand nicht, warum Lincoln so besorgt aussah . . .» Als Henderson ein halbes Jahr nach der Rückkehr vom Berg diese flapsigen Zeilen niederschrieb, hatte man ihm bereits neun erfrorene Finger amputiert.

DER PREIS DES ABENTEUERS

Der freiwillige Verzicht auf technische Hilfsmittel wie Fixseile und Flaschensauerstoff setzt die Bergsteiger konsequenterweise einem höheren Risiko aus. Durch die extrem hohe Atemfrequenz in großen Höhen steigt der Flüssigkeitsverlust erheblich. Das Blut dickt ein. Verstärkt wird dies noch durch die vermehrte Bildung von roten Blutkörperchen, um das Sauerstoffaufnahmevermögen zu erhöhen. Die erschwerte Durchblutung steigert die

245

Gefahr von Erfrierungen. Gleichzeitig erhöht sich der Blutdruck, wodurch Plasma durch die Membranen in das Gewebe gedrückt werden kann. Wasseransammlungen (Ödeme) in Lunge oder Gehirn sind die Folge. Durch die Sauerstoffunterversorgung nehmen Konzentration und Denkvermögen ab.

Während der britischen Expedition 1982 zum gesamten Nordostgrat erlitt Dick Renshaw in 8100 Meter Höhe einen leichten Schlaganfall. Wenig später kehrten Peter Boardman und Joe Tasker von einem weiteren Vorstoß nicht mehr zurück. Eine spätere Expedition fand ihre Sitzgurte, Skistöcke und Taskers Kamera – Zeugen des verzweifelten Versuchs, auch noch das letzte Gewicht zu sparen, um schneller voranzukommen. Als man schließlich 1992 Boardmans Körper entdeckte, wirkte er so, als schliefe er nur. Wahrscheinlich war er an Erschöpfung gestorben.

Der Kanadier Roger Marshall versuchte 1987, wie Messner den Everest im Alleingang zu besteigen. Beim Rückzug im Hornbein-Couloir stürzte er tödlich ab.

Als die Tschechen Josef Just, Dusan Becik, Peter Bosik und Jaroslav Jasko 1988 die Südwestwand im Alpinstil angingen, sprach schon ihre Ausrüstung Bände: zwei Schlafsäcke für vier, ein Innenzelt, zwei Seile, vier Eispickel und zwei Eishämmer, Kameras, Funkgerät, ein Kocher, Gas und Verpflegung für drei Tage. Am ersten Tag durchstiegen sie zwar das gesamte Zentralcouloir, doch sie brauchten fast den gesamten zweiten Tag, um das anschließende Felsband zu überwinden (zu Details der Route siehe ab Seite 212). Am dritten Tag fühlte sich Becik krank, und die vier kamen nur bis unter den Südgipfel. Just stieg am nächsten Tag zum Hauptgipfel. Um 4 Uhr funkte er vom Südostgrat, dass er wieder bei den anderen sei, Jasko jedoch lethargisch wäre und nicht absteigen wolle. Um 5.30 Uhr waren sie noch immer auf 8300 Metern, der Abstieg zog sich in die Länge, alle litten unter Höhenkrankheit und Sehstörungen. Wenig später erreichte eine amerikanische Gruppe den Südsattel. Sie konnten die gesamte Route zum Südgipfel überblicken – doch dort war niemand mehr. Vermutlich waren die Tschechen in ihrem geschwächten Zustand abgestürzt oder vom aufziehenden Sturm vom Grat gefegt worden. Sie waren nicht die Letzten, die den neuen Pioniergeist mit dem Leben bezahlen sollten.

Bis zum April 2002 haben 85 Bergsteiger den Everest-Gipfel ohne zusätzlichen Sauerstoff erreicht (107 Besteigungen), weniger als ein Zehntel aller Besteiger. Acht von ihnen haben den Abstieg nicht überlebt. Die meisten von ihnen sind nicht wie Messner oder die Australier einer neuen Route gefolgt, sondern waren auf einem Weg unterwegs, der bereits zuvor mit Seilen, einer getretenen Spur und Hochlagern präpariert worden war. Dies soll jedoch nicht über die außergewöhnliche körperliche Leistung hinwegtäuschen, die eine Besteigung ohne Flaschensauerstoff in jedem Fall darstellt – es soll nur auf die notwendige Differenzierung bei der Bewertung dieser Leistungen und des dabei aufgenommenen Risikos hinweisen.

EVEREST-EXPRESS

Den höchsten Berg der Welt als Zweitagestour? Wenn es einen Beleg dafür brauchte, wie sehr die Nordwand für schnelle Besteigungen im modernen Stil geeignet war, so erfolgte er 1986.

Die Schweizer Erhard Loretan und Jean Troillet hatten vor dem Mount Everest bereits den K2, den zweithöchsten Berg der Welt, und den Dhaulagiri in kürzester Zeit im Alpinstil bestiegen, Letzteren sogar im Winter. Dabei kletterten sie bisweilen bei Nacht, um die wärmeren Stunden des Tages zum Rasten zu nutzen und somit selbst auf die Mitnahme von Schlafsäcken verzichten zu können.

Um ihren Stil auch am Everest umzusetzen, wählten sie die direkteste Linie durch die Nordwand – die Japanerroute zum Hornbein-Couloir. Am Ende des Monsuns hatte sich der Schnee so weit verfestigt, dass sie das Risiko für vertretbar hielten und den Lawinentrichter der Rinne in voller Länge begehen konnten.

Loretan und Troillet begannen ihren Sprint am 28. August. Nach ausgedehntem «Mittagsschlaf» verließen sie ihr Lager am Haupt-Rongbukgletscher und stiegen um 11 Uhr nachts in die Wand ein. Im Schein ihrer Stirnlampen gewannen sie schnell an Höhe und hatten nach zehn Stunden bereits zwei Drittel der 2500 Meter hohen Flanke unter sich. Mit von der Partie war noch der Franzose Pierre Béghin, der jedoch wenig später wegen Problemen mit der Höhe aufgab. Auf knapp 8000 Metern gruben sie eine Schneehöhle und rasteten bis um 9 Uhr abends. Dann setzten sie den Aufstieg fort. «Wir steigen weiter und wechseln uns im Spuren ab: Der verkrustete Schnee saugt unsere Kräfte wie Löschpapier auf. [. . .] Wir sind zwei Lichtpunkte, zwei an einem Mammutbaum hängende Glühwürmchen.»

Im engen, gewundenen Hornbein-Couloir hatten die beiden Probleme, den richtigen Weg zu finden. Sie warteten auf das Licht des aufgehenden Mondes, bevor sie endlich eine Route zur Gipfelpyramide ausmachen konnten. «Der Schnee ist so tief, dass wir bis zur Hüfte einbrechen. Wir kommen kaum voran. Für die letzten 400 Meter brauchen wir zehn Stunden. [. . .] Unsere Methode? Einer von uns legt seinen Rucksack ab und wühlt sich zehn Meter höher; dann steigt er zurück, zieht den Rucksack wieder an und lässt den anderen arbeiten. Und so weiter.»

Everest light:
Erhard Loretan und
Jean Troillet im
mittleren Teil der
Everest-Nordwand
(oben) und wäh-
rend der Rast in
der Schneehöhle
(unten).

Um 14 Uhr, knapp vierzig Stunden nach ihrem Aufbruch, waren Loretan und Troillet auf dem Everest-Gipfel. Eineinhalb Stunden blieben sie bei schönem Wetter und Windstille oben, bevor sie den Abstieg antraten. Und der war kaum weniger unkonventionell als ihr Aufstieg: «Das durchschnittlich 50 Grad geneigte Hornbein-Couloir eignet sich sehr gut zum Abrutschen. Wir setzen uns auf den Schnee und treten unsere Rutschpartie auf dem Hosenboden an.» Nach ganzen dreieinhalb Stunden waren sie wieder zurück am Wandfuß!

In der alpinen Szene und unter Medizinern stieß diese außergewöhnliche Leistung auf ungläubiges Staunen. Man fragte Loretan und Troillet sogar, ob sie gedopt gewesen seien. Doch Loretan hatte eine ganz einfache Erklärung parat: «Etwas Wille genügt!»

Der Amerikaner Marc Twight und der Kanadier Barry Blanchard versuchten 1988 eine ähnliche Leistung wie die von Loretan und Troillet zu vollbringen. Zur Steigerung hatten sie sich als Route das damals noch unbegangene Couloir zwischen Nord- und Nordostgrat vorgenommen. Auch wollten sie in den drei Tagen, die sie für die Besteigung ansetzten, gänzlich auf Schlaf verzichten, da während des Schlafes der Körper anfälliger für höhenbedingte Krankheiten ist.

Bei ihrem dritten Versuch schien die Rechnung tatsächlich aufzugehen, und nach einem nächtlichen Start vom Vorgeschobenen Basislager waren Twight und Blanchard am späten Nachmittag bereits mehr als 8000 Meter hoch. Dann zeigte Blanchard erste Symptome eines Hirnödems: «Ich war am Klettern und sah diese Hände in ihren Handschuhen, wie sie die Griffe packten. Aber diese Hände hatten nichts mit mir zu tun. Es war, als säße ich in der ersten Reihe eines Kinos und dies wären die Hände eines Schauspielers im Film.»

Wenig später setzten rasende Kopfschmerzen ein, und er und Twight querten schleunigst hinüber zum Nordgrat. Auf dem Nordsattel halfen ihnen Amerikaner mit Sauerstoff, und im Vorgeschobenen Basislager steckten sie Blanchard in einen Gamowsack, eine aufblasbare Druckkammer, mit der sich eine geringere Höhe simulieren lässt. Blanchard erholte sich wieder.

Beide Bergsteiger unternahmen noch einen Versuch an Messners Route. Doch auf 8200 Metern wurde die Müdigkeit übermächtig. Blanchard bedauerte die Entscheidung zum Rückzug nicht: «Zu viele Leute haben den Everest-Gipfel zu wichtig genommen, ihn über alles andere gestellt. Sie sind hinaufgekommen, schliefen im Abstieg ein und standen nicht mehr auf.»

«ANDERE, WENIGER WEISE MÄNNER . . .»

Mit ihren technisch schwierigen Felspfeilern und zerklüfteten Hängegletschern stellt die Ostwand des Mount Everest eine ganz andere Herausforderung als die Nordwand dar. Vor 1988 war die Wand erst einmal durchstiegen worden, von einer Großexpedition und unter massivem Materialeinsatz (siehe ab Seite 220). Der Gedanke, einem kleinen Team könnte ein Durchstieg durch diesen Hexenkessel gelingen, erinnerte an George Mallorys Ausspruch beim ersten Anblick der Wand: «Andere, weniger weise Männer mögen sie vielleicht probieren [. . .].»

Hochseilakt über dem Kangshung- gletscher: Ed Webster an der Seilbrücke über die Riesenspalte am «Neverest Buttress» der Everest-Ostwand.

Diese «anderen, weniger weisen Männer» waren die Amerikaner Robert Anderson und Ed Webster, der Kanadier Paul Teare und Stephen Venables aus Großbritannien. Anderson hatte links der amerikanischen Route von 1983 eine weitere Anstiegsmöglichkeit entdeckt. Dort war der anfängliche Felspfeiler weniger hoch, und der darüber liegende Hängegletscher führte direkt in den Südsattel. Von dort aus sollte die letzte Etappe über den Weg der Erstbesteiger, den Südostgrat, zum Gipfel führen.

John Hunt, der Leiter von 1953, kommentierte die Pläne seines Lands- mannes Venables mit klassischem Understatement: «Nun, soweit ich das sehe, versuchen sie einen sehr sportlichen neuen Zustieg zum Südsattel.» Andere, wie der amerikanische K2-Veteran Charles Houston, hatten für das Unternehmen weniger milde Worte übrig: «Die Kangshungwand! Vier Leute! Ihr seid verrückt! Sucht euch einen kleineren Berg!»

Allen Unkenrufen zum Trotz legte die Expedition einen Blitzstart hin. Binnen einer Woche hatten sie in äußerst steiler, kombinierter Kletterei den Pfeiler überwunden und waren auf dem untersten Ende des Hängegletschers angelangt. Dieser zog zunächst als Kolonne von Eiswülsten empor, nach deren Form die Bergsteiger den Abschnitt «Cauliflower Ridge» – Blumen- kohlgrat – nannten. «Es gab einen Ausweg aus dem Unmöglichen, durch die Eistürme – wenn auch nur knapp. Und wenn alles schief geht, tu halt so, als wären 25 Meter überhängendes Eis auf 6500 Metern ein ganz normaler Teil des Spiels (auch als Websters Wand bekannt).»

Als sie den letzten «Blumenkohl» überkletterten, stellten sie zu ihrer Überraschung fest, dass eine dreißig Meter tiefe und fünfzehn Meter breite Spalte den gesamten Grat vom oberen Hängegletscher abtrennte. Die ein- zige Lösung war eine abenteuerliche Seilbrücke, zu deren Errichtung sich Webster und Anderson in die Spalte abseilten und anschließend in tech- nischer Kletterei an Eisschrauben die gegenüberliegende Wand hinauf- arbeiteten.

Auf die Aufregung des Pfeilers folgte der Stumpfsinn der Schneestapferei durch das Spaltengewirr des Hängegletschers bis zu Lager II, das unter einem filigran geschwungenen Eisdach in 7450 Meter Höhe stand. Von dort aus gelangten die vier Bergsteiger am 10. Mai in vierzehnstündiger anstrengen- der Spurarbeit auf den Südsattel. «Der Südsattel begrüßte uns mit der un- gastlichsten Szenerie, die man sich vorstellen kann. Der Wind fegte mit Orkanstärke über die gefrorene Wüste aus Schnee, Eis und Fels. [...] Meine Lungen rangen um jedes kleine bisschen des lebensspendenden Sauerstoffs.»

In der Nacht zeigte Teare erste Anzeichen eines Hirnödems und stieg am nächsten Tag allein zurück bis ins Vorgeschobene Basislager. Die übrigen drei harrten weiter aus. Am Abend legte sich der Sturm.

«Weniger weise Männer» oder Akrobaten des Abgrunds? Ed Webster bezwingt in technischer Kletterei die Bergseite der Riesenspalte (rechte Seite), damit Stephen Venables anschließend einen leichteren, aber luftigen Weg über das Hindernis hat (oben).

Durch die Nacht ging es dem Südostgrat entgegen. Die Kletterei in den Schrofen und Schneeflecken der Einstiegsrinne zog sich endlos. Bleierne Müdigkeit, das Gehen wurde zur Qual – «wie ein Motor, der im ersten Gang festsaß». Mehrfach schliefen sie ein. Nach sechzehn Stunden stand Anderson auf dem Südgipfel, Webster war kurz unterhalb umgekehrt. Um sie herum nur Nebel, ein Weitergehen aussichtslos. Die beiden biwakierten ohne Schlafsäcke in einem verlassenen Zelt auf 8300 Metern.

Währenddessen war Venables, der den ganzen Tag vorausgegangen war, am Gipfelgrat angelangt. Trotz des Sauerstoffmangels balancierte er sicher die schmale Schneide entlang, überkletterte den Hillary Step und erreichte um 3.40 Uhr den Hauptgipfel. Doch dann begann das Martyrium des Abstiegs. «Schon bald kämpfte ich darum, im Triebschnee den richtigen Weg zu finden. [. . .] Einmal hielt ich auf die Südwestwand zu, dann geriet ich nach links und starrte durch meine vereiste Brille auf die tödlichen Wechten über der Kangshungwand. Ich fand den Hillary Step, seilte zu schnell ab und brach am Fuß der Stufe zusammen, panisch nach Luft ringend. Ich musste mir die Brille vom Gesicht reißen, doch den Südgipfel konnte ich immer noch nicht sehen.»

Auf Händen und Knien kriechend kam er auf der Schneekuppe an, wo er erneut erschöpft zusammenbrach. «Ich glaubte, ich würde liegen bleiben und sterben. Ich dachte mir: ‹Du hast's vergeigt, Venables. So dumm – auf den Everest steigen und dann nicht mehr runterkommen.›»

Während er sich den Grat hinabmühte, wurde er von Halluzinationen geplagt. Einmal schien ihn ein alter Mann zu begleiten, dann wieder hörte er Musik. Bei Einbruch der Dunkelheit war er auf 8500 Metern und beschloss zu biwakieren. Während der langen Nacht tauchte der Forscher Eric Shipton auf und wärmte Venables' Hände . . . Am nächsten Morgen schaffte Venables den Abstieg zum Südsattel, wo er mit den anderen zusammentraf.

Nach einer weiteren Nacht, der vierten in der Todeszone, war ein schneller Abstieg unabdingbar – doch es dauerte in ihrem völlig entkräfteten Zustand bis zum Nachmittag, bis die drei abmarschbereit waren. Einfache Tätigkeiten wie das Anziehen der Schuhe dauerten eine Stunde und mehr. In der Dämmerung stolperten sie die Hänge hinab. Anderson geriet in ein Schneebrett, und Venables' Versuch einer Abfahrt à la Loretan geriet außer Kontrolle. Zerschlagen und zerschunden kamen sie im Lager II an.

Auch am nächsten Tag gelang ihnen kein früher Aufbruch. Das Wetter war diesig, und die Sonne, die durch die Wolken schien, verwandelte die Ostwand in ein stickiges Treibhaus. Ein weiterer Abstieg bis Lager I scheiterte nach nur 150 Metern an tiefem Schnee und schlechter Sicht.

Als Anderson, Webster und Venables am Morgen des 16. Mai aus ihren Schlafsäcken krochen, wussten sie, dass dieser Tag ihre letzte Chance war, lebend vom Berg herunterzukommen. Noch eine Nacht ohne Lebensmittel in dieser Höhe, und sie würden nicht mehr die Kraft dazu haben. Webster brachte es auf den Punkt: «Wir stehen auf, gehen los – oder sterben.» Am Abend hatten sie endlich die Fixseile am oberen Ende des Pfeilers erreicht. Venables und Webster seilten als Erste ab, immer tiefer, immer mühsamer, immer langsamer. Um 4 Uhr früh taumelten sie schließlich in die Arme von Paul Teare und der Ärztin Mimi Zieman im Vorgeschobenen Basislager, die sie schon für tot gehalten hatten. Anderson hatte in der Dunkelheit die Abseilstelle über «Websters Wand» nicht gefunden und biwakierte ein letztes Mal im Freien. Um 8 Uhr abends war auch er unten.

Zwar hatten Anderson, Venables und vor allem Webster Erfrierungen erlitten – doch alle waren am Leben. Sie nannten ihre neue Route «Neverest Buttress» – den Pfeiler, an dem sie niemals rasteten. Reinhold Messner, der zehn Jahre zuvor die Dekade der neuen Pioniere am Mount Everest eingeläutet hatte, fand die passenden Worte für die vier Durchsteiger der Kangshungwand: «Ihr hattet großes Glück. Doch vom Stil her war es die beste Besteigung des Everest – das pure Abenteuer.»

Glücklich, dem Schrecken entronnen zu sein: Ed Webster (links), Stephen Venables (Mitte) und Robert Anderson (rechts) mit der Ärztin Mimi Zieman nach der viertägigen Kangshung-Odyssee.

KAPITEL 12

«IN EISIGE HÖHEN»

«Die Frage ist nicht: ‹Sind kommerzielle Expeditionen gut oder schlecht?›, sondern vielmehr: ‹Was sind gute und was schlechte kommerzielle Expeditionen?›»

Aus einem Leserbrief an die Zeitschrift
«High Mountain Sports»

Von Kommerz, Katastrophen und Krakauer

Sie haben also Abenteuerlust! Vielleicht träumen Sie davon, die sieben Kontinente zu bereisen oder auf dem Gipfel eines riesigen Berges zu stehen? Die meisten Menschen trauen sich ihr Leben lang nicht, ihren Träumen zu folgen, und nur selten wagen sie es, sich ihre größten Sehnsüchte einzugestehen und sie mit anderen zu teilen. Wir haben es uns zur besonderen Aufgabe gemacht, Bergabenteuer zu organisieren und zu leiten. Wir sind Fachleute darin, Ihre Träume Wirklichkeit werden zu lassen, und arbeiten mit Ihnen gemeinsam daran, dass Sie Ihr Ziel erreichen. Wir werden Sie nicht einen Berg hochzerren – Sie werden hart arbeiten müssen –, aber wir können Ihnen für Ihr Abenteuer ein Maximum an Sicherheit und die größten Erfolgsaussichten garantieren. Auf jene, die es wagen, ihre Träume zu realisieren, wartet eine Erfahrung, die mit Worten nicht zu beschreiben ist. Wir laden Sie ein, mit uns Ihren Berg zu besteigen.»

(aus der Werbebroschüre des Neuseeländers Rob Hall)

Während Mitte der Achtzigerjahre am Mount Everest noch Bergsteigergeschichte geschrieben wurde, begann sich gleichzeitig am selben Berg eine neue Strömung des Himalaja-Bergsteigens auszubilden. Der amerikanische Millionär Dick Bass engagierte 1985 den Bergsteiger David Breashears, um ihn auf den Everest zu führen. Es war Bass' letzter Schritt bei der ersten Besteigung der «Seven Summits», der höchsten Gipfel aller Kontinente – und der erste Schritt, die Besteigung des höchsten Berges der Welt zu einer buchbaren Pauschalreise zu machen.

Bass war zu dem Zeitpunkt 55 Jahre alt, und sein Beispiel schien den Eindruck zu vermitteln, dass der Gipfel der Welt nun auch für Durchschnittsbergsteiger zu erreichen war – das nötige Kleingeld vorausgesetzt. Was daraufhin folgte, ließe sich fast als Renaissance des «Eroberungsalpinismus» der Fünfziger- und Sechzigerjahre bezeichnen. Nun war wieder der Gipfel das einzige Ziel, wenngleich die Aspiranten sich verändert hatten: Es waren weniger Elitebergsteiger als reiche Abenteurer, die sich mit dem Everest einen Lebenstraum erfüllen wollten oder einfach nur den «ultimativen Kick» suchten. Dann gab es noch die kleineren Nationen ohne Bergsteigertradition, die nun mit Hilfe erfahrener Organisatoren eine Chance sahen, einen ihrer Landsleute auf den Gipfel der Welt zu bringen.

Teilnehmer einer kommerziellen Expedition im Khumbu-Eisbruch.

Vorangehende Doppelseite: Everest 2001 – Massenansturm auf den Nordsattel.

Heutige Everest-Realität: Schlange-stehen am Süd-ostgrat.

Das Tourismusgeschäft um den Mount Everest boomte. Für die Teilnahme an einer Everest-Expedition verlangten die Veranstalter pro Teilnehmer bis zu 65 000 US-Dollar – und trotz dieser Unsummen stieg die Anzahl der Expeditionen von Jahr zu Jahr. Zum vierzigjährigen Jubiläum der Erstbesteigung, 1993, versammelten sich fünfzehn Teams mit insgesamt 294 Teilnehmern im nepalesischen Basislager, und ein Jahr zuvor standen an einem einzigen Tag 32 Bergsteiger auf dem Gipfel. Berichte und Bilder vom Schlangestehen am Hillary Step sorgten für Schlagzeilen. Hillary selbst war entsetzt, man sprach vom «Ausverkauf des Berges», und sachkundige Beobachter prophezeiten, dass es bei solch einem Massenauflauf in der Todeszone nur eine Frage der Zeit sei, bis sich eine größere Katastrophe ereignen würde.

Sie kam im Mai 1996.

Die Tragödie 1996 – ein Musterbeispiel?

Insgesamt elf Expeditionen hatten sich im Vormonsun auf der Südseite eingefunden. In ihrer Erfahrung variierten sie zwischen Taiwanesen, denen zum Teil selbst der einfache Umgang mit Steigeisen und Eispickel fremd war, bis hin zur IMAX-Filmexpedition unter Leitung des Kameramanns und Everest-Besteigers David Breashears, der so versierte Höhenbergsteiger wie der Amerikaner Ed Viesturs oder der Österreicher Robert Schauer angehörten.

Die zahlenmäßig stärksten Teams waren zwei kommerzielle Expeditionen unter der Leitung des Neuseeländers Rob Hall und des Amerikaners Scott Fischer. Hall war zu diesem Zeitpunkt der erfolgreichste Leiter kommerzieller Everest-Expeditionen: Bei vier Unternehmungen hatte er insgesamt 39 Klienten sicher auf den Gipfel und wieder zurück geführt. Hall unterstützten zwei Bergführer, Mike Groom aus Australien und der Neuseeländer Andy Harris, ein Everest-Neuling. Ihre Gruppe umfasste acht Bergsteiger, unter ihnen die Amerikaner Doug Hansen und Beck Weathers, der Journalist Jon Krakauer und die Japanerin Yasuko Namba. Krakauer war ein versierter Bergsteiger, während die Erfahrung der anderen eher durchschnittlich war.

Für Fischer war es die erste kommerzielle Expedition, die er leitete, wenngleich er zuvor schon einmal auf dem Everest gestanden hatte. Dafür war seine Gruppe, ebenfalls acht Bergsteiger, erfahrener und beinhaltete zudem so illustre Namen wie die New Yorker Millionärin Sandy Pittman – ein sicherlich nicht unerheblicher Bonus für das Image von Fischers Agentur. Ein weiterer Star war der russische Bergführer Anatoli Boukreev, ein äußerst starker und erfahrener Höhenbergsteiger mit zwei Everest-Besteigungen und sechs weiteren Achttausendern auf seinem Konto.

Beide Teams brachen am 9. Mai kurz vor Mitternacht vom Südsattel zum Gipfel auf. Die anderen Expeditionen hatten versprochen, in dieser Zeit keinen Versuch zu unternehmen, was die Taiwanesen jedoch ignorierten.

Von Anfang an kam es zu Verzögerungen. Es war geplant gewesen, dass die beiden leitenden Sherpas, Ang Dorje und Lobsang Jangbu, vor den Bergsteigern aufbrechen sollten, um an den schwierigsten Stellen am Grat Fixseile anzubringen. Stattdessen agierte Lobsang als «Privatführer» für Pittman – auf wessen Initiative hin, blieb unklar. Außerdem beschloss er, ohne Flaschensauerstoff zu gehen, ebenso wie Boukreev – ein für einen Bergführer nicht gerade verantwortungsvolles Verhalten, für das ihn Krakauer später heftigst kritisierte.

Als Erste erreichten Ang Dorje und Krakauer den «Balkon», die Schulter am Südostgrat auf knapp 8500 Metern. Aber Hall hatte Krakauer untersagt,

die Route weiter voranzutreiben, damit sich die Gruppe nicht zu weit auseinander zöge. Und Ang Dorje weigerte sich, die Arbeit allein zu machen.
Erst nach einer Stunde traf Neal Beidleman, Fischers zweiter Bergführer, zur
Unterstützung ein. Drei von Halls Klienten entschlossen sich an dieser Stelle
auf Grund des Zeitverlustes zur Umkehr.

Am Südgipfel, den Krakauer, Harris, Beidleman und Boukreev gegen
11 Uhr erreichten, wiederholte sich das Spiel. Ohne zusätzliche Unterstützung weigerten sich Ang Dorje und sein Kollege Ngawang Norbu, den
ausgesetzten Gipfelgrat abzusichern, so dass am Ende die Bergführer das
Heft in die Hand nahmen. Da war bereits eine weitere Stunde verstrichen.

Boukreev, Krakauer und Harris gelangten als Erste um kurz nach 1 Uhr
mittags auf den Gipfel, gefolgt von Beidleman und zwei Klienten Fischers.
Beim Abstieg herrschte «Verkehrsstau» am Hillary Step: Ein Pulk von acht
Kletterern arbeitete sich mühsam die steile Passage hinauf, andere warteten
unterhalb. Die letzten waren Hall, Namba, Hansen und schließlich ein völlig ausgelaugter Scott Fischer.

In der Zwischenzeit war von Süden her eine Schlechtwetterfront auf-
gezogen. Wolken begannen den Berg einzuhüllen. Während Harris am Südgipfel zurückblieb, um den Rückweg von Hall und den anderen abzusichern,
stiegen Boukreev und Krakauer weiter ab. Je tiefer sie kamen, desto schlim-
mer wurde der Sturm. Als Krakauer gegen 4 Uhr wieder am «Balkon» angelangt war, traf er dort auf Beck Weathers. Dieser hatte wegen Augenproble-
men seinen Aufstieg abgebrochen und wartete nun seit Stunden auf die
Rückkehr seines Führers Hall. Krakauers Angebot, ihn hinabzugeleiten,
schlug Weathers aus.

Hall hatte zusammen mit Groom und Namba gegen 2.30 Uhr den Gipfel
erreicht. Dort wartete Beidleman auf die Ankunft der letzten Klienten
Fischers. Erst nach 3 Uhr konnte sich die Gruppe endlich an den Abstieg
machen. Zurück blieben Lobsang und Hall, die bis zur Ankunft von Fischer
und Hansen, Halls letztem Teilnehmer, ausharren wollten. Fischer traf nicht
vor 3.30 Uhr ein, gemeinsam mit dem Taiwanesen Makalu Gau und zwei
Sherpas; Hansen sogar erst um 4 Uhr. Die beiden Expeditionsleiter hatten
ihre eigene, den Klienten stets eingeschärfte Umkehrzeit um volle zwei
Stunden überschritten.

Im Abstieg ging Hansen noch oberhalb der Hillary-Stufe der Sauerstoff
aus, und er brach zusammen. Hall funkte um Hilfe. Der am Südgipfel
wartende Harris litt bereits unter der Höhe und glaubte anfangs, alle
Sauerstoffflaschen im dortigen Depot seien leer. Als er seinen Fehler einsah,
bat er den absteigenden Lobsang eindringlich, ihm beim Transport der
Flaschen zu helfen. Doch Lobsang musste seiner eigenen Gruppe und

Jon Krakauer

Rechte Seite:
«Verkehrsstau»
am Hillary Step,
10. Mai 1996.

besonders Fischer zu Hilfe kommen. So machte sich Harris allein auf den Weg und schleppte sich mühsam den Grat empor, Hall und Hansen entgegen.

Währenddessen kämpften sich die anderen im tosenden Sturm abwärts. Beidleman kümmerte sich um die total erschöpften Pittman und Namba, Groom führte den fast blinden Weathers. Gegen 8 Uhr abends erreichten sie den Südsattel. Die Sicht betrug nur wenige Meter, und während der nächsten zwei Stunden suchten sie verzweifelt die Zelte von Lager IV. Aus Furcht, in den nahen Abgrund der Ostwand zu stürzen, kauerten sie sich schließlich in den notdürftigen Schutz eines Felsens und warteten. Weiter oben hatten die Sherpas Makalu Gau und Scott Fischer zurücklassen müssen, bevor sie sich mit letzter Kraft ins Lager durchschlugen.

Von Lager IV aus versuchte Stuart Hutchinson, ein Klient aus Halls Gruppe, nach den Vermissten zu suchen – doch der Sturmwind trieb ihn immer wieder zurück. Auch Boukreev versuchte es, zunächst erfolglos. Gegen Mitternacht riss der Himmel über dem Südsattel kurzzeitig auf, so dass sich Beidlemans Gruppe orientieren konnte. Vier von ihnen waren bereits so geschwächt und unterkühlt, dass sie nicht mehr gehen konnten. Tim Madsen blieb bei ihnen, während Beidleman, Groom, Klev Schoening und die Dänin Lene Gammelgaard es bis zu den Zelten schafften und die dortigen Bergsteiger alarmierten.

Allein überquerte Boukreev daraufhin im Orkan den Südsattel und brachte nacheinander Pittman, Madsen und dessen Freundin Charlotte Fox in Sicherheit. Doch für Namba und Weathers kam jede Rettung zu spät. Niemand wusste, wie es zu dieser Zeit um Fischer und Gau bestellt war – und am Gipfelgrat kämpften Hall und Harris um das Leben ihres Klienten Hansen und ihr eigenes.

Was sich in dieser Nacht vom 10. auf den 11. Mai dort oben genau abgespielt hat, wird man wohl nie rekonstruieren können. Gegen 6 Uhr abends hatte man vom Basislager aus Funkkontakt mit Hall und forderte ihn auf, Hansen zurückzulassen und sich in Sicherheit zu bringen. Um 2.45 Uhr nachts muss Hall dann unbemerkt sein Funkgerät betätigt haben, denn man hörte unten das Brüllen des Windes und dazwischen Halls Stimme: «Beweg dich! Geh weiter!» Scheinbar waren er und Harris noch immer am Grat zwischen Hillary Step und Südgipfel und versuchten verzweifelt, Hansen voranzutreiben. Um 4.45 Uhr morgens meldete sich Hall vom Südgipfel und erwähnte, dass Harris während der Nacht bei ihm gewesen sei, jetzt aber

Vorangehende
Doppelseite:
Gipfelfreuden am
Mount Everest 2001
– Platzkarten für
den höchsten
Punkt der Welt.

fehle. Als Hall nach Hansen gefragt wurde, antwortete er: «Doug ist weg.» Man fand später Hansens Eispickel am schmalsten Gratabschnitt oberhalb des Südgipfels, von wo aus er vermutlich über die Südwestwand abgestürzt war. Auch von Harris entdeckte man nur noch den Eispickel am Südgipfel, ansonsten fehlte jede Spur von ihm.

Am Morgen des 11. Mai drangen drei Sherpas bis zu Gau und Fischer vor. Gau schaffte mit ihrer Hilfe den restlichen Abstieg ins Lager. Fischer hingegen lag schon im Koma.

Zur gleichen Zeit versuchten zwei weitere Sherpas mit Tee und Sauerstoff zu Hall am Südgipfel aufzusteigen. Doch ihre heroischen Anstrengungen waren vergebens. Wegen des anhaltenden Sturms und der enormen Kälte mussten sie am Nachmittag etwa 200 Meter unterhalb ihres Ziels umkehren. Um 6.20 Uhr abends stellte man Hall per Funk und Satellitentelefon zu seiner schwangeren Frau in Neuseeland durch. Sie versuchte, ihn aufzumuntern. «Schlaf gut, mein Liebes», sagte er. «Bitte mach dir nicht zu viele Sorgen.» Es war das Letzte, was man von ihm hörte.

Indes bereiteten sich die Überlebenden langsam auf den Abstieg vor. Hutchinson schaute nochmals nach Namba und Weathers. Schockiert musste er feststellen, dass beide noch atmeten – aber er konnte nichts mehr für sie tun. Boukreev war ebenso hilflos, als er am Abend nochmals zu Fischer aufstieg und nur noch dessen Tod feststellen konnte.

Im Lauf des Tages trafen Bergsteiger anderer Expeditionen auf dem Südsattel ein, um Hilfe zu leisten. Als zwei von ihnen, Pete Athans und Todd Burleson, gegen 16.30 Uhr nochmals vor ihre Zelte traten, bemerkten sie plötzlich, dass ihnen eine Gestalt mit von Erfrierungen entstellten Gliedmaßen entgegenwankte. Es war Beck Weathers, dessen letzte Lebensenergie noch einmal aufgeflammt war.

Am nächsten Tag brachte man ihn mit Hilfe des IMAX-Filmteams hinab in den Western Cwm, von wo aus er gemeinsam mit Makalu Gau in einer bis dahin beispiellosen Rettungsaktion per Hubschrauber ausgeflogen wurde.

Die Bilanz der Schreckenstage vom Mai 1996: fünf Tote, zwei Schwerverletzte. Darüber hinaus waren im gleichen Sturm am tibetischen Nordostgrat drei Inder ums Leben gekommen. Es war eine der größten Tragödien in der Geschichte des Mount Everest – und keine andere erregte eine derartige öffentliche Debatte. Jon Krakauers Buch über die Katastrophe, «In eisige Höhen» (im englischen Original «Into Thin Air»), schoss an die Spitze der Bestsellerlisten, und unter Experten wie Laien entbrannte eine hitzige Grundsatzdiskussion über kommerzielle Expeditionen.

Der Everest macht erneut Schlagzeilen: Titelbild der amerikanischen Illustrierten «Life» vom August 1996.

Folgende Doppelseite: Gipfelfreuden 2001, Teil 2 – keine Spur von Bergeinsamkeit.

Bei der Analyse der Faktoren, die zu dem Unglück geführt hatten, stand natürlich das Verhalten der beiden Expeditionsleiter Hall und Fischer im Brennpunkt. Warum hatten sie ihre eigene Umkehrzeit missachtet? Warum waren sie nicht bei den ersten Anzeichen von Schlechtwetter umgedreht? Warum waren sie weiter aufgestiegen, auch wenn einer von ihnen (Fischer) oder von ihren Klienten (Hansen) ganz offensichtlich an seine Grenzen gelangt war? Man konnte sie nicht mehr befragen. Aber das, was in ihr Verhalten hineininterpretiert wurde – Angst vor Gesichtsverlust gegenüber dem Konkurrenten, Erfolgszwang, Selbstüberschätzung und so weiter –, schien alle Vorurteile über kommerzielle Expeditionen, ihre Führer und die Klienten zu bestätigen. Dabei wurde allerdings häufig vergessen, dass kommerzielle Expedition nicht gleich kommerzielle Expedition ist.

KOMMERZIELLE EXPEDITIONEN
– OBJEKTIV BETRACHTET

Fragt man zehn Bergsteiger, was eine kommerzielle Expedition ist, so wird man zehn verschiedene Antworten bekommen. Der Begriff umfasst eine ganze Reihe verschiedener Typen von Expeditionen, die eines gemeinsam haben: Sie werden von einem Unternehmen organisiert, und die einzelnen Mitglieder zahlen für ihre Teilnahme.

Infolge der Diskussion über kommerzielle Expeditionen nach der Tragödie von 1996 hielt es der Internationale Bergführerverband (Union Internationale des Associations de Guides de Montagne, UIAGM) für notwendig, eine klare Terminologie für die verschiedenen Typen zu schaffen. Demnach unterscheidet man hauptsächlich zwischen professionell geleiteten und professionell geführten Expeditionen.

Bei professionell geleiteten Expeditionen übernimmt der Organisator die Logistik, während die Teilnehmer am Berg selbständig unterwegs sind. Eine solche Expeditionsstruktur soll erfahrenen Bergsteigern die Möglichkeit geben, einen Berg wie den Mount Everest zu besteigen, ohne die zeit- und finanzaufwendige Organisation selbst übernehmen zu müssen.

Demgegenüber sollen professionell geführte Expeditionen auch weniger erfahrenen Bergsteigern die Möglichkeit bieten, unter fachkundiger Leitung von Bergführern einen Achttausender anzugehen und Höhenerfahrung zu sammeln. Art und Umfang der Betreuung von Klienten kann dabei sehr unterschiedlich sein – bis hin zur individuellen Führung, das heißt ein Bergführer pro Kunde.

Die Statistik zeigt, dass die Unfallrate bei professionell geleiteten oder geführten Expeditionen keineswegs höher ist als bei anderen Unternehmen. Probleme bei kommerziellen Expeditionen ergeben sich vor allem dann, wenn sich die Organisatoren bei ihren Angeboten gegenseitig zu unterbieten versuchen und dadurch bei «Billiganbietern» durch Kostenersparnis häufig elementar wichtige Ausrüstung fehlt, wie beispielsweise ausreichend Sauerstoff, Funkgeräte oder medizinisches Notfallgerät. Ein Leser schrieb kürzlich in einem britischen Bergsteigermagazin: «Die Frage ist nicht: ‹Sind kommerzielle Expeditionen gut oder schlecht?›, sondern vielmehr: ‹Was sind gute und was schlechte kommerzielle Expeditionen?›»

Aus diesem Grund haben sich die führenden Organisatoren von kommerziellen Expeditionen zu einem Dachverband zusammengeschlossen, der International Guiding Operators 8000 (IGO 8000). Ihr Ziel ist es, einen allgemein gültigen Standard für die Organisation und Durchführung kommerzieller Expeditionen zu schaffen. Er umfasst eine bestimmte Mindesterfahrung von Leiter, Bergführer und Klienten, eine gesicherte Grundaus-

stattung bei der Ausrüstung, Kommunikation (Funk) und medizinischen Versorgung sowie umweltgerechtes Verhalten (Abfallentsorgung). Dieser Standard ist in Statuten festgeschrieben, denen sich die Mitglieder verpflichten. Sie müssen mindestens drei Jahre Erfahrung in der Leitung von Himalaja-Expeditionen besitzen, mindestens drei erfolgreiche Expeditionen zu einem Achttausender durchgeführt haben, und der Leiter der Organisation muss mindestens einmal selbst 8000 Meter erreicht haben. Bei Drucklegung dieses Buchs umfasste IGO 8000 neun Mitglieder aus den USA, Großbritannien, Neuseeland, Frankreich, Deutschland und der Schweiz.

KOMMERZIELLE EXPEDITIONEN
– PERSÖNLICH BETRACHTET

Ich hatte bislang zweimal das Glück, den Mount Everest im Rahmen von professionell geleiteten oder geführten Expeditionen zu besuchen, so dass ich mir selbst ein Bild von der dortigen Atmosphäre machen konnte. Ich schreibe bewusst «Glück», denn beide Expeditionen waren eindrucksvolle Erlebnisse. Und ich begegnete auf ihnen vielen anderen, die genauso fühlten. Leute, die einfach nur Freude an ihrem eigenen, ganz persönlichen Everest-Erlebnis hatten – ob dies nun ein Besuch im Basislager oder eine Gipfelbesteigung war.

«Der Everest ist keine Privatangelegenheit, er gehört vielen Menschen» – das hatte bereits 1965 Tom Hornbein erkannt. Durch die kommerziellen Expeditionen und die ihnen angeschlossenen Trekking- und Bergtouren (etwa bis zu einem bestimmten Hochlager) haben viel mehr Personen mit ganz unterschiedlichen Ambitionen Zugang zum Everest bekommen.

Muss dies ein Nachteil sein? Wer bestimmt denn, wer zum Everest darf und wer nicht? Die Elitebergsteiger, die einerseits von «ihrem Everest» sprechen, andererseits aber mit ihren Büchern, Berichten und Bildern nicht unerheblich zur Faszination des Berges beigetragen haben? Einer von ihnen schrieb erfreulich selbstkritisch: «Wer auf einen Achttausender steigt, muss damit rechnen, dass ihm andere folgen. Etwas anderes zu hoffen ist Augenwischerei. Den rücksichtsvollen Umgang mit der Natur anzumahnen ist eine Sache. Sich aber hinzustellen und mit dem Anspruch, ‹es genügt, wenn ich auf dem Everest gewesen bin›, andere Bergsteiger fern halten zu wollen, ist der falsche Ansatz.»

Und selbst die viel zitierte Problematik des Expeditionsmülls muss relativiert werden. Die Abfallentsorgung am Berg hat sich erheblich verbessert, nicht zuletzt seitdem Sherpas einen Bonus für jede zusätzlich hinuntergebrachte leere Sauerstoffflasche erhalten. Die von den Kritikern oft herangezogenen Bilder der «höchsten Müllkippe der Welt» auf dem Südsattel

stammen häufig vom Beginn der Neunzigerjahre und stimmen mit den heutigen Zuständen nicht mehr überein. Jüngsten Berichten zufolge sollen inzwischen so gut wie alle alten Sauerstoffflaschen von dort oben verschwunden sein. Wenn das bestehende System ausgeweitet und konsequent beibehalten wird, sollte sich der Berg laut Schätzungen binnen eines Jahrzehnts auch vom übrigen Müll säubern lassen.

Aber es gab auch negative Eindrücke: Bisweilen war es schon erstaunlich, mit welcher Naivität und Selbstüberschätzung manche den Berg angingen, und welche unrealistischen Erwartungen sie dabei an die Bergführer stellten. Mir kommt das Beispiel einer Französin in den Sinn, die sich vorwurfsvoll bei unseren Bergführern beschwerte, warum sie noch nicht die Route präpariert hätten, damit ihre Gruppe (eine ganz andere Expedition!) zum Gipfel gehen könne.

Welche Erfahrung braucht ein Klient für eine Everest-Besteigung?

Die Frage lässt sich nur schwer eindeutig beantworten, und bei jeder Antwort bewegt man sich zwischen Realismus, Vorsicht und Unverantwortlichkeit. Zwar ist es mit entsprechender Unterstützung und unter sehr guten Verhältnissen auch schon bergsteigerischen Novizen gelungen, den Everest zu besteigen. Doch dies darf nicht zu Unterschätzung des Berges führen, denn an ihm scheitern nach wie vor auch erfahrene Bergsteiger.

Die wesentlichen Schwierigkeiten des Mount Everest liegen in seiner Höhe und den Wetterbedingungen. Vorherige Höhenerfahrung ist daher angebracht, ebenso wie Erfahrung im «Schlechtwetterbergsteigen», das heißt an für Kälte, Schnee und Stürme bekannten Bergen wie etwa dem Mount McKinley in Alaska. Ein Anbieter von Everest-Expeditionen verlangt als Teilnahmebedingung die vorherige Besteigung eines Achttausenders – sicherlich eine sinnvolle und hilfreiche Voraussetzung.

Auch sollten dem Anwärter die wesentlichen Unterschiede zwischen den beiden Normalrouten des Mount Everest bekannt sein. Der nepalesische Anstieg von Süden hat zu Beginn zwar den objektiv gefährlichen Khumbu-Eisfall, doch die Gipfeletappe am Südostgrat ist bis auf das letzte ausgesetzte Stück mit dem Hillary Step relativ leicht. Demgegenüber hat die Route von Tibet über den Nord- und Nordostgrat die Hauptschwierigkeiten am Ende: brüchige und ausgesetzte Felskletterei an den beiden Stufen sowie komplizierte Wegführung. Zudem liegt das letzte Lager auf der Nordseite rund 300 Meter höher als auf der Südseite, so dass die Bergsteiger gezwungen sind, eine viel längere Zeit in der Todeszone zu verbringen.

Die Schizophrenie, ein spektakuläres Abenteuer (oder das, was danach aussieht) auf eine möglichst erleichterte und abgesicherte Weise erleben zu wollen, beschränkt sich bei weitem nicht nur auf Everest-Besteigungen. Man wälzt wesentliche bergsteigerische Grundprinzipien wie Verantwortung und Initiative auf den Bergführer oder Reiseleiter ab – und wenn dieser seine Arbeit nicht erledigt, das heißt den Klienten nicht auf den ersehnten Gipfel bringt, verklagt man ihn halt . . . Alles schon vorgekommen! Dabei hat gerade die Tragödie von 1996 gezeigt, dass an einem Berg wie dem Mount Everest ein Bergführer nur begrenzt führen und Sicherheiten garantieren kann. Bricht in der Todeszone die Hölle los, ist selbst ein versierter Bergführer mitunter genauso hilflos wie sein Klient. Manch einem der heutigen Everest-Aspiranten täte ein wenig mehr Demut und Respekt vor dem Berg durchaus gut.

Kann es hier zu einem Umdenken kommen? Weg vom Konsumverhalten mit der Tendenz, das Ziel nur in absoluten Werten wie dem höchsten Gipfel, der schnellsten Besteigung und so weiter zu sehen? Dabei kommt auch den Berichterstattern eine wichtige Aufgabe zu: den Laien dafür zu sensibilisieren, dass Gipfelbesteigung nicht gleich Gipfelbesteigung ist.

Zweifelsohne ist auch eine Besteigung des Mount Everest mit einem Bergführer, mit zusätzlichem Sauerstoff und über einen fixseilversicherten Normalweg für die Teilnehmer einer kommerziellen Expedition eine große persönliche Leistung. Auch hat niemand das Recht, ihnen die Möglichkeit eines solchen Erlebnisses zu verbieten. Aber bei der öffentlichen Einschätzung und Bewertung dieser Besteigung sollte bewusst werden, dass zwischen ihr und einer Besteigung im Alpinstil ohne Flaschensauerstoff Welten liegen.

Kommerzielle Expeditionen sind eine andere Form des Bergsteigens. Aber sie existieren, und keine noch so massive Verdammung wird sie verschwinden lassen. Der einzige Umgang mit ihnen ist die konstruktive Auseinandersetzung mit ihren Vor- und Nachteilen. Wenn dies geschieht, kann in kommerziellen Expeditionen auch eine Chance liegen – die Chance, Klienten unter sachkundiger Leitung dem Everest anzunähern, ihnen die Möglichkeit zum Sammeln von Erfahrungen zu geben und darüber ein besseres Verständnis für die Faszination und Geschichte des höchsten Berges der Welt zu fördern.

KAPITEL 13

DIE HÖCHSTE BÜHNE DER WELT

«Eine atemberaubende Reise zum Gipfel der Welt!
Werden Sie Zeuge von Kälte, die die Haut gefrieren lässt;
von gewaltigen Stürmen, die die Temperatur
auf minus 100 Grad fallen lassen; und von Luft, die so
dünn ist, dass sie das Gehirn betäubt.»

Aus einer Werbung für den IMAX-Film
«Everest, Berg ohne Gnade»

Der Everest als Film-
und Theaterstar

Drohend rücken die Wände von Everest und Nuptse auf der überdimensionalen IMAX-Leinwand zusammen. Fast scheint es, als
wollten sie den Betrachter erdrücken oder gegen einen der Eisgrate schmet-
tern. Doch im letzten Moment zieht das fliegende Auge des Kameramanns
über den Kamm hinweg, unter ihm öffnet sich der Western Cwm, so als
würde einem der Boden unter den Füßen weggezogen – und die Kinozu-
schauer kreischen . . .

Seit dem ersten Versuch am Mount Everest 1922 haben nur wenige
Expeditionen ihre Anstrengungen nicht filmerisch zu dokumentieren versucht. In vielen Fällen war ein Filmvertrag zur Finanzierung des Unter-
nehmens geradezu unerlässlich. So gibt es aus achtzig Jahren Everest-Geschichte Hunderte von Film- und Fernsehproduktionen, ganz zu schweigen
von unzähligen Amateurfilmen, ungeschnittenem Archivmaterial, Interviews und vielem mehr, was in öffentlichen und privaten Sammlungen
schlummert. Eine vollständige Erfassung des gesamten Filmmaterials zum
Thema Everest dürfte wohl niemals möglich sein.

«Der heilige St. Noel der Kameras»

Der erste unter den Filmemachern am Everest war Captain John Noel, der
die britischen Expeditionen 1922 und 1924 begleitete. Seine Kamera, eine
35-Millimeter-Newton-Sinclair, war eine Spezialanfertigung. Alle bewegli-
chen Teile waren diamant- oder kugelgelagert, da Öl in der Kälte zähflüssig
geworden wäre. Ausgestattet mit einem 530-Millimeter-Teleobjektiv und
geladen mit 120 Meter Film wog sie etwa neun Kilogramm. Auf der ersten
Expedition trug Noel die Kamera bis auf den Nordsattel (7066 m) und entwickelte seine Filme in einem speziellen Dunkelkammerzelt im Basislager.
Zwei Jahre später schickte er die Filme per Postläufer und Reiter in sein
eigenes Labor in Darjeeling.

Obwohl Odells berühmtes Foto von Mallory und Irvine auf dem
Nordsattel als das «letzte Bild» in die Geschichte eingegangen ist, gebührt
diese Ehre in Wahrheit John Noel. Noel saß in seinem «Adlernest» über dem
Vorgeschobenen Basislager und filmte am 7. Juni 1924 Mallory, Irvine und
ihre Träger aus über drei Kilometer Entfernung bei ihrem Weg ins höchste
Lager – winzige Punkte zwischen den Felsen und Schneeflecken in 8100

Ewige Faszination:
Kinoprospekt des
ersten Everest-Films
von 1922.

Vorangehende
Doppelseite: Den
höchsten Berg
vor der Linse.
Logenplatz hinter
der Kamera im
Everest-Basislager.

Meter Höhe. Leider verhinderten Wolken weitere Filmaufnahmen. Was wäre es für ein Ereignis gewesen, wenn Noel die letzte Sichtung von Mallory und Irvine auf Film gebannt hätte!

Noels Film der Expedition von 1922 stieß beim britischen Filmverleih auf wenig Interesse. Dennoch überzeugte Noel das Everest-Komitee davon, die Londoner Philharmonic Hall zehn Wochen lang für Vorführungen anzumieten – und die Vorstellungen waren ausverkauft! Von diesem Erfolg ermutigt, machte Noel dem Komitee das außergewöhnliche Angebot, für den damals stolzen Preis von 8000 Pfund Sterling sämtliche Film- und Fotorechte der nächsten Expedition aufzukaufen. Damit finanzierte er das Unternehmen von 1924 quasi ganz allein.

Da der Everest 1924 nicht bestiegen wurde, blieb der erhoffte kommerzielle Erfolg aus, und Noels Filmgesellschaft ging pleite. Auch verschuldete die verunglückte Werbekampagne mit tibetischen Mönchen zumindest teilweise das Verbot weiterer Expeditionen bis 1933 (siehe Seite 82).

Noels Filme liegen heute im Nationalen Filmarchiv in London. Das Interesse an ihnen ist ungebrochen, und Ausschnitte finden regelmäßig Verwendung in modernen Produktionen. «Climbing Mount Everest» von 1922 und «Epic of Everest» von 1924 – beides Stummfilme mit fast Spielfilmlänge – sind Dokumente einer längst vergangenen Zeit. Der erste porträtiert das alte Tibet und die Bergsteiger in ihren Tweedjacken, während der zweite unter anderem eindrucksvolle Bergaufnahmen sowie Zeitraffersequenzen vom faszinierenden Wolkenspiel zeigt. Fast gilt noch immer der Eindruck eines damaligen Kritikers: «Durch die zurückhaltenden, doch gleichzeitig ausdrucksstarken Untertitel und die realistischen Bilder gewinnt man einen starken Eindruck von der Dramatik der Besteigung. Gemeinsam mit den staunenden Forschern kommt einem der Gedanke, dass dieser fürchterliche Steinhaufen, der so dämonisch aus dem Nebel hervorlugt, ein lebendiges Wesen ist.»

VOM SCHMALFILM BIS ZUM KINOFILM – ACHTZIG JAHRE EVEREST AUF ZELLULOID

Die späteren Vorkriegsexpeditionen verzichteten auf professionelle Filmer, doch etliche Teilnehmer brachten außerordentlich interessante Amateuraufnahmen zurück: von Landschaften, Expeditionsmitgliedern, Einheimischen. Vieles davon zeigt Expeditionsalltag in den Lagern, aber es gibt auch einige Kletteraufnahmen. Percy Wyn-Harris' Film von 1933 zeigt beeindruckende Eiskletterei am Nordsattel und auch einen kurzen Ausschnitt vom Nordostgrat in der Nähe des Fundortes von Irvines Eispickel – leider jedoch nicht die Stelle und den Eispickel selbst.

Auch die Filme der beiden chinesischen Expeditionen zur Nordseite 1960 und 1975, «Conquering the World's Highest Peak» und «Another Ascent of the World's Highest Peak», sind einmalige historische Dokumente – nicht nur wegen des sehr raren Bildmaterials dieser Besteigungen, sondern auch wegen des propagandistischen Tons des begleitenden Kommentars!

Der Erste, der Filmaufnahmen von der nepalesischen Seite des Mount Everest nach Hause brachte, war 1950 der Amerikaner Charles Houston. Mir ist kein Film von Eric Shiptons Erkundungsexpedition 1951 bekannt, aber es gibt einen Farbfilm von den Schweizer Versuchen 1952, gedreht von André Roch. Im folgenden Jahr entstand dann ein Film, der zu einem weltbekannten Klassiker wurde.

Im Krönungsjahr von Königin Elisabeth II. dürfte es wohl kaum ein Schulkind gegeben haben, das nicht mit seiner Klasse «The Conquest of Everest» (deutscher Titel: «Die Bezwingung des Mount Everest») gesehen hat – den Film der Erstbesteigung durch Hillary und Tensing, gedreht von Tom Stobart (die höchsten Aufnahmen vom Südsattel stammen von George Lowe). Eigentlich erzählt er die klassische Expeditionsgeschichte: Anmarsch, Aufstieg, Gipfel, in diesem Fall sogar ohne Rückschläge und glücklicherweise auch ohne Tragödie. Seine Dramatik wirkt nicht aufgesetzt – man denke nur an die von Stobart genial vorausgeplante Szene von der Rückkehr der Gipfelbesteiger, bei der er George Lowe anhielt, mit der Verkündung der Erfolgsnachricht bis zum letzten Moment zu warten.

Das Ergebnis war voller Spannung und Emotion – sowohl in der Realität wie auch später für die Zuschauer in den Kinos. Der Film war gute, inspirierende Unterhaltung und passte genau in die positive Grundstimmung in England während dieses bedeutenden Jahres. Bei späteren Expeditionen gab es größere Filmteams, höhere Budgets, mehr Technik – aber um nochmals ein Werk mit solch einer Wirkung zu schaffen, brauchten sie immer etwas Neues: eine neue Geschichte oder Perspektive, eine Vertiefung der Charaktere, spektakuläre Erfolge oder Katastrophen . . .

Natürlich gab es auch andere einzigartige Filme. «Americans on Everest», Norman Dyhrenfurths Film der Expedition von 1963, zeigte die ersten Filmaufnahmen vom Gipfel – und hatte als Erzähler Orson Welles. Prominente Erzähler finden sich auch bei späteren amerikanischen Produktionen: Robert Redford und John Denver liehen ihre Stimme den Filmen von Steve Marts über die Expeditionen zur Nordwand 1982 und 1984.

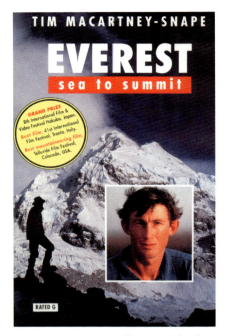

Der amerikanische Bergfilmer David Breashears und sein österreichischer Kollege Kurt Diemberger brachten 1981 die ersten Filmaufnahmen von der Ostwand nach Hause, und ihr Streifen «Mount Everest, the East Face» erhielt einen Emmy Award. Breashears bekam später eine weitere dieser Auszeichnungen für die erste Bildübertragung vom Gipfel per Mikrowellensender. In den Schatten gestellt wurde dies durch die erste Live-Übertragung einer Besteigung im Rahmen der japanisch-chinesisch-nepalesischen «Freundschaftsexpedition» 1988. Der Japaner Susuma Nakamura filmte seinen Gang zum Gipfel mit einer Helmkamera, und geschätzte 280 Millionen Zuschauer in Fernost, den USA und Australien verfolgten das Ereignis auf ihren Fernsehschirmen.

Ein anderer Filmemacher, dessen Name in der Liste der Everest-Filme häufiger auftaucht, ist der Australier Mike Dillon. Neben mehreren Dokumentationen über Sir Edmund Hillary produzierte Dillon einen Film über die australische Expedition 1984 (siehe ab Seite 242) und begleitete Tim Macartney-Snape und dessen Frau 1990 auf der bemerkenswerten ersten Besteigung von Meereshöhe aus (siehe ab Seite 303). «Everest, Sea to Summit» gewann zahlreiche Preise und ist neben der Dokumentation einer außergewöhnlichen Leistung auch eine sehr einfühlsame und bewegende Darstellung der Gefühle und Gedanken zweier Menschen bei einem derartigen Abenteuer.

Dillon ist interessanterweise auch in Besitz eines gefilmten Interviews mit einem Australier namens Mickey Weatherall, der angeblich als Jugendlicher die britische Expedition von 1924 begleitet hatte und sich daran erinnerte, wie Mallory und Irvine zu ihrem letzten Anstieg aufbrachen. Weatheralls Geschichte blieb bislang allerdings unbestätigt.

Ein weiterer Film aus «Down under» zeigt auf beklemmende Weise, wie der Traum eines Mannes zum Albtraum eines anderen wurde. Der Australier Mike Rheinberger erreichte 1994 mit dem Everest-Gipfel sein lang gehegtes Lebensziel, doch nach einem Biwak im Abstieg wurde er höhenkrank. Der Bergführer Mark Whetu musste ihn schließlich zurücklassen, um sein eigenes Leben zu retten. Whetus Landsleute, die Neuseeländer Dick Dennison und James Hayward, beschreiben in «The Fatal Game» die Tragödie und Whetus langen Kampf mit Depression, Schuldgefühlen und den Folgen seiner eigenen schweren Erfrierungen.

Whetus detaillierte Videoaufnahmen vom Nordostgrat finden sich auch in einem weiteren Film, «The Summit of Dreams», und sind ein Muss für jeden, der einen Eindruck von der Mallory-Route mit ihren berühmten Stufen gewinnen will.

DER EVEREST KOMMT GANZ GROSS RAUS

Der wohl beeindruckendste Everest-Film der letzten Jahre entstand 1996, im Jahr der Katastrophe: «Everest» im Breitwandformat IMAX (deutscher Titel: «Everest, Berg ohne Gnade»), gedreht von David Breashears und Robert Schauer und produziert von Greg MacGillivray. Da eine normale IMAX-Filmkamera rund 38 Kilo wiegt, wurde extra für diesen Film ein spezielles Modell mit einem leichten Magnesiumgehäuse konstruiert. Dazu kamen eine kälteresistente Elektronik und große Bedienelemente, die sich auch mit Handschuhen betätigen ließen. Inklusive Optik und einem 150-Meter-Filmmagazin – gerade ausreichend für neunzig Sekunden! – wog die neue Kamera noch immer stattliche 22 Kilo. Trotzdem schaffte es das Filmteam, sie bis zum Gipfel hinaufzutragen.

Das Ergebnis ist wirklich «großes» Kino: Auf der 25 mal 36 Meter messenden IMAX-Leinwand – die zehnfache Fläche einer normalen Kinoleinwand – wirken die Landschaften des Everest und der umliegenden Berge und Täler

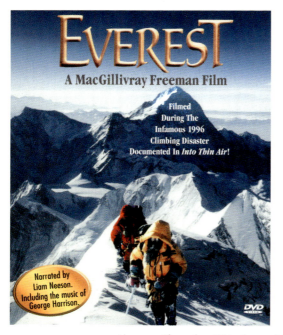

überwältigend. Hinzu kommt die Starbesetzung der Expedition mit dem Amerikaner Ed Viesturs, Tensings Sohn Jamling und der adretten Spanierin Araceli Segarra. Der Erzähler ist der Schauspieler Liam Neeson («Star Wars: Episode I»), und die Filmmusik stammt von George Harrison. Erfreulicherweise tritt die Katastrophe vom 10./11. Mai 1996 bei der Handlung des Films in den Hintergrund, zumal das Filmteam seine Arbeit unterbrach und bei der Rettung der Verunglückten half.

«WARTET – DAS IST GEORGE MALLORY!»

Auch das nächste Ereignis, das den Everest in die Schlagzeilen brachte, wurde im Film verarbeitet: der Fund von George Mallory. Schon vor 1999 hatte es zwei BBC-Dokumentationen über das Rätsel um Mallory und Irvine gegeben. «The Mystery of Mallory und Irvine», eine Schwarz-Weiß-Produktion aus dem Jahr 1974 von Stephen Peet, beinhaltet neben Gesprächen mit Captain Noel und Noel Odell auch ein vergleichsweise rares Interview mit Howard Somervell. Die ersten beiden lebten auch noch, als David Breashears zwölf Jahre später seine eigene Dokumentation gleichen Titels produzierte. Neben Ausschnitten aus Noels Filmen zeigt sie auch neue Aufnahmen der Everest-Nordseite von der Suchexpedition 1986 sowie Interviews mit Jack Longland (1933), Edmund Hillary, Chris Bonington und anderen.

Beim Fund von Mallorys Leiche war der amerikanische Bergsteiger und Kameramann Dave Hahn anwesend und konnte daher den Moment der Identifizierung der Bergsteigerlegende unmittelbar festhalten – eine unglaublich dramatische Szene, bei der die Überraschung der Entdecker ungefiltert spürbar ist. Nach dem Fund entstanden gleich zwei Filme mit dem Titel «Lost on Everest» – und obwohl beide das gleiche Ausgangsmaterial verwendeten, waren die Ergebnisse ganz unterschiedlich: Die von Peter Firstbrook und Graham Hoyland produzierte BBC-Dokumentation hat einen flüssigen Erzählstil, hält sich aber bei der Interpretation des Fundes sehr zurück. Demgegenüber ist Liesl Clarks Film von PBS/Nova (USA) schneller und sprunghafter, bietet aber bessere und detailliertere Einblicke in die Arbeit der Suchexpedition. Am besten sollte man sich beide im direkten Vergleich ansehen. Unter der Redaktion von Peter Arens (ZDF)

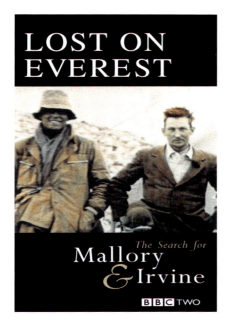

entstand auch eine deutsche Fassung der BBC-Version mit dem Titel «Die Marmormumie vom Mount Everest».

Die zweite Suchexpedition 2001 produzierte ihren Film selbst. Riley Mortons «Found on Everest» ist mit einem flotten Soundtrack unterlegt und berichtet recht unspektakulär von den Funden und der Rettungsaktion, in die das Team verwickelt wurde. Dabei erzählen anstelle eines Kommentators die Bergsteiger selbst die Geschichte.

VORHANG AUF FÜR DEN HÖCHSTEN BERG DER WELT!

Spielfilme über den Mount Everest gibt es nur wenige. John-Paul Davidsons «Galahad of Everest» ist ein dramatisiertes Dokumentarspiel um den britischen Schauspieler Brian Blessed, der in der Rolle von George Mallory den Everest zu besteigen versucht. Besonders Bergsteiger mögen Blesseds Theatralik vielleicht als zu dick aufgetragen empfinden, doch der Film hat viel Atmosphäre und besticht durch seinen intelligenten und humorvollen Schnitt. «Into Thin Air – Death on Everest» (deutscher Titel: «In eisige Höhen – Sterben am Mount Everest») stellt die Tragödie von 1996 nach, fällt aber durch seine recht laienhafte Darstellung weit hinter Jon Krakauers Vorlage zurück. Der Film wurde in den österreichischen Alpen gedreht und kann daher nur unzureichend die Wildnis und Gefahr des realen Schauplatzes wiedergeben. In China gibt es den Spielfilm «The Goddess Peak» über die tibetische Everest-Besteigerin Phantog und ihre Liebesgeschichte in den Bergen. Und bei Drucklegung dieses Buches kursierten Pläne über eine Verfilmung des Lebens von George Mallory, mit Joseph Fiennes («Shakespeare in Love») in der Hauptrolle.

Auch zum Bühnenstar hat es der Mount Everest gebracht. Von den Theaterstücken sei vor allem «The Ice Chimney» von Barry Collins genannt, das die letzten Tage des Alleingängers Maurice Wilson 1934 zum Inhalt hat (siehe Seite 83 und 193). Es ist ein Einmannstück und wurde erstmals 1980 auf dem Festival in Edinburgh aufgeführt, wo es mit dem «Fringe First Award» ausgezeichnet wurde. Im gleichen Jahr folgte die Premiere am Lyric Studio Theatre in Hammersmith, und das Stück wurde auch mehrfach im Radio ausgestrahlt.

Wilson, der versucht hatte, in einer Art religiöser Mission den Everest zu besteigen, wurde 1935 von Eric Shiptons Expedition tot in den Resten seines Zeltes unter dem Nordsattel gefunden. Die Gruppe barg damals Wilsons Tagebuch, und seitdem ranken sich hartnäckige Gerüchte über ein angebliches zweites «Sex-Tagebuch», das bei Wilson gefunden wurde und das dessen Phantasien enthüllt. Collins' Stück basiert auf dem fiktiven Inhalt dieses zweiten Tagebuchs. Und so erleben wir Wilson (dargestellt von Christopher Ettridge), wie er sich, vom Glauben verlassen, seinen Obsessionen stellen muss. Er sinniert, flucht, tobt und halluziniert – ein packendes Porträt eines Menschen in einer absoluten Grenzsituation. Allerdings verschreckte die zum Teil derbe Sprache des Stücks bei der Premiere einige ältere Damen des Alpine Club.

«Making my Way in the Dark» ist ein weiteres Einpersonenstück. Es wurde von Terres Unsoeld geschrieben und gespielt, die darin an das Leben ihres Vaters Willi Unsoeld erinnert, der 1963 den Everest bestieg (siehe ab Seite 197). Die Aufführung lief 1991 mehrere Wochen lang in Hollywood.

«Burning Everest» von Adrian Flynn ist ein Stück für Kinder, das erstmals im November 1993 am West Yorkshire Playhouse aufgeführt wurde. Es handelt von dem dreizehnjährigen Jim, der von seiner überforderten, allein erziehenden Mutter zu Pflegeeltern gegeben wurde. Dort flüchtet er sich in seine Träume, in denen er gemeinsam mit George Mallory den Everest besteigt. Diese ungewöhnliche Verbindung eines Kindes mit einem Helden aus einer anderen Zeit wird damit erklärt, dass der Urgroßvater des Jungen auf dem Schiff arbeitete, das Mallory und dessen Expeditionskollegen nach Indien gebracht hatte. Einige Briefe aus dieser Zeit waren in Familienbesitz geblieben. Jim lehnt sich gegen seine mittelständigen Pflegeeltern, seine herablassenden Lehrer und den gewalttätigen Freund der Mutter auf. Für eine Weile scheint es, als entferne sich Jim dabei so weit vom Rest der Welt, dass er das einsame Schicksal seines Helden teilt.

Eines der jüngsten Stücke ist «Queuing for Everest», das seine erste Aufführung im April 2000 in Crucible Studio in Sheffield hatte und dort als «eine Verschmelzung von Energie, Sprache und Bewegung» angepriesen wurde. In dem Schauspiel von Judith Adams begegnen sich ein Schweizer Wissenschaftler, ein amerikanischer Journalist, ein Sherpa und ein Fotograf an den Hängen des Mount Everest. Dort, so lässt uns die Inhaltsangabe wissen, «verschwimmt die Grenze zwischen Traum und Wirklichkeit wie Triebschnee, und die Geister der Geschichte begleiten die Bergsteiger auf einer Expedition voller Wunder, Furcht und Offenbarung, die das Leben aller erfassen».

So ist der Mount Everest zu Kino- und Theaterehren gekommen. Bleibt die Frage, wann Film und Theater zum Everest kommen? Wird es einmal einen Spielfilm mit einem Everest-Thema geben, der wirklich vor Ort gedreht wurde – vielleicht sogar bis zum Gipfel? Es klingt utopisch, aber immerhin hatte der Schauspieler Brian Blessed seinen höchsten Auftritt bereits auf 7500 Metern. Und vielleicht gelänge es wirklich, auf diese Weise das Drama und die Faszination des höchsten Berges der Welt darzustellen. Das wäre im wahrsten Sinn des Wortes höchste Filmkunst.

Audrey Salkeld ist eine der weltweit führenden Alpinhistorikerinnen. Als Journalistin schrieb sie mehrere Bücher, darunter «In der Todeszone – Das Geheimnis um George Mallory und die Erstbesteigung des Mount Everest» (mit Tom Holzel) und «Mallorys Geheimnis – Was geschah am Mount Everest?» (mit David Breashears). Darüber hinaus übersetzte sie Bücher von Reinhold Messner ins Englische und schrieb Skripte für zahlreiche Fernsehdokumentationen, darunter Leo Dickinsons «Eiger». Mit ihrem umfangreichen Archiv ist sie eine unersetzliche Informationsquelle für andere Autoren, Historiker und Redakteure. Sie freut sich über jede weitere Information zu Filmen und Theaterstücken über den Mount Everest.

KAPITEL 14

ARENA DER SENSATIONEN

«Der Berg geht nun durch seine ‹Spielphase› –
wie fast jeder berühmte Berg.»

Walt Unsworth, britischer Everest-Historiker

Sinnige und unsinnige
Rekorde am Mount Everest

D er Mount Everest ist zum Luxusgipfel geworden, ein Treffpunkt für Clowns, die etwas haben wollen, womit sie auf ihren Gartenpartys angeben können. Ein Zirkus ist das hier!» So fluchte der Schwede Göran Kropp, als er 1996 den Everest bestieg – und berichtete von Kuriositäten wie zum Beispiel einem Franzosen, der einem Indianerbrauch folgend die Nabelschnur seines neugeborenen Kindes auf dem höchsten Berg deponieren wollte, weil dies dem Kind Glück bringen sollte. Doch Göran Kropp war auf seine Weise selbst ein Teil dieses «Zirkus» – denn er hatte seine Everest-Besteigung im heimatlichen Schweden begonnen und war, ganz zirkusreif, die gesamte Strecke bis nach Nepal mit dem Fahrrad gefahren.

Als höchster Berg der Welt ist der Mount Everest Projektionsfläche für alle möglichen menschlichen Sehnsüchte, Träume, Ideen und Ideologien. Fast jede Tat und Tätigkeit soll dadurch veredelt werden, dass man sie auf dem Dach der Welt praktiziert. Und so ist der Mount Everest vor allem im letzten Jahrzehnt zum «Guinness-Berg der Rekorde» geworden – zu einer Arena zum Aufführen von allerhand Kunststücken. Manche davon waren bloße Stunts am Rande der Absurdität, andere dagegen bewundernswerte sportliche Höchstleistungen.

Von Sex bis Suchaktion: Everest-Rekorde aus der Sicht des Karikaturisten Georg Sojer (linke Seite).

Altes Sportgerät: Zeichnung eines Bambus-Skistocks, gefunden 1998 am Haupt-Rongbukgletscher (unten).

Vorangehende Doppelseite: Davo Karnicar am Hillary Step, bei der ersten vollständigen Skiabfahrt vom Everest im Herbst 2000.

Mit Ski und Bremsfallschirm
«Während wir warteten, bis der frische Schnee verdunstet war [...], zogen Bruce und ich zur Abwechslung wieder einmal die Skier an und machten fahrenderweise die nächste Umgebung unsicher.» Dieser Hinweis auf die erste Benutzung von Ski am Mount Everest findet sich in George Finchs Buch der Expedition von 1922, «Der Kampf um den Everest». Einige der frühen Expeditionen führten Ski als Fortbewegungsmittel auf den Gletschern zwischen den unteren Lagern mit. Ein zeitgenössisches Bild zeigt die einfachen Holzski mit Riemenbindung, und noch 1999 fanden brasilianische Bergsteiger am Haupt-Rongbukgletscher einen alten Skistock.

1970 wollten Japaner eine Skiabfahrt vom Südsattel durchführen. Doch was dann stattfand und auf Film gebannt wurde, glich mehr einem Hollywood-reifen Stunt: Yuichiro Miura stürzte sich in voller Schussfahrt in das blank gefegte Couloir links des Genfer Sporns. Als seine Geschwindigkeit 150 Kilometer pro Stunde überschritt, zog er die Reißleine seines Brems-

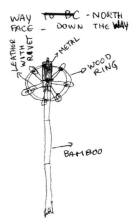

295

fallschirms – doch in der dünnen Luft blieb dieser nahezu wirkungslos. Mit ein paar Schwüngen versuchte Miura noch, die rasende Fahrt zu verlangsamen – dann verlor er die Balance und rutschte, sich mehrfach überschlagend, die restlichen 200 Meter bis zum Wandfuß. Miura überlebte den Höllenritt, zum Erstaunen der Beobachter sogar mit relativ wenigen Blessuren.

Eleganter verlief da schon 1978 die Abfahrt über die Lhotseflanke von oberhalb des Südsattels durch die Franzosen Nicolas Jaeger und Jean Afanassieff. Und ihr Landsmann, der Extremskifahrer Pierre Tardivel, fuhr schließlich 1992 die gesamte Strecke vom Südgipfel (8751 m) über den Südostgrat bis ins Basislager ab, wobei er im Lager II übernachtete. Nur das letzte Stück von ganz oben fehlte noch.

1996 kam dann Hans Kammerlander zum Everest. Der Südtiroler hatte zu dieser Zeit bereits zehn Achttausender bestiegen. Bei sieben davon war er Begleiter von Reinhold Messner, so auch 1984 auf Gasherbrum I und II, bei der ersten Überschreitung von zwei Achttausendern hintereinander. Und 1990 war ihm mit dem Schweizer Diego Wellig die erste Steilwandabfahrt von einem Achttausender gelungen, als sie die fast 4000 Meter hohe Diamirflanke am Nanga Parbat (8125 m) mit Ski befuhren. Nun sollte die Krönung folgen – die Skiabfahrt vom Dach der Welt.

Kammerlanders Besteigung war ein Glanzlicht im verrückten, düsteren Jahr 1996: Zunächst bestieg er zur Akklimatisation die Shisha Pangma (8027 m), dann wechselte er hinüber zur Nordseite des Everest. Nach nur sechs Tagen Vorbereitung brach Kammerlander am 23. Mai um 17 Uhr vom Vorgeschobenen Basislager (6450 m) auf, kletterte durch die Nacht und erreichte am nächsten Morgen um 9.40 Uhr den 8850 Meter hohen Gipfel. Nach einer halben Stunde Rast schnallte er seine Ski an und fuhr los.

«Was ich da machte, war natürlich kein Skifahren im eigentlichen Sinn. Das war vielmehr ein extremes Abrutschen, ein Kratzen mit den messerscharfen Stahlkanten in einem sehr steilen Gelände und ein gefährliches Umspringen. [...] Der vom Sturm zusammengepresste, steinharte, aber nicht vereiste Schnee forderte meine ganze Konzentration. Ich musste im richtigen Moment anhalten und völlig zum Stehen kommen, ehe ich mich neu darauf konzentrierte, vorsichtig, aber dennoch mit ausreichend Kraft aus den Knien heraus umzuspringen und sofort wieder auf der Kante das drohende Tempo abzubremsen. [...] Am Everest war ich überhaupt nicht in der Lage, am Anfang mehr als einen Sprung zu machen, so sehr strengte mich das an.»

Im Großen Couloir, seiner ursprünglich geplanten Abfahrtsroute, lag zu wenig Schnee. Nach der Abfahrt über die Gipfelpyramide bis in die Nähe der Dritten Stufe gelangte Kammerlander in unangenehmes, abschüssiges Fels-

gelände. Immer wieder musste er die Ski abschnallen, um über die Stufen und Bänder tiefer zu kommen. Dazwischen fand er Schneeflecken und Rinnen, über die er abfuhr. Erst unterhalb von 8000 Metern traf er auf eine geschlossene Schneedecke und konnte endlich in zahllosen Schwüngen über den breiten Rücken des Nordgrats und die Hänge des Nordsattels bis zum Ost-Rongbukgletscher hinabgleiten. Knapp sieben Stunden hatte die erste Skiabfahrt vom Gipfel gedauert.

Es dauerte aber nicht lange, bis Kritiker auf die Schönheitsfehler bei Kammerlanders Leistung hinwiesen – und nach der ersten vollständigen Skiabfahrt riefen! Diese gelang dann vier Jahre später dem Slowenen Davo Karnicar über die Südseite. Er war im gleichen Jahr wie Kammerlander an der Everest-Nordseite gewesen, musste seinen Versuch der Durchsteigung und Skibefahrung des Großen Couloirs aber auf 8300 Metern wegen schwerer Erfrierungen in den Händen aufgeben. 1995 war ihm und seinem Bruder Andrej eine Skiabfahrt vom Annapurna (8091 m) geglückt, nach vergeblichen Versuchen an Nanga Parbat und K2.

Am 7. Oktober 2000 um 7 Uhr morgens stand Karnicar nach reibungslosem Aufstieg über den Südostgrat auf dem Gipfel und begann eine Stunde später mit der Abfahrt. Die kurze, steile Hillary-Stufe war immer als die Schlüsselstelle einer Skibefahrung angesehen worden. Doch nach kräftigen Schneefällen während des Monsuns war sie komplett schneebedeckt, es herrschten ideale Bedingungen. Karnicar tastete sich vorsichtig an den Abbruch heran, klinkte sich mit einem Karabiner in eines der Fixseile und rutschte in einer ausgesetzten Rinne auf der Ostseite ab. Ein Umsprung am Fuß der Stufe brachte ihn zurück auf den messerscharfen Grat. «Der Hillary Step war um einiges leichter als der folgende Abschnitt entlang der sehr schmalen und luftigen Schneide. [...] Mit einem Snowboard hätte man da wohl weniger Probleme. Mit Ski ist es kompliziert, da man nicht viel Spielraum hat.»

Unterhalb des Südgipfels legte Karnicar sein Sauerstoffgerät ab. Obwohl er nach jedem dritten oder vierten Schwung pausieren musste, verlor er schnell an Höhe und erreichte um 8.40 Uhr den Südsattel. Mit einer Helmkamera filmte er von dort an seine weitere Abfahrt über die Lhotseflanke und durch den Western Cwm. Um 11 Uhr erreichte er Lager II, rastete für eine halbe Stunde und gelangte nach weiteren zwanzig Minuten ins Lager I.

«Es gibt nur einen Weg, den Eisfall zu vermeiden – eine diagonale Route ganz rechts, unmittelbar unter der Südwestwand. Ein Ort, an dem du niemals sein möchtest: steil und von oben durch Eisschlag bedroht. Und wenn du dort fällst, landest du mitten im Eisbruch – da holt man dich nicht

mal mehr in Einzelteilen raus.» Per Funk wiesen seine Kollegen im Lager 1 Karnicar den Weg, und er gelangte schließlich unbeschadet ins Basislager. Es war 12.40 Uhr. Für die Abfahrt über 3500 Höhenmeter hatte er ganze vier Stunden und vierzig Minuten gebraucht.

Im folgenden Jahr, 2001, starteten gleich zwei Bergsteiger mit Snowboards vom Gipfel: Der Österreicher Stefan Gatt fuhr am 22. Mai vom Gipfel über die Nordseite bis zur Dritten Stufe ab. Von dort aus trug er sein Brett bis hinab auf 7600 Meter, bevor er über den Nordgrat und den Nordsattel bis ins Vorgeschobene Basislager fuhr. Gatt waren die Schneeverhältnisse im Großen Couloir zu heikel erschienen.

Dies hinderte den 22-jährigen Franzosen Marco Siffredi allerdings nicht daran, am nächsten Tag genau dort hinabzufahren. Siffredi war durch extreme Snowboardabfahrten im Mont-Blanc-Gebiet bekannt geworden, und im Jahr 2000 war er vom Gipfel des Cho Oyu (8201 m) «hinabgesurft».

Noch an der Gipfelpyramide brach eine von Siffredis Bindungen, doch dank der Hilfe von Sherpa Lobsang konnte er den Schaden beheben und seine Abfahrt fortsetzen. Mit einer kühnen Querung auf abschüssigen Schneebändern fand er einen Weg durch die überlappenden Platten des obersten Couloirs bis in eine enge Nebenrinne, durch die er mit zahllosen kräftezehrenden Sprüngen tiefer gelangte. Nach der Barriere des Gelben Bandes, die durch den Schnee des vorangegangenen Schlechtwetters befahrbar geworden war, glitt Siffredi durch die breite Schlucht hinab, bevor er sie auf 7500 Metern nach rechts heraus verließ und in einer fast eineinhalb Kilometer langen Schrägabfahrt schließlich den Nordsattel erreichte. Nach insgesamt nur zweieinhalb Stunden war Siffredi zurück im Vorgeschobenen Basislager.

Aber auch nach den ersten erfolgreichen Abfahrten vom Mount Everest blieb die Kritik nicht aus: Karnicar und Siffredi hatten bei ihren Aufstiegen Sauerstoff benutzt. Und während Karnicar seine Ski selbst getragen hatte, war Siffredis Snowboard von Sherpa Lobsang zum Gipfel transportiert worden. Demgegenüber hatten Kammerlander und Gatt den Gipfel ohne Atemhilfe erreicht und ihr Gerät selbst getragen. Die beiden waren Vorreiter nicht nur für Karnicar und Siffredi, sondern auch für den letzten Schritt im Skialpinismus am höchsten Berg der Welt: die erste Ski- oder Snowboardabfahrt vollständig ohne künstlichen Sauerstoff. Aber irgendwie haben solche Differenzierungen auch etwas von Haarspalterei – denn uneingeschränkter Respekt für eine großartige sportliche Leistung gebührt allen vieren.

Surfin' Everest: Marco Siffredi bei der Abfahrt über den Gipfelgrat.

SCHNELLER, HÖHER, WEITER

Hatte der Vierzig-Stunden-Schnellaufstieg von Loretan und Troillet durch die Nordwand im Jahr 1986 (siehe Seite 247) noch seine Wurzeln in Stil und Sicherheit, so wurde der sprichwörtliche «Run» auf die schnellste Besteigungszeit seitdem zu einer eigenen Disziplin: Der Franzose Marc Batard schaffte 1988 als Erster den Everest an einem Tag, in 22 Stunden und dreißig Minuten vom Basislager an der Südseite bis zum Gipfel. Seine Leistung war umso bemerkenswerter, als er drei Tage zuvor bei einem ersten Versuch bereits bis kurz unter den Südgipfel gelangt war – es waren also fast zwei Besteigungen des Everest in vier Tagen!

Batards Rekord hielt zehn Jahre, bis zum Herbst 1998. Dann bewältigte Kaji Sherpa die Strecke vom Basislager zum Gipfel in zwanzig Stunden und 24 Minuten. Sturm und das Anbringen von Fixseilen hatten ihn aufgehalten, so dass er danach meinte, dass eine Besteigung in noch kürzerer Zeit möglich sein dürfte. Dies bewies Babu Chiri zwei Jahre später, als ihm mit sechzehn Stunden und 56 Minuten der bislang schnellste Aufstieg glückte. Aber vielleicht ist es mit diesen Zeiten wie beim Marathon: Weil kein Lauf unter absolut gleichen Bedingungen stattfinden kann, gibt es keinen offiziellen Weltrekord.

Das Ziel immer schnellerer Besteigungen erscheint nachvollziehbar. Doch wie sieht es mit dem zweiten Teil des olympischen Mottos aus? Wie

kann der höchste Berg bei einer Besteigung noch «höher» gemacht werden? Die Antwort: Man fängt die Besteigung einfach tiefer an!

«Niemand hat bislang den Everest wirklich bestiegen. [. . .] Da die 8850 Meter des Berges von Meereshöhe aus gemessen sind, sollte man ihn auch von dort aus besteigen.» Der australische Filmemacher Mike Dillon wusste, welchen Floh er mit diesem provozierenden Satz ins Ohr seines Freundes, des Spitzenbergsteigers Tim Macartney-Snape, setzen würde. Und so begann dieser Anfang Februar 1990 seine Everest-Besteigung auf Höhe null – in Ganga Sagar am Ufer des Indischen Ozeans. In den folgenden zwei Monaten wanderten er und seine Frau Ann über tausend Kilometer durch Indien und Nepal, durchschwammen den Ganges und durchquerten alle Landschaften, von den heißen, staubigen Ebenen über die bewaldeten Vorberge des Himalaja bis hinauf in Fels und Eis.

Macartney-Snape betrachtete den langen Weg philosophisch: «Mir gefiel der Gedanke, dass meine eigene bescheidene Reise von der See, dem ursprünglichen Ort allen Lebens, bis zum höchsten Gipfel eine Parabel für das Leben war: Die zunehmende Höhe konnte man mit der zunehmenden Vielfalt des Lebens vergleichen, die in der Entwicklung des Menschen gipfelte, und die Distanz glich der Zeit. Vom Ozean aus ging der Anstieg erst ganz langsam. [. . .] Nur die Hälfte des Anstiegs würde ich bewältigt haben,

302

wenn schon 99 Prozent des Wegs hinter mir lägen.» Und Macartney-Snape machte sich sein Leben (und den letzten Anstieg) nicht leicht: Mit fast schon dreister Lässigkeit versuchte er sich zunächst am langen und ausgesetzten Westgrat (Jugoslawenroute 1979), bevor er wegen zu großer Lawinengefahr auf die Südsattelroute wechselte. Nach nur drei Tagen und ohne Verwendung von Sauerstoff stand er schließlich am 11. Mai auf dem Gipfel – und schaute zurück: «800 Kilometer im Süden, jenseits der Wolken, [lag] die See ... Es ist so unheimlich befriedigend, den ganzen Weg gekommen zu sein!»

Womit wir beim dritten Teil des olympischen Mottos wären. Die Ehre für die «weiteste» Everest-Besteigung gehört zweifelsohne dem schwedischen Alleingänger Göran Kropp: «Teil meines Traums vom Everest war der Grundgedanke, alles auf natürlichem Weg und aus eigener Kraft zu schaffen, und manchmal war es mir ein Rätsel, wie ich überhaupt bis zum Berg kommen sollte. [...] Ich entschloss mich für das Fahrrad. [...] Dann folgte der Stress mit dem Packen. Kein unnötiges Gramm durfte dazukommen, ich musste die gesamte Ausrüstung auf dem Fahrrad mitnehmen und sie danach ins Basislager schleppen können. Kein Bissen zu viel, keine unnötige Unterhose durfte dabei sein – und wenn ich sie nach Gebrauch wenden musste.»

Volle 11 407 Kilometer betrug die Strecke, die Kropp vom heimischen Yttre Tvärgränd bis nach Kathmandu per Rad zurücklegte, bevor er den Gipfel bestieg. Dabei ging seine Unabhängigkeit so weit, dass er sich im Khumbu-Eisbruch seine eigene Route suchte und die Fixseile der anderen Expeditionen vermied. Kropps gesamte Ausrüstung, die er auf einem Fahrradanhänger mitgeführt hatte, wog inklusive des Proviants für die Zeit am Berg nur 129 Kilogramm. Bill Tilman, der alte Verfechter der Leichtgewicht-Expeditionen (siehe ab Seite 86), hätte applaudiert.

VOM NOTFALL ZUM REKORD

Ebenfalls in die Kategorie «immer höher» fällt ein Rekord, der anfangs unfreiwillig aufgestellt wurde: das höchste Biwak. Lange Zeit galt die Freinacht der Amerikaner Hornbein, Unsoeld, Bishop und Jerstad auf 8500 Metern am Südostgrat im Jahr 1963 als der Spitzenreiter. Doch schon drei Jahre früher hatte der Chinese Liu Lienman in 8700 Meter Höhe am Nordostgrat biwakiert – allerdings blieb dies auf Grund der allgemeinen Zweifel an den chinesischen Berichten weitgehend unbeachtet (siehe Seite 182).

Nach der ersten Durchsteigung der Südwestwand 1975 biwakierten Dougal Haston und Doug Scott am Südgipfel auf 8751 Metern – und berichteten eindrücklich, welche Auswirkungen die Strapazen einer Nacht in dieser Höhe auf Körper und Geist hatten. Scott: «Dougal sprach eindeutig mit Dave Clarke [einem anderen, nicht anwesenden Expeditionsteilnehmer; Anm. d. V.]. Er hatte ein ziemlich langes und tiefsinniges Gespräch mit ihm. Ich ertappte mich dabei, wie ich mit meinen Füßen redete. Ich personifizierte sie so sehr, dass sie mir wie zwei separate Wesen vorkamen, die Hilfe benötigten. Der linke wurde nur sehr langsam warm, und nach Gesprächen mit dem rechten beschlossen wir, dass ich mich besser darauf konzentrieren sollte, ihn kräftig zu massieren.»

Wenn die Japaner Hiroshi Yoshino und Hironobu Kamuro 1983 ähnliche Erfahrungen gemacht hatten, so konnten sie nicht mehr davon erzählen: Nach einer Nacht an der Hillary-Stufe auf etwa 8800 Metern waren sie am nächsten Morgen abgestürzt. Und als Mark Whetu und Michael Rheinberger 1994 in ähnlicher Höhe am Nordostgrat biwakieren mussten, überlebte nur Whetu den weiteren Abstieg mit schweren Erfrierungen an den Füßen.

Ein Jahr später berichtete der Australier Greg Child vom «Mann, der am höchsten biwakieren wollte» – freiwillig. «Dieses Mitglied einer kommerziellen Expedition geriet eines Morgens ins Rampenlicht, als ein anderes Team auf dem Weg zum Gipfel ihn bibbernd unterhalb der Zweiten Stufe auf 8570 Metern antraf. Er hatte die Nacht nur in seinem Daunenanzug verbracht. [...] Im Basislager gab er damit an, er hätte einen Rekord für das höchste Biwak ohne Flaschensauerstoff aufgestellt.» Nicht nur ein fragwürdiger Rekord – sondern auch völlig wertlos, da historisch falsch (siehe oben). Child kommentierte scharfzüngig: «Vielleicht ist meine Einstellung ja altmodisch – aber eine Freinacht nahe dem Everest-Gipfel ist für mich kein Rekord, den es zu brechen, sondern ein Bockmist, den es zu vermeiden gilt.»

Dennoch war der absolute Biwak-Höhenrekord ebenfalls ein geplantes Unternehmen: Babu Chiri Sherpa erreichte am 6. Mai 1999 den Everest-Gipfel und errichtete mit der Hilfe zweier Kollegen auf dem höchsten Punkt sein Zelt, das von seinem Sponsor speziell für diesen Zweck entwickelt worden war. Da er ohne zusätzlichen Sauerstoff unterwegs war, beschloss Babu, die Nacht über wach zu bleiben, und sprach in stündlichen Intervallen über Funk mit dem Basislager. Am nächsten Tag, nach insgesamt 21,5 Stunden, brach er sein Nachtlager ab und kehrte unbeschadet ins Basislager zurück. Mit seiner Nacht auf dem Dach der Welt schuf Babu einen Rekord, der nicht mehr überboten werden kann. Höher geht es einfach nicht mehr.

EIN EVEREST FÜR JUNG UND ALT – UND FÜR DIE GANZE FAMILIE

Bei der Erstbesteigung 1953 war Hillary mit 33 Jahren (und 313 Tagen) der jüngste Besteiger, während Tensing mit 39 Jahren der älteste war. Seitdem hat sich die Schere zwischen Jung und Alt immer weiter geöffnet. Bei Drucklegung dieses Buchs im Sommer 2002 hatte der Japaner Tomiyasu Ishikama den Altersrekord (65 Jahre und 187 Tage), obwohl einige Quellen behaupteten, ein anderer Besteiger, Mario Curnis, wäre bereits über 66 gewesen. Ein Jahr zuvor stand mit Sherpa Temba Chiri der jüngste Besteiger auf dem Gipfel (sechzehn Jahre und vierzehn Tage).

Temba Chiri hatte es 2000 bereits versucht, musste jedoch unterhalb der Hillary-Stufe mit schweren Erfrierungen an den Händen umkehren. Er verlor Glieder von fünf Fingern. Um derartige Folgen der Rekordsucht zu verhindern, verbot Nepal in Zukunft Bergsteigern unter sechzehn Jahren eine Besteigung des Everest. Tembas Vorgänger, der Franzose Bertrand Roche (siebzehn Jahre und 217 Tage), wurde bei seiner Besteigung 1990 von seinem Vater, Jean-Noël, begleitet – die erste Vater-Sohn-Besteigung.

Von den Söhnen berühmter Everest-Besteiger war bereits an anderer Stelle in diesem Buch die Rede: Peter Hillary, Jamling Tensing, Brent Bishop – sie alle folgten den Spuren ihrer Väter bis auf den Gipfel der Welt. Hillary und Bishop sowie Tensings Enkel Tashi wiederholten allesamt ihre Besteigungen im Frühjahr 2002. Und auch Ehepaare standen schon gemeinsam ganz oben: Andrej und Marija Stremfelj aus Slowenien waren die Ersten, am 7. Oktober 1990.

EVEREST MIT HANDICAP

Der Verlust eines Fußes oder des Augenlichts dürfte allen Ambitionen auf eine Everest-Besteigung ein Ende setzen – so sollte man meinen. Nicht so für die Amerikaner Tom Whittaker und Erik Weihenmayer.

Whittaker hatte im Alter von 31 Jahren bei einem Autounfall seinen rechten Fuß verloren. Anschließend gründete und leitete er die so genannte «Wilderness Handicapped Outdoor Group», eine Organisation, die Behinderten ermöglichen sollte, an Natursportaktivitäten wie Wandern und Bergsteigen teilzunehmen. Whittaker selbst lernte, mit einer flexiblen Fußprothese bergzusteigen, und setzte sich den höchsten Berg zum Ziel.

1989 war er auf der Südsattelroute bis auf 7400 Meter gelangt, sechs Jahre später am Nordgrat sogar bis 8300 Meter. Sein Begleiter brachte einen Stein vom Gipfel mit, den er Whittaker mit der Bitte überreichte, ihn eines Tages dorthin zurückzubringen. Dies tat er dann am 27. Mai 1998. Eine Woche zuvor hatte er umkehren müssen, da sein Kunststofffuß in der Kälte spröde wurde. Doch in Begleitung von Sherpas, welche die Spur traten, schaffte es Whittaker im zweiten Anlauf – der erste Behinderte auf dem Everest.

Tom Whittaker mit seiner Fußprothese im Western Cwm.

Weihenmayer war im Alter von dreizehn Jahren durch eine Augenkrankheit erblindet. Dennoch lernte er später klettern, bewältigte Felsrouten bis VI+ (darunter die Nose am El Capitan im amerikanischen Yosemite) und bestieg mit sehenden Begleitern Gipfel wie Mount McKinley oder Aconcagua. Am Everest folgte er stets dicht hinter seinem Partner Luis Benitez, der zu Weihenmayers besserer Orientierung Glöckchen an seinem Rucksack trug. Der Khumbu-Eisbruch mit seinen vielen Spalten, Leitern und Seilen bot das größte Hindernis, doch mit dem übrigen Teil des Anstiegs hatten die beiden wenig Probleme und standen am 25. Mai 2001 auf dem Gipfel. Weihenmayer betitelte sein Buch später treffend «Ich fühlte den Himmel».

Man mag über die Publicity, welche Whittakers und Weihenmayers Besteigungen begleitete, denken, wie man will – die Inspiration, die ihre Leistung für Behinderte wie auch Nichtbehinderte bedeutet, ist nicht zu bestreiten.

Tierisch hoch

In Sherpakreisen wird die Normalroute über den Südostgrat häufig abfällig die «Yak-Route» genannt – und manch einer frotzelte schon, es sei wohl nur eine Frage der Zeit, bis irgendjemand versuche, tatsächlich ein Yak auf den Everest zu treiben. Ein Yakhirte hat zumindest schon mal den Weg erkundet: Karsang Tendup aus dem Rongbuktal stand im Frühjahr 2001 als Erster seiner Zunft auf seinem «Hausberg».

An der Everest-Nordseite tragen Yaks Lasten bis ins Vorgeschobene Basislager am oberen Ende des Ost-Rongbukgletschers auf 6450 Meter Höhe. Andere Vierbeiner gingen noch weiter: Hirtenhunde aus den hoch gelegenen Ansiedlungen sind mehr oder weniger gern gesehene Gäste in den Basislagern der Nord- und Südseite. «Balu», das zugelaufene Maskottchen von Tim Macartney-Snapes «Sea to Summit»-Expedition, folgte seinem neuen Herrchen bis hinauf in den Khumbu-Eisbruch, wo er allerdings zurückgewiesen wurde: «Das ist kein Platz für einen Hund . . . Das ist kein Platz für irgendjemanden!» Doch der Hunde-Höhenrekord steht bereits seit fast siebzig Jahren: Die Hündin «Police-ie» folgte der britischen Expedition von 1933 bis in die Flanken des Nordsattels auf über 6700 Meter, wo sie nur die senkrechte Schlüsselstelle aufhielt. Expeditionsleiter Ruttledge kommentierte mit einem Schmunzeln: «Ohne dieses Hindernis, glaube ich, hätte sie bei der Errichtung von Lager VI mitgeholfen.» Leider verschwand «Police-ie» bei einem weiterer ihrer Ausflüge spurlos. Vermutlich fiel sie in eine Spalte.

Doch all diese Rekorde von Vierbeinern dürften ihren gefiederten Kollegen, den Goraks (Himalaja-Raben), nur ein müdes Krächzen entlocken. Diese wurden mehrfach dabei beobachtet, wie sie den Gipfel überflogen.

Das Tüpfelchen auf dem i

Zum Abschluss der Rekordesammlung greifen wir nochmals ganz tief ins Kuriositätenkabinett: 1995 notierte Greg Child den ersten Lassowerfer auf dem Everest-Gipfel, 2002 kursierten Pläne für den ersten Golfabschlag vom Dach der Welt (und wo sollte das Loch sein?), und bereits 1981 hatte ein Amerikaner ein Frisbee von ganz oben hinabgeschleudert (etwaige Opfer oder Flurschäden in den umliegenden Tälern wurden nicht vermeldet).

Nicht zu vergessen wären auch die «Dressmen of Everest»: Lobsang Jangbu bestieg 1994 den Everest in traditioneller Sherpatracht. Die westliche Kultur hatte schon sechzehn Jahre früher vorgelegt – mit der ersten Besteigung in einer Levis 501 (unter der Überhose): Bernd Kullmann aus Deutschland, am 17. Oktober 1978.

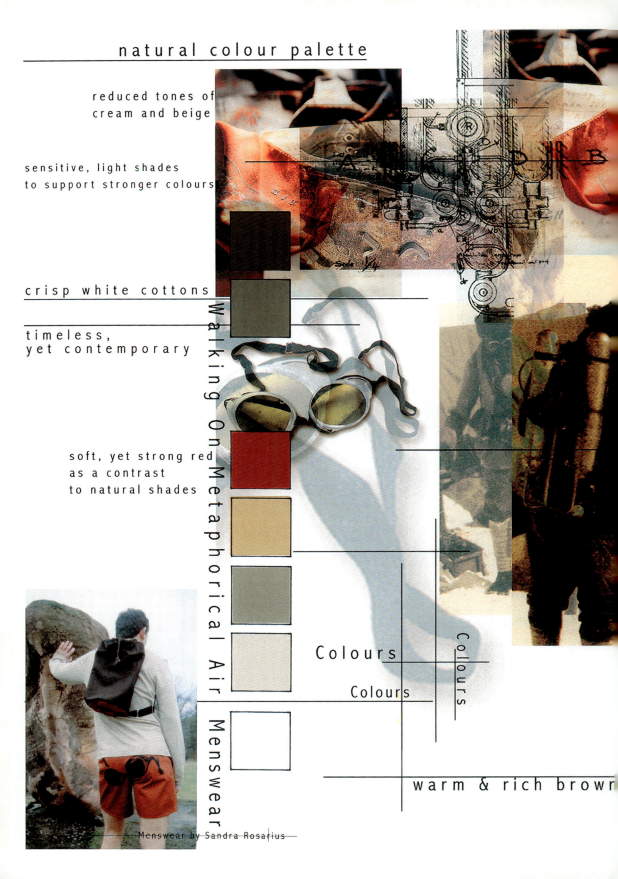

natural colour palette

reduced tones of
cream and beige

sensitive, light shades
to support stronger colours

crisp white cottons

timeless,
yet contemporary

soft, yet strong red
as a contrast
to natural shades

Walking On Metaphorical Air Menswear

Colours

Colours

Colours

warm & rich brown

Menswear by Sandra Rosarius

Quo vadis, Mount Everest?

Everest-T-Shirts gibt es seit langem, und die ersten Everest-Teebecher und andere Souvenirs sind sicher nicht mehr fern.» So prophezeite es vor einigen Jahren der Amerikaner Tom Hornbein. Zwar ist der Mount Everest noch kein Postkarten- und Schokoladenberg wie das Matterhorn, doch der Weg bis dorthin scheint nicht mehr weit: Expeditionen vertreiben T-Shirts, Ansichtskarten und Aufkleber; Everest-Besteiger machen Werbung für Bergsportartikel, Uhren und Rasierwasser. Daheim kann man den Everest am Computer besteigen und sich dabei vom amerikanischen Bergsteigerstar Ed Viesturs Tipps für die richtige Strategie geben lassen. Und in London entstand kürzlich die erste Everest-Modekollektion «Walking on Metaphorical Air», basierend auf der Kleidung der Pioniere Mallory und Irvine.

Doch die Wurzeln dieser Entwicklung liegen nicht erst in der Zeit der kommerziellen Expeditionen. Um noch einmal die Worte des britischen Autors Walt Unsworth aufzugreifen: «Als höchster Berg der Welt hat der Everest das Potenzial, das Beste und Schlechteste im Menschen hervorzubringen.» Kommerzialisierung, die Vermarktung des Berges, gibt es schon seit den ersten Expeditionen – und sie wurde damals mit demselben Argwohn betrachtet wie heute. Schon damals verschickten die Expeditionen Ansichtskarten, es gab Sammelbilder mit Everest-Motiven in Zigarettenpackungen, und zu Hause konnte man die Besteigung als Brettspiel nachvollziehen.

Lässt sich eine solche Entwicklung umkehren? Wahrscheinlich nicht. Schon gibt es Pläne, unterhalb des Rongbuk-Basislagers ein Hotel zu bauen. Zwar dürfte zu bezweifeln sein, dass Gäste des «höchsten Hotels der Welt» in diesen Höhen gute Nächte verbringen – doch es zeigt, wie sehr inzwischen (oder weiterhin) die Faszination Mount Everest ausgeschlachtet wird. Der Everest wird seine Faszination niemals verlieren – eben weil er der höchste Berg von allen ist. Und seine Faszination wird immer über die Bergsteigerwelt hinausgehen. Die Frage ist, wie in Zukunft Öffentlichkeit, Medien und Bergsteiger mit dieser Faszination umgehen.

Jon Krakauer bezeichnete es mit Recht als arrogant, die Vermarktung des Everest dadurch eindämmen zu wollen, indem man an Nepal und China appelliert, die Anzahl der Expeditionen zu beschränken. Wer mag es den

Modeberg – Bergmode. Entwürfe für eine Modekollektion auf der Basis der Kleidung der frühen Everest-Pioniere. Achtzig Jahre nach den ersten Expeditionen und fünfzig Jahre nach der Erstbesteigung hat der höchste Berg der Welt Einzug in die Alltagswelt gehalten.

Ländern verdenken, dass sie von einem Rummel um «ihren» Berg profitieren wollen, der seine Ursachen letztendlich allein im Müßiggang unserer westlichen Gesellschaft hat? Vielleicht sollten wir auf der Suche nach Lösungen uns einmal selbst fragen, warum es auch heute noch einen solchen Prestigegewinn bedeuten kann, wenn man den höchsten Berg der Welt besteigt?

Der Mount Everest ist heute längst nicht mehr die Herausforderung wie noch vor 25 Jahren oder zu Zeiten der Pioniere – doch er könnte es noch immer sein! Es sei nochmals daran erinnert, wie viele Routen es am Berg gibt und wie viele davon noch keine Wiederholung aufweisen. Der Vorstoß in den Grenzbereich, das «richtige» Himalaja-Bergsteigen, ist am Everest noch immer möglich. Doch warum werden seit Jahren fast ausschließlich Besteigungen über die beiden Normalwege verzeichnet?

Die Zukunft des Bergsteigens am Mount Everest liegt in einem Wandel der Einstellung, und zwar nicht nur bei den Bergsteigern. Auch in der Masse der Expeditionen gibt es immer wieder Einzelne, die den getretenen Pfad verlassen und Besteigungen ohne Sauerstoffgeräte oder Sherpa-Unterstützung versuchen. Doch bei der Bewertung dieser Leistungen bewegt man sich häufig in einer Grauzone. Wie weit haben sie von den Fixseilen der anderen Expeditionen profitiert? Wie weit von der Spurarbeit anderer Bergsteiger? Hier bedarf es nicht nur der Ehrlichkeit der Bergsteiger, sondern auch der Genauigkeit der Berichterstatter sowie einer Sensibilisierung der Öffentlichkeit, damit der Stellenwert der jeweiligen Leistung differenziert werden kann.

Die Klippen zukünftiger Everest-Besteigungen liegen also zunächst in den Köpfen. Es bleibt zu hoffen, dass sie überwunden werden – damit auch in den nächsten fünfzig Jahren weitere bedeutende Kapitel Bergsteigergeschichte am Mount Everest geschrieben werden.

ANHANG

Everest-Chronik – die wichtigsten Eckdaten der Everest-Geschichte

1717/18
Erste Erwähnung des Everest-Massivs unter dem Namen «Jumu Lungma Alin» auf einer Landkarte von Jesuitenvätern in Peking.

1847–1850
Große Trigonometrische Vermessung von Indien (GTS). «Gipfel 15» wird als höchster Berg der Welt entdeckt.

1856
Offizielle Festlegung der Höhe von «Gipfel 15» auf 8839 Meter (29 002 Fuß). Benennung des Gipfels nach dem ehemaligen Leiter der GTS, Sir George *Everest*.

1885
Der Engländer Clinton Dent erwog erstmals die Möglichkeit einer Everest-Besteigung.

1907
Erste Planung einer Everest-Expedition durch den britischen Alpine Club. Das Unternehmen scheiterte am Widerstand der indischen Regierung. Erkundung des nepalesischen Khumbutals durch den indischen Landvermesser Natha Singh.

1913
Illegale Erkundung eines Anmarschweges zum Everest über Sikkim und Tibet durch den britischen Offizier John Noel. Er kam dem Berg bis auf 60 Kilometer nahe.

1921
Erste Everest-Expedition (Großbritannien). Erkundung der nördlichen und östlichen Zugänge zum Mount Everest, Kartierung des Massivs. Der Nord- und Nordostgrat wurde als mögliche Anstiegsroute zum Gipfel ausgemacht. G. L. Mallory, G. H. Bullock, E. O. Wheeler und drei Träger bestiegen den Nordsattel (7066 m; 25. September). A. M. Kellas starb beim Anmarsch in Kampa Dzong an Herzversagen.

1922
Zweite Everest-Expedition (Großbritannien); *erster Gipfelversuch.* Erste Begehung des heute üblichen Zustiegs zum Nordsattel über den Ost-Rongbukgletscher. G. L. Mallory, E. F. Norton und T. H. Somervell erreichten ohne zusätzlichen Sauerstoff am Nordgrat etwa 8120 Meter (21. Mai); G. I. Finch und G. Bruce gelangten mit Sauerstoffhilfe bis auf etwa 8380 Meter (27. Mai). Erstmalige Verwendung von Flaschensauerstoff als Atemhilfe bei einer Bergbesteigung. Bei einem dritten Versuch starben sieben Träger in einer Lawine unterhalb des Nordsattels (erste Opfer der Nordseite).

1924
Dritte Everest-Expedition (Großbritannien). E. F. Norton und T. H. Somervell erreichten ohne künstlichen Sauerstoff in der Nordwand 8530 Meter, Norton gelangte allein noch bis auf 8572 Meter (4. Juni). Am 8. Juni wurden G. L. Mallory und A. C. Irvine am Nordostgrat oberhalb von 8500 Metern letztmalig gesehen. Zwei einheimische Helfer starben Mitte Mai nach einem Schneesturm in den unteren Lagern.

1933
Vierte Everest-Expedition (Großbritannien). Nach fehlgeschlagenem Versuch am Nordostgrat (Mallorys Route) erreichten L. R. Wager und P. Wyn-Harris ohne künstlichen Sauerstoff in der Nordwand 8570 Meter (30. Mai). F. S. Smythe erreichte dieselbe Höhe im Alleingang, nachdem sein Partner E. E. Shipton aufgeben musste (1. Juni). Die erste Seilschaft fand in 8450 Meter Höhe am Nordostgrat den Eispickel Irvines (1924).
«Houston-Expedition»: erste Überfliegung des Everest (3. April).

1934

Illegaler Alleingangsversuch. Maurice Wilson (Großbritannien) flog ohne Genehmigung nach Indien und drang mit drei Sherpas über die klassische Nordroute bis zum Ost-Rongbukgletscher vor. Er starb unterhalb des Nordsattels an Erschöpfung.

1935

Neue Erkundungsexpedition (Großbritannien). Detaillierte Erforschung der Gletscher und Nebengipfel des Everest, Untersuchung der Schnee- und Wetterverhältnisse während des Monsuns. Besteigung von 26 Gipfeln zwischen 6000 und 7100 Metern.

1936

Fünfte Everest-Expedition (Großbritannien). Durch den frühen Beginn des Monsuns gelangte die Expedition nicht über den Nordsattel (7066 m) hinaus.

1938

Sechste Everest-Expedition (Großbritannien); *erste Kleinexpedition* (sieben Teilnehmer). E. E. Shipton und F. S. Smythe sowie H. W. Tilman (Leiter) und P. Lloyd erreichten am Nordgrat etwa 8340 Meter. Erste Besteigung des Nordsattels von Westen, erste Überschreitung des Sattels.

1947

Illegaler Versuch. E. Denman (Kanada) und die Sherpas Tensing Norgay und Ang Dawa gelangten auf der Nordroute bis unter den Nordsattel.

1950

Chinesische Besetzung Tibets. Sperrung der Nordseite für ausländische Expeditionen.
Erste Erkundungsexpedition (USA/Großbritannien) *zur nepalesischen Südseite.* Die Gruppe unter C. S. Houston und H. W. Tilman durchwanderte das Khumbutal bis zum Khumbugletscher (heutiger Zustieg von Süden).

1951

Erkundungsexpedition (Großbritannien) *zur Südseite* unter E. E. Shipton. Erste Durchsteigung des Khumbu-Eisfalls bis zum Eingang des Western Cwm. Der weitere Anstieg zum Südsattel und über den Südostgrat wurde als möglich

eingeschätzt. Erkundung der Khumbu- und Makalu-Region.
Illegaler Versuch. Der Däne Klavs-Becker Larsen überquerte mit vier Sherpas den Nangpa La von Nepal nach Tibet und gelangte bis unter den Nordsattel.

1952

Erster Gipfelversuch von Süden (Schweiz). Die erste Schweizer Expedition eröffnete die heute übliche Anstiegsroute von Süden über Khumbugletscher, Western Cwm, Lhotseflanke, Südsattel und Südostgrat. R. Lambert und Tensing Norgay gelangten am Südostgrat bis auf etwa 8595 Meter (28. Mai). Eine zweite Schweizer Expedition gelangte im Herbst bis wenig über den Südsattel. Sherpa Mingma Dorje wurde in der Lhotseflanke von Eisschlag tödlich getroffen (erstes Opfer der Südseite).

1953

Erste Besteigung des Mount Everest am 29. Mai durch Edmund Hillary (Neuseeland) und Tensing Norgay im Rahmen einer britischen Expedition unter Leitung von John Hunt. Zwei Tage zuvor hatten T. Bourdillon und C. Evans bereits den Südgipfel (8751 m) erreicht.

1956

Zweite Everest-Besteigung (Schweiz) durch J. Marmet und E. Schmied (23. Mai) sowie D. Reist und H. von Gunten (24. Mai). Der gleichen Expedition glückte die Erstbesteigung des Lhotse (8501 m; F. Luchsinger und A. Reiss am 18. Mai).

1958

Chinesisch-sowjetische Erkundungsexpedition zur Nordseite. Erkundung des Ost- und des Haupt-Rongbukgletschers bis jeweils auf etwa 6400 Meter.

1960

Erste Besteigung des Everest von Norden am 25. Mai durch die Chinesen Wang Fuzhou und Qu Yinhua sowie den Tibeter Gonbu im Rahmen einer chinesischen Expedition unter Leitung von Shi Zhanchun. Für den Gipfelanstieg benötigte die Seilschaft 19 Stunden und stand um

2.20 Uhr morgens auf dem höchsten Punkt.
Südseite: Die erste indische Expedition
erreichte am Südostgrat 8625 Meter.

1962

Illegaler Versuch. W. W. Sayre, N. C. Hansen,
R. A. Hart (USA) und H. P. Duttle (Schweiz)
gelangten über den Nup La von Nepal aus zur
klassischen Nordroute. Sayre schaffte einen
Aufstieg über den Nordgrat bis auf etwa
7750 Meter.
Südseite: Die zweite indische Expedition
erreichte am Südostgrat 8720 Meter.

1963

*Erste Begehung des Westgrats (mit Variante über
das Hornbein-Couloir)* durch T. F. Hornbein und
W. F. Unsoeld (USA) am 22. Mai. Mit dem Abstieg über den Südostgrat führten sie gleichzeitig die *erste Überschreitung des Everest* durch.
J. W. Whittaker und Nawang Gombu (1. Mai)
sowie B. C. Bishop und L. G. Jerstad (22. Mai)
bestiegen den Gipfel über den Südostgrat.

1965

Südseite: Dritte indische Expedition, neun
Bergsteiger erreichten den Gipfel (fünfte Besteigung, 20.–29. Mai).
Nordseite: Chinesische Erkundungsexpedi-
tionen zum Westgrat (Frühjahr) und zum
direkten Nordostgrat (Herbst), zwei Bergsteiger
erreichten am Nordostgrat 7470 Meter.

1966

Verbot von Expeditionen zur Südseite durch
die nepalesische Regierung (bis 1969).
Chinesische Trainingsexpedition zur klassischen Nordroute, 32 Bergsteiger erreichten
am Nordgrat 8100 Meter.

1967/68

Chinesische Forschungsexpeditionen
zur Everest-Nordseite (Herbst 1967 und Frühjahr
1968, jeweils bis zum Nordsattel).

1969

Japanische Erkundungsexpedition zur Südwestwand (bis 8000 Meter).

1970

Japanische Expedition zur Südwestwand. Nach
abgebrochenem Versuch an der Wand wechsel-
te das Team zum Normalweg, über den vier
Bergsteiger den Gipfel erreichten.
Japanische Skiexpedition: Y. Miura fuhr vom
Südsattel über die Lhotseflanke in den Western
Cwm ab. Sechs Sherpas kamen im Eisbruch
ums Leben.

1971

Internationale Expedition (Leitung: N. Dyhren-
furth) zur Südwestwand und zum Westgrat.
Abbruch des Westgrat-Versuchs nach Tod von
Harsh Bahuguna (Indien). D. Haston und
D. Whillans (Großbritannien) erreichten in der
Südwestwand (rechter Ausstieg) 8350 Meter.

1972

Europäische Expedition (Leitung: K. M. Herrligkoffer) zur Südwestwand (Frühjahr). F. Kuen
und A. Huber (Österreich) erreichten am rechten Ausstieg etwa 8300 Meter. Britische Expedition zur Südwestwand (Herbst), ebenfalls bis
etwa 8300 Meter.

1973

*Japanische Expedition zur Südwestwand und zum
Südostgrat; erste Besteigung des Everest in der
Nachmonsunzeit* durch H. Ishiguro und Y. Kato
(26. Oktober). Der Versuch in der Wand
erreichte etwa 8300 Meter.

1974

Französischer Versuch am Westgrat; fünf Sherpas und der Leiter G. Devouassoux starben, als
eine Lawine zwei Lager unter der Westschulter
wegriss.

1975

Südseite: japanische Expedition zum Südostgrat; *erste Besteigung des Everest durch eine Frau.*
J. Tabei erreichte am 16. Mai den Gipfel,
gemeinsam mit Sherpa Ang Tsering.
Erste Durchsteigung der Südwestwand (Großbritannien). Einer Expedition unter C. Bonington
gelang erstmals die Überwindung des Felsbandes (Schlüsselstelle) über den linken Ausstieg.
Auf dem Gipfel standen D. Haston und D. Scott
(24. September), P. Boardman und Pertemba sowie vermutlich M. Burke, der 40 Meter unter-

halb des Gipfels letztmals gesehen wurde und wahrscheinlich erst im Abstieg verunglückte (26. September).

Nordseite: *zweite Besteigung des Everest von Norden* am 27. Mai durch die Tibeterin Phantog (zweite Frauenbesteigung), sieben Tibeter und einen Chinesen.

1977

Erster Besteigungsversuch am Südostgrat ohne Hochträger (Neuseeland), zwei Mitglieder gelangten bis auf den Südostgrat.

1978

Erste Besteigung des Everest ohne Sauerstoffgeräte am 8. Mai durch R. Messner (Italien) und P. Habeler (Österreich) im Rahmen einer österreichischen Expedition unter W. Nairz. Sieben weitere Teilnehmer erreichten den Gipfel über den Südostgrat, darunter der erste Deutsche (R. Karl). W. Nairz und H. Bergmann überflogen den Khumbu-Eisfall mit Drachen.

Chinesisch-iranische Erkundungsexpedition, erster legaler Besuch der Nordseite von Ausländern nach 1950.

Im Herbst bestiegen sechzehn Teilnehmer einer deutsch-französischen Expedition den Gipfel, drei davon ebenfalls ohne Sauerstoffgeräte (H. Engl, Ang Dorje und Mingma).

1979

Erste Begehung des Direkten Westgrats (via Lho La und Westschulter) am 13. Mai durch A. Stremfelj und J. Zaplotnik (Jugoslawien) sowie S. Belak, S. Bozik und Ang Phu (15. Mai). Ang Phu stürzte beim Abstieg im Hornbein-Couloir tödlich ab. Wiedereröffnung der tibetischen Nordseite für ausländische Expeditionen.

1980

Südseite: *erste Winterbesteigung des Everest* am 17. Februar durch L. Cichy und K. Wielicki (Polen).

Erste Begehung des Südpfeilers (zwischen Südwestwand und Südostgrat) am 18. Mai durch A. Czok und J. Kukuczka (Polen).

Nordseite: *Erste Durchsteigung der Nordwand (Hornbein-Couloir direkt)* am 10. Mai durch T. Ozaki und T. Shigehiro (Japan); Y. Kato gelang die dritte Begehung der klassischen Route über

Nord- und Nordostgrat mit einer neuen Variante (3. Mai).

Erste vollständige Solobesteigung des Everest am 20. August durch R. Messner (Italien) über eine teilweise neue Route vom Nordgrat zum Großen Couloir, ohne Sauerstoffgerät. Erste Besteigung des Everest während des Monsuns.

Erkundung der Ostwand durch A. Harvard (USA) mit zwei Chinesen, erster Besuch der Ostwand durch einen ausländischen Bergsteiger seit 1921.

1981

Amerikanischer Versuch an der Ostwand, Überkletterung des unteren Zentralpfeilers bis etwa 6700 Meter.

Versuch einer Zweimannbesteigung; R. Brice und W. C. Freaney (Neuseeland) gelangten über die amerikanische Westgratroute bis auf 7620 Meter.

1982

Südseite: *Erste Begehung des Südwestpfeilers* (linker Rand der Südwestwand) durch eine sowjetische Expedition; zwischen 4. und 9. Mai erreichten elf Mitglieder den Gipfel.

Zweite Winterbesteigung durch Y. Kato (Japan), im Abstieg verschollen (27. Dezember).

Nordseite: Britische Kleinexpedition zum gesamten Nordostgrat; P. Boardman und J. Tasker verschwinden bei einem Gipfelversuch in etwa 8230 Meter Höhe.

Amerikanischer Versuch an der Nordwand (linke Seite des Großen Couloirs) bis etwa 8380 Meter; M. Hoey stürzte tödlich ab.

Skiumrundung des Everest-Massivs (USA) in zwei Etappen: nepalesische Seite Dezember 1981 bis Januar 1982, tibetische Seite April bis Mai 1982.

1983

Erste Durchsteigung der Ostwand (USA). Am 8. Oktober vollendeten C. Buhler, K. Momb und L. Reichardt die 1981 begonnene Route über den Zentralpfeiler; J. Cassell, G. Lowe und D. Reid folgten am nächsten Tag.

1984

Südseite: *zweite Begehung des direkten Westgrats* (Bulgarien) am 20. April durch H. Prodanov allein und ohne Sauerstoffgerät (im Abstieg verschollen), M. Savov und I. Vultchev (8. Mai) sowie K. Doskov und N. Petkov (9. Mai). Beide Partien stiegen über den Südostgrat ab, wobei sie von einer dortigen indischen Expedition unterstützt wurden.

Zweite Begehung des Südpfeilers durch Z. Demjan, J. Psotka (Tschechoslowakei) und Ang Rita, ohne Sauerstoffgeräte (15. Oktober). Psotka verunglückte beim Abstieg über den Südostgrat tödlich.

Nordseite: *erste Durchsteigung der Nordwand (Großes Couloir direkt)* am 3. Oktober durch die Australier T. Macartney-Snape und G. Mortimer. A. Henderson kam bis auf 8800 Meter.

Amerikaner begingen eine neue Variante in der Nordwand, indem sie vom Nordsattel ins Große Couloir querten. P. Ershler erreichte den Gipfel am 20. Oktober.

1985

Südseite: D. Bass (USA) komplettierte mit dem Everest als Erster die Seven Summits, die Besteigung der höchsten Gipfel aller Kontinente (30. April).

Nordseite: Vierte Begehung der klassischen Nord-/Nordostgratroute (Spanien); drei Katalanen und drei Sherpas standen am 28. August auf dem Gipfel (zweite Besteigung in der Monsunzeit).

Bei ihren erfolglosen Versuchen an der Nordwand begingen Neuseeländer im Herbst eine Variante am linken Rand der Wand, die in den Nordgrat mündet.

1986

Erste Begehung des Westgrats von Norden (Nordsporn zur Westschulter, Gipfel über Hornbein-Couloir) am 20. Mai durch S. Wood und D. Congdon (Kanada).

40-Stunden-Schnellbesteigung über die Nordwand (Hornbein-Couloir direkt) durch E. Loretan und J. Troillet (Schweiz) am 30. August – den Abstieg bewältigten sie in 3,5 Stunden, auf dem Hosenboden abfahrend!

Erster Versuch (USA/Großbritannien) einer Suche nach Mallory und Irvine (1924 verschollen).

1987

Dritte Winterbesteigung des Everest am 22. Dezember durch Heo Young-Ho (Südkorea) und Ang Rita, der kein Sauerstoffgerät benutzte. R. Marshall (Kanada) verunglückte am 21. Mai tödlich beim Rückzug von einem Alleingang in der Nordwand (Hornbein-Couloir direkt).

1988

Nordseite: *erste Begehung der Ostwand zum Südsattel («Neverest Buttress»)* durch eine internationale Kleinexpedition (vier Teilnehmer). R. Anderson und E. Webster erreichten den Südgipfel, S. Venables (Großbritannien) den Hauptgipfel (12. Mai); keiner der Bergsteiger benutzte Sauerstoffgeräte.

Erste Nord-Süd-Überschreitung des Everest (Japan/China/Nepal). N. Yamada (Japan), Ciren Duoji (China) und Ang Lhakpa (Nepal) überschritten den Gipfel von Norden nach Süden; Da Ciren, Renquin Pincuo (China) und Ang Phurba (Nepal) von Süden nach Norden, jeweils am 5. Mai. Live-Übertragung der Besteigung im Fernsehen.

Erste Überschreitung der «Pinnacles» am gesamten Nordostgrat durch R. Brice (Neuseeland) und H. Taylor (Großbritannien); Abstieg ohne Gipfel über den Nordgrat (3. August).

Südseite: *zweite Durchsteigung der Südwestwand* durch eine tschechische Kleinexpedition (vier Bergsteiger) im Alpinstil und ohne Sauerstoffgeräte. J. Just erreichte den Gipfel am 17. Oktober; alle vier verschwanden beim Abstieg über den Südostgrat.

Erste Besteigung durch eine Frau ohne Sauerstoffgerät: Lydia Bradey (Neuseeland; 14. Oktober).

Schnellbesteigung über den Südostgrat durch M. Batard (Frankreich): 22,5 Stunden vom Basislager zum Gipfel (26. September); am gleichen Tag Flug mit Paragleiter vom Gipfel durch J. M. Boivin (Frankreich).

1989

Begehung des Westgrats (neuer Zustieg zum Lho La, Gipfel über Hornbein-Couloir) am 24. Mai durch E. Chrobak und A. Marciniak (Polen);

Chrobak und vier weitere Teilnehmer starben beim Rückweg vom Lho La in einer Lawine. Dritte Begehung des Gesamten Westgrats durch Chung Sang-Yong (Südkorea) und die Sherpas Nima Rita und Nuru Jangbu (23. Oktober).

1990
Südseite: *erste Besteigung des Everest von Meereshöhe aus* (Australien). T. Macartney-Snape begann die Besteigung am Golf von Bengalen und wanderte rund tausend Kilometer durch Indien und Nepal bis ins Basislager, von wo aus er den Gipfel über den Südostgrat bestieg (ohne Sauerstoffgerät; 11. Mai).
Besteigung des Everest durch P. Hillary, Sohn des Erstbesteigers (10. Mai).
Nordseite: Amerikanisch-sowjetisch-chinesische Gemeinschaftsexpedition («Peace Climb»); zwischen 7. und 10. Mai erreichten fünf Amerikaner, sieben Chinesen und acht Russen den Gipfel, sechs davon ohne Sauerstoffgeräte.

1991
Erste Begehung der Nordwand (linke Seite des Großen Couloirs). B. Bonali (Italien) und L. Sulovski (Tschechien) vollendeten am 17. Mai die Route des amerikanischen Versuchs von 1982; beide Bergsteiger gingen ohne Sauerstoffgeräte.
Dritte Begehung der Nordwand (Hornbein-Couloir direkt) durch die Sherpas Mingma Norbu und Gyalbu (15. Mai) sowie L. Cronlund (Schweden; 20. Mai).
Erster Versuch (Japan) am «Fantasy Ridge» der Ostwand (bis 6400 Meter).
Erste Ballonfahrt über den Everest (Großbritannien/Australien; 21. Oktober).

1992
Zweite Begehung der Ostwand zum Südsattel (Chile); drei Mitglieder erreichten den Gipfel über den Südostgrat am 15. Mai.
Versuch am Gesamten Nordostgrat (Japan/Kasachstan), Abstieg über Nordgrat nach Überschreitung der «Pinnacles». Die Expedition fand den Körper von P. Boardman (1982 verschollen).
Skiabfahrt vom Südgipfel durch den Franzosen P. Tardivel (27. September).
Im Herbst gelang einer russisch-französischen Expedition beinahe eine Durchsteigung der

Südwestwand: I. Svergun kam bei einem Gipfelversuch in der Nacht vermutlich bis zur Hillary-Stufe, verlor aber die Orientierung und stieg ab. Wegen beginnender Lungenbeschwerden setzte er seinen Weg ununterbrochen fort und erreichte nach 24 Stunden den Wandfuß.

1993
Südseite: *erste Winterbegehung der Südwestwand* (Japan); sechs Gipfelbesteigungen zwischen 18. und 22. Dezember. Die Durchsteigung erfolgte nach intensiven Vorbereitungen und unter hohem Materialeinsatz in nur drei Wochen.
Nordseite: *zweite Nord-Süd-Überschreitung des Everest* durch den Südkoreaner Heo Young-Ho und den Sherpa Ngati. Der Abstieg über den Südostgrat erfolgte spontan (durch schlechte Bedingungen auf der Nordseite) und bis zum Western Cwm ohne Unterstützung durch andere Expeditionen.
Erste Besteigung des Everest von Norden in der Nachmonsunzeit durch Park Hyun-Jae (Südkorea) und den Sherpa Panuru (6. Oktober).

1994
Dritte Begehung des Südpfeilers durch drei Japaner und sieben Sherpas (8. und 13. Mai).
Groß angelegte Säuberungsaktion (USA); Beseitigung von zwei Tonnen Expeditionsmüll, darunter 200 verbrauchte Sauerstoffflaschen.

1995
Erste Begehung des Gesamten Nordostgrats durch die Sherpas Dawa Tshering, Pasang Kami, Lhakpa Nuru und Nima Dorje sowie Kiyoshi Furuno und Shigeki Imoto (Japan) am 11. Mai.
Der Britin *Alison Hargreaves* gelang am 13. Mai eine Besteigung über den Nord- und Nordostgrat. Obwohl sich andere Bergsteiger auf der Route befanden, kletterte Hargreaves unabhängig, errichtete ihre eigenen Hochlager und verzichtete auf zusätzlichen Sauerstoff. Einen Tag später folgte auf gleicher Route *George Mallory II*, Enkel des 1924 verschollenen Everest-Pioniers.
Dritte Begehung der Südwestwand durch zwei Südkoreaner und zwei Sherpas (14. Oktober).

1996

Südseite: Bei einem *Höhensturm am 10. und 11. Mai* starben am Südostgrat die Führer zweier kommerzieller Expeditionen (R. Hall, A. Harris, S. Fischer) und zwei ihrer Klienten (D. Hansen, Y. Namba); zwei weitere Bergsteiger erlitten schwerste Erfrierungen. Am Nordostgrat kamen im gleichen Sturm drei Mitglieder einer indischen Expedition ums Leben. Die Tragödie sorgte für weltweite Schlagzeilen und brachte kommerzielle Expeditionen ins Kreuzfeuer der Kritik.

Der Schwede *Göran Kropp* bestieg den Everest im Alleingang und ohne Sauerstoffgerät, nachdem er zuvor die gesamte Strecke von Stockholm bis Nepal mit dem Fahrrad bewältigt hatte (23. Mai).

Besteigung des Everest durch Jamling Tensing, Sohn des Erstbesteigers (23. Mai).

Nordseite: *erste Begehung des Nordcouloirs* (zwischen Nord- und Nordostgrat) am 20. Mai durch P. Kouznetzov, V. Kokhanov und G. Semikolenkov (Russland).

Schnellbesteigung der Nordroute durch H. Kammerlander (Italien) in 17 Stunden vom Vorgeschobenen Basislager zum Gipfel (24. Mai); anschließend Skiabfahrt über Nordflanke und Nordsattel (Ski wurden auf einer Strecke von etwa 200 Höhenmetern getragen).

1998

T. Whittaker erreichte als erster Behinderter (Fußamputation) den Everest-Gipfel (27. Mai).

1999

Nordseite: *Mallory & Irvine Research Expedition* (USA/Großbritannien/Deutschland): *Fund der Leiche George Mallorys* auf 8155 Metern in der Nordwand, 75 Jahre nach seinem Verschwinden mit A. Irvine (1. Mai).

Dritte Begehung der Ostwand zum Südsattel durch A. Prakash und die Sherpas Sange Mudok und Kusang Dorje (28. Mai).

Sherpa Babu Chiri biwakierte 21 Stunden ohne zusätzlichen Sauerstoff auf dem Gipfel – das welthöchste Biwak (6./7. Mai).

2000

Erste komplette Skiabfahrt vom Everest via Südostgrat, Südsattel, Lhotseflanke, Western Cwm und Khumbu-Eisfall durch D. Karnicar (Slowenien) am 7. Oktober, in 4 Stunden und 40 Minuten vom Gipfel bis zum Basislager.

Bislang schnellste Besteigung des Everest durch Babu Chiri: 16 Stunden und 56 Minuten vom Basislager zum Gipfel (21. Mai).

2001

Nordseite: *erfolgreiche Rettung von vier gestrandeten Bergsteigern* am 24. Mai aus über 8570 Meter Höhe am Nordostgrat durch Mitglieder der «Mallory & Irvine Research Expedition 2001» (USA/Deutschland).

Snowboardabfahrt über die Nordwand (Großes Couloir) zum Nordsattel am 23. Mai durch M. Siffredi (Frankreich); B. und C. Roche (Frankreich) flogen mit einem Tandem-Paragleiter vom Gipfel bis ins Vorgeschobene Basislager (22. Mai).

Zweiter Versuch (Indien) am «Fantasy Ridge» der Ostwand bis 6700 Meter.

Bislang jüngster Besteiger des Everest: Sherpa Temba Chiri (16 Jahre und 14 Tage).

Südseite: Babu Chiri, der wohl bekannteste Sherpa, starb im Western Cwm durch Spaltensturz (29. April).

E. Weihenmayer erreichte als erster Blinder den Everest-Gipfel (25. Mai).

Rekordbesteigung: 89 Bergsteiger erreichten am selben Tag den Gipfel (Süd- und Nordseite zusammen; 23. Mai).

2002

Bislang ältester Besteiger des Everest: Tomiyasu Ishikama (Japan, 65 Jahre und 187 Tage).

Peter Hillary (Sohn von Edmund Hillary), Tashi Tensing (Enkel von Tensing Norgay), Brent Bishop (Sohn von Barry Bishop, 1963) und Yves Lambert (Sohn von Raymond Lambert, 1952) bestiegen den Everest.

Bis April 2002 (Drucklegung) lag die Zahl der Besteigungen des Mount Everest bei 1500, durchgeführt von 1111 verschiedenen Personen, darunter 75 Frauen (81 Besteigungen); die Zahl der Opfer (Stand vom Juni 2002) lag bei 174, darunter fünf Frauen (Quelle: www. adventurestats.com, gegenwärtig die wohl beste Quelle für Besteigungsdaten an den Achttausendern).

TRIPS UND TIPPS

TREKKING ZUM KHUMBU-BASISLAGER (NEPAL)

Das Mount-Everest-Gebiet (Solu Khumbu) ist neben der Annapurna-Gruppe das beliebteste Trekkingziel in Nepal – und das nicht nur auf Grund der Aussicht auf den höchsten Berg der Welt, sondern auch wegen der zahlreichen Sherpadörfer und Klöster.

Die beste Zeit für eine Trekking-Tour zum Fuß des Mount Everest ist im Herbst, wenn der Monsunregen die Luft gereinigt hat. Gegen Ende der Trockenzeit im Frühjahr beschränkt Staub häufig die Aussicht, dafür bietet die blühende Vegetation in den Tälern einen prachtvollen Anblick. Auch die Wintermonate sind zum Trekking geeignet, wenngleich in der Höhe oft bittere Kälte herrscht.

Startpunkt für den Everest-Treck ist die nepalesische Hauptstadt Kathmandu (internationaler Flughafen). Dort gibt es zahlreiche Organisationen, die geführte Trekking-Touren anbieten oder bei der Logistik helfen.

Viele Trekking-Touristen fliegen von Kathmandu nach Lukla (2800 m) und beginnen den Weg ins Everest-Basislager von dort aus. Royal Nepal Airlines Corporation und private Fluggesellschaften fliegen die Piste im Dudh-Kosi-Tal bei gutem Wetter täglich an (etwa 90 bis 100 US-Dollar für die einfache Strecke), doch sollte man auf Flugausfälle und Verzögerungen vorbereitet sein. Reservetage einplanen! Ausweichflugfelder gibt es in Phaphlu und Lamidanda (drei beziehungsweise fünf Tagesetappen südlich von Lukla) sowie in Shyangboche nahe Namche Bazaar.

Es ist zwar möglich, von Lukla aus das Khumbu-Basislager in knapp einer Woche zu erreichen – doch um höhenbedingten Problemen vorzubeugen, empfiehlt es sich sehr, zwischendurch mindestens zwei Tage zur Höhenanpassung einzuschalten. Beliebte Orte hierfür sind das Sherpazentrum Namche Bazaar und das berühmte Kloster Thyangboche. Neben der Wanderung ins Everest-Basislager lohnt sich auf der letzten Etappe vor allem eine Besteigung des Kala Pattar (5554 m). Von

diesem Aussichtspunkt hat man einen überwältigenden Blick auf die dunkle Pyramide des Everest und auf den Khumbugletscher.

Insgesamt sollte man für die Strecke Lukla–Khumbu-Basislager etwa neun bis zehn Tage, für den Rückweg vier bis fünf Tage einplanen, so dass sich eine zweiwöchige Rundtour ergibt.

Alternativ kann man den Everest-Treck auch in Jiri (1950 m) beginnen, 188 Kilometer östlich von Kathmandu (Busverbindung oder Taxi). Von dort aus führt die Route in ständigem Auf und Ab über die Kämme und Täler der südwestlichen Vorberge der Everest-Region bis ins Dudh-Kosi-Tal. Von Jiri bis Lukla benötigt man etwa eine Woche. Dies ist der frühere Anmarschweg der Everest-Expeditionen; er ist weniger begangen als die Etappe Lukla–Khumbu-Basislager und bietet eine ideale Möglichkeit zur Höhenanpassung. Hat man drei Wochen zur Verfügung, so sollte man den gesamten Treck von Jiri bis ins Khumbu-Basislager begehen und von Lukla aus zurückfliegen.

Entlang der gesamten Trekking-Route finden sich Unterkünfte, so dass auf die Mitnahme eines Zeltes verzichtet werden kann. Ein warmer Schlafsack ist jedoch notwendig.

Die Verwaltung des Sagarmatha-Nationalparks verpflichtet Trekking-Gruppen zur Verwendung von Petroleum als Brennstoff zum Kochen, um die Abholzung einzudämmen. Petroleum ist in Lukla und Namche erhältlich. Zudem ist am Eingang des Nationalparks eine Gebühr von 1000 Rupees (etwa 13 US-Dollar) zu bezahlen. Darüber hinaus gibt es keine Gebühren, doch sollte man bei jedem Besuch eines Klosters oder Tempels (Gompa) eine kleine Spende entrichten.

TREKKING ZUM RONGBUK-BASISLAGER (TIBET)

Seit der Eröffnung des «Friendship Highway» von Tibet über den Himalaja nach Nepal ist auch die Nordseite des Mount Everest von Kathmandu aus zugänglich. Man kann von dort aus entweder per Bus oder Taxi bis zum nepalesischen Grenzort Kodari (1500 m) im Bhote-Kosi-Tal fahren oder nach Lhasa fliegen. In jedem Fall benötigen Touristen zur Einreise nach China/Tibet ein gültiges Visum. Die chinesische Botschaft in Kathmandu stellt keine Visa für Individualtouristen aus!

Von Kodari führt die Straße zunächst zum chinesischen Grenzort Zhangmu (2300 m). Dort warten häufig etliche Fahrzeuge auf zahlende Fahrgäste auf dem Weiterweg in Richtung Lhasa, so dass eine Mitfahrgelegenheit relativ problemlos zu finden ist. Die Strecke bis nach Tingri auf dem tibetischen Hochplateau, dem Ausgangspunkt für den Treck zum Rongbuk-Basislager, lässt sich mit dem Jeep in einem (langen) Tag bewältigen. Jedoch führt die Straße über einen 5125 Meter hohen Pass, und Tingri selbst liegt auf 4390 Metern – bei einem so raschen Aufstieg sind Probleme mit der Höhe nahezu unvermeidlich. Falls möglich, sollte man daher die Fahrt in Nyalam (3750 m) für einen Tag unterbrechen und auch in Tingri mindestens einen Tag zur Höhenanpassung verbringen.

Von Lhasa aus verkehren Minibusse nach Shigatse, der zweitgrößten Stadt in Tibet mit ihrem berühmten Kloster Tashilhunpo. Bei der Weiterfahrt ins Everest-Gebiet ist man weitgehend auf Mitfahrgelegenheiten in Lastwagen angewiesen. Der Linienbus zwischen Lhasa und der Grenze ist unzuverlässig. Eine weitere Möglichkeit ist, in Lhasa einen Jeep samt Fahrer zu mieten. Von Lhasa kommend, kann man den Treck zum Rongbuk-Basislager in Shegar beginnen, etwa 60 Kilometer vor Tingri.

In Tingri können Führer und Lasttiere angeheuert werden, die den Treck wesentlich erleichtern. In drei Tagen gelangt man über die Siedlung Lungjhang, den Pass Lamna La (5150 m) und das Rongbuktal bis zum Rongbukkloster (4980 m). Von Shegar aus erreicht man in zwei Tagen über das Dorf Chay und den Pang La (5120 m) Holum im unteren Rongbuktal, von wo aus es noch weitere zweieinhalb Tage bis zum Rongbukkloster sind. Diese Route folgt der 1960 fertig gestellten Schotterpiste von Shigatse nach Rongbuk, so dass man die gesamte Strecke auch mit dem Jeep fahren kann. Das Rongbuk-Basislager (5180 m) befindet sich weitere 8 Kilometer talaufwärts vor der Zunge des Haupt-Rongbukgletschers.

Nur konditionsstarke und vollständig höhenangepasste Trekker sollten einen weiteren Aufstieg vom Basislager bis ins Vorgeschobene Basislager (6460 m) am oberen Ost-Rongbukgletscher wagen (Vier-Tage-Rundtour).

Im Gegensatz zum nepalesischen Everest-Treck sind die Siedlungen auf der tibetischen Seite oft weit voneinander entfernt und weisen nur spartanische Unterkünfte auf. Es ist daher notwendig, ab Tingri eine komplette Trekking-Ausrüstung mit Zelt, Schlafsack und Kocher mitzuführen und sich bereits in Kathmandu oder Lhasa mit Proviant für den Treck einzudecken.

Inzwischen bieten zahlreiche Veranstalter kommerzieller Everest-Expeditionen Begleitprogramme zur eigentlichen Besteigung an. Diese sind zwar teurer als vor Ort gebuchte oder selbst organisierte Touren, profitieren aber von der Logistik und Ausrüstung der Hauptexpedition. Informationen bei den verschiedenen Veranstaltern; Kontaktadressen finden sich im Internet unter www.igo8000.com.

FÜHRER

Armington, Stan: Trekking in the Nepal Himalaya. Lonely Planet Publications, Hawthorn 2001.

Bellezza, John Vincent: Tibet. Lonely Planet Publications, Hawthorn 2002.

Bezruchka, Stephen/Kunstaetter, Robert: Trekking in Nepal. A Traveler's Guide. The Mountaineers Books, Seattle 1997.

Finlay, Hugh: Nepal. Lonely Planet Publications, Hawthorn 2001.

McCue, Gary: Trekking in Tibet. A Traveler's Guide. The Mountaineers Books, Seattle 1999.

KARTEN

Chomolungma – Mount Everest, 1 : 25 000. Deutscher und Österreichischer Alpenverein/ Deutsche Forschungsgemeinschaft/Erwin Schneider. Artaria & Kartographische Anstalt Freytag-Berndt, Wien 1957.

Khumbu Himal, 1 : 50 000. Nelles Maps.

Everest Basecamp, 1 : 50 000; **Gokyo**, 1 : 50 000; **Khumbu**, 1 : 100 000. Nepa Maps. Alle zu beziehen über die Geschäftsstelle des Deutschen Alpenvereins, München (www.alpenverein.de).

Mount Everest, 1 : 50 000 (nähere Everest-Region). National Geographic Society/Boston's Museum of Science/Bradford Washburn, Boston 1988.

Mount Everest Region, 1 : 100 000 (vor allem nepalesische Seite ab Namche Bazaar). Royal Geographical Society/G. S. Holland, London 1975.

Quellen- und Literaturverzeichnis

Eine vollständige Auflistung aller zum Mount Everest erschienenen Bücher und Artikel würde mehrere Bücher füllen – und tut dies bereits: «Climbing Mount Everest. The Bibliography» von Audrey Salkeld und John Boyle (Sixways Publishing, Clevedon 1993; aktualisierte Ausgabe geplant für 2003). Weitere Nachschlagewerke sind «Mountaineering Literature. A Bibliography of Material Published in English» von Jill Neate (Cicerone Press, Milnthorpe 1986) und «Catalogue of Himalayan Literature» von Yoshimi Yakushi (Hakusuisha Publishing, Tokio, 3. Auflage 1994).

Das vorliegende Literaturverzeichnis erhebt daher in keiner Weise Anspruch auf Vollständigkeit. Vielmehr soll es dem interessierten Leser ermöglichen, sich weiter in die Everest-Geschichte zu vertiefen. Das Verzeichnis ist daher «leserfreundlich», das heißt, der überwiegende Teil der Bücher ist weiterhin erhältlich. Bei der Suche nach antiquarischen Titeln ist das Internet inzwischen zum unschätzbaren Hilfsmittel geworden, insbesondere die Seiten www.abebooks.com und für den deutschsprachigen Raum www.zvab.com.

Geschichte, Geografie, Kultur

Gillman, **Peter** (Hrsg.): Everest. 80 Jahre Triumphe und Tragödien. Bruckmann, München 2001.
Hagen, **Toni** et al.: Mount Everest. Aufbau, Erforschung und Bevölkerung des Everest-Gebietes. Orell Füssli Verlag, Zürich 1959.
Hillary, **Sir Edmund/Höfer, Hans/Choegyal, Lisa** (Hrsg.): Sir Edmund Hillarys Sagarmatha. Apa Topics/RV Verlag, Ostfildern 1991.
Unsworth, **Walt:** Everest. The Mountaineering History. Bâton Wicks/The Mountaineers, London/Seattle, 3. Auflage 2000.

Karten und Führer

Chomolungma – Mount Everest, 1 : 25 000. Deutscher und Österreichischer Alpenverein/Deutsche Forschungsgemeinschaft/Erwin Schneider. Artaria & Kartographische Anstalt Freytag-Berndt, Wien 1957.

Mount Everest, 1 : 50 000. National Geographic Society/Boston's Museum of Science/Bradford Washburn. National Geographic Society, Washington, 2. Auflage 1991 (mit 1 : 25 000-Vergrößerung des Bergmassivs und eingezeichneten Routen).
Kielkowski, **Johannes:** Mount Everest, Massiv Nord (Qomolangma Sagarmatha). Himalaja-Handbuch Band 1. Aree Greul, 2., erweiterte und überarbeitete Auflage, Frankfurt am Main 1986.
Kielkowski, **Jan:** Mount Everest Massif. Monograph – Guide – Chronicle. Explo Publishers, Gliwice (Polen) 1993 (der erste «Everest-Führer» mit umfassenden Routenskizzen und Beschreibungen).

Ein Berg entsteht

Dewey, **J. F./Cande, S./Pitman, W. C.:** Tectonic Evolution of the India/Eurasia Collision Zone. In: Eclogae Geologicae Helvetiae, 82/1989.
Gansser, **A.:** Geology of the Himalayas. John Wiley & Sons, Chichester 1964.
Larson, **R. L.:** Early Cretaceous Break-up of Gondwanaland of Western Australia. In: Geology, 5/1977.
Matte, **Ph.** et al.: Continental Subductions beneath Tibet and the Himalayan Orogeny: A Review. In: Terra Nova, 9/1997.
Molnar, **P.:** Structure and Tectonics of the Himalaya: Constraints and Implications of Geophysical Data. In: Annual Review of the Earth and Planetary Sciences, 12/1988.
Patriat, **P.** et al.: Les Mouvements relatifs de l'Inde, de l'Afrique et de l'Eurasie. In: Bulletin de la Société Géologique de la France, 24/1982.
Searle, **M. P.:** Extensional and Compressional Faults in the Everest-Lhotse massif, Khumbu Himalaya, Nepal. In: Journal of the Geological Society London, 156/1999.
Stanley, **S. M.:** Historische Geologie. Eine Einführung in die Geschichte der Erde und des Lebens. Spektrum Akademischer Verlag, Heidelberg/Berlin/Oxford, 1994.
Treloar, **P. J./Searle, M. P.** (Hrsg.): Himalayan Tectonics. In: Geological Society London, Special Publications 74/1993.

Veewers, J. G. et al.: Indo-Australia Stratigraphy and the Configuration and Dispersal of Gondwana. In: Nature, 229/1971.

Windley, B. F.: The Evolving Continents. Wiley & Sons, Chichester/New York, 3. Auflage 1995.

Ein Berg wird entdeckt

Breashears, David: Wer ist der Höchste im ganzen Land? Die Vermessung des Himalaja. WGBH/BBC (deutsche Fassung: NDR), Boston/London 1991.

Gillman, Peter: Measuring Mountains. In: In Balance. Twenty years of mountaineering journalism. Hodder & Stoughton, London 1989.

Howard-Bury, Charles: Mount Everest. Die Erkundungsfahrt 1921. Benno Schwabe & Co., Basel 1922.

Keay, John: Expedition Great Arc. Die dramatische Vermessung des indischen Subkontinents. Campus Verlag, Frankfurt 2001.

National Geographic: Technology lifts Everest to new official height. Press Release, www.nationalgeographic.com, 11. November 1999.

Noel, John B. L.: Through Tibet to Everest. Hodder & Stoughton, London 1927 (Neuauflage 1989).

Noel, Sybille: The Magic Bird of Chomo-Lung-Ma. Doubleday Doran, New York 1931.

Perrin, Jim: Captain J. B. L. Noel. In: Climber & Rambler, Januar 1978.

Smith, J. R.: Everest. The Man and the Mountain. Whittles Publishing, Caithness (Schottland) 1999.

Waller, Derek: The Pundits. British Exploration of Tibet & Central Asia. The University Press of Kentucky, Lexington 1990.

Ward, Michael: The Exploration and Mapping of Everest. In: Alpine Journal, 1994, S. 97–106.

Ward, Michael: The Height of Mount Everest. In: Alpine Journal, 1996, S. 30–33.

Die Pioniere

Anker, Conrad/Roberts, David: Verschollen am Mount Everest. Dem Geheimnis von George Mallory auf der Spur. Wilhelm Heyne Verlag, München 1999.

Breashears, David/Salkeld, Audrey: Mallorys Geheimnis. Was geschah am Mount Everest? Steiger Verlag, München 2000.

Bruce, Charles: Mount Everest. Der Angriff 1922. Benno Schwabe & Co., Basel 1924.

Gillman, Peter/Gillman, Leni: The Wildest Dream. Mallory – His Life and Conflicting Passions. Headline Book Publishing, London 2000.

Hemmleb, Jochen et al.: Die Geister des Mount Everest. Die Suche nach Mallory und Irvine. Hoffmann und Campe, Hamburg 1999.

Hemmleb, Jochen/Simonson, Eric: Detectives on Everest. The Story of the 2001 Mallory & Irvine Research Expedition. The Mountaineers Books, Seattle 2002.

Norton, Edward: Bis zur Spitze des Mount Everest. Die Besteigung 1924. Benno Schwabe & Co., Basel 1926 (Neuauflage 1999 bei Sportverlag, Berlin).

Roberts, Dennis: I'll climb Mount Everest alone. The Story of Maurice Wilson. Robert Hale, London 1957.

Ruttledge, Hugh: Everest 1933. Hodder & Stoughton, London 1934.

Ruttledge, Hugh: Everest. The Unfinished Adventure. Hodder & Stoughton, London 1937.

Shipton, Eric: The Six Mountain-Travel Books. Diadem/The Mountaineers Books, London/Seattle 1985 (einbändige Neuauflage von sechs Büchern Shiptons, darunter die Autobiografie «Upon that Mountain» mit Berichten über die Everest-Expeditionen 1933–1938).

Smythe, Frank: The Six Alpine/Himalayan Climbing Books. Bâton Wicks/The Mountaineers Books, London/Seattle 2000 (einbändige Neuauflage von sechs Büchern Smythes, darunter «Camp Six», der Bericht über die Everest-Expedition 1933).

Summers, Julie: Fearless on Everest. The Quest for Sandy Irvine. Weidenfeld & Nicolson, London 2000.

Tilman, Harold William (Bill): The Seven Mountain-Travel Books. Diadem/The Mountaineers Books, London/Seattle 1983 (einbändige Neuauflage von sieben Büchern Tilmans, darunter «Everest 1938»).

«Air Everest»

Dickinson, Leo: Ballooning over Everest. Jonathan Cape, London 1993.

Douglas & Clydesdale, Marquis von/McIntyre, D.: The Pilots' Book of Everest. Doubleday, Doran & Co., New York 1936.

Fellowes, P. et al.: Der erste Flug über den Mount Everest. S. Fischer Verlag, Berlin 1934.

High Mountain Sports: Mountain Info, Nr. 231, Februar 2002 (Tandem-Gleitschirmflug von Bertrand und Claire Roche).

Nairz, Wolfgang: Gipfelsieg am Everest. Verlag Fritz Molden, Wien 1978 (Drachenflug über den Khumbu-Eisfall).

Tabin, Geoff: Rekorde und Tragödien. In: Gillman, Peter: Everest. Abenteuer und Tragödien am Berg der Berge. J. Berg, München 1998 (Gleitschirmflug vom Gipfel).

Vulliamy-Lanctot, Dominique: Jean-Marc Boivin. In: Mountain, Nr. 133, Mai/Juni 1990 (Nachruf).

Ein neuer Weg

Dittert, René et al.: Avant-Premières à l'Everest. Arthaud, Paris 1953 (englische Ausgabe: Forerunners to Everest. George Allen & Unwin, London 1954).

Eggler, Albert: Gipfel über den Wolken. Lhotse und Everest. Büchergilde Gutenberg, Zürich 1956.

Schweizerische Stiftung für Alpine Forschungen (Hrsg.): Everest. Nymphenburger Verlagshandlung, München 1953.

Shipton, Eric: The Mount Everest Reconnaissance Expedition 1951. Hodder & Stoughton, London 1952.

Tilman, Harold William: Nepal Himalaya. University Press, Cambridge 1952.

Die «Everest-Krönung»

Evans, Charles: Eye on Everest. A Sketch Book from the Great Everest Expedition. Dennis Dobson, London 1955.

Gregory, Alfred: The Picture of Everest. Hodder & Stoughton, London 1954.

Gregory, Alfred: Alfred Gregory's Everest. BCA/Constable & Co., London 1993.

Hillary, Edmund: Ich stand auf dem Everest. Meine Erstbesteigung mit Sherpa Tensing. Brockhaus, Wiesbaden 1957.

Hillary, Edmund: Die Abenteuer meines Lebens. Ullstein, Berlin 2001.

Hunt, John: Mount Everest. Kampf und Sieg. Ullstein, Wien 1954.

Malartic, Yves: Sieg am Everest. Hoffmann und Campe, Hamburg 1954 (über Tensing).

Morris, Jan (James): Coronation Everest. Faber, London 1958.

Noyce, Wilfrid: Triumph am Everest. Ullstein, Wien 1954.

Tensing Norgay/Ullman, James: Tiger of the Snows. The Autobiography of Tenzing of Everest. G. P. Putnam's Sons, New York 1955.

Die wahren Helden des Everest

Jamling Tenzing Norgay/Coburn, Broughton: Auf den Spuren meines Vaters. Die Sherpas und der Everest. Diana Verlag, München 2001.

Norton, B. P.: Mémoires d'un Sherpa. Amiot-Dumont, Paris 1954 (über Ang Tharkay).

Ortner, Sherry B.: Die Welt der Sherpas. Leben und Sterben am Mount Everest. Gustav Lübbe Verlag, Bergisch Gladbach 2000.

Tashi Tenzing/Judy Tenzing: Tenzing Norgay and the Sherpas of Everest. Ragged Mountain Press/McGraw-Hill, Camden 2001.

Geschichten und Geschichte

Armandy, André: Terre de Suspicion. Jules Tallandier, Paris 1924.

Asselin, Jean-Michel: Nil, sauve-toi! Glénat, Grenoble 1998.

Bowman, William Ernest: The Ascent of Rum Doodle. Max Parrish, London 1956; Pimlico, London 2001; Trafalgar Square Books, New York 2002 (französisch: A l'assaut du Khili-Khili. R. Laffont, Paris 1956; Glénat, Grenoble 1988; spanisch: Al Asalto del Khili-Khili. El Club de la Sonrisa, 1956; Barrabes Editorial, Cuarte/Huesca 2001; dänisch: 1958).

Dickinson, Matt: High Risk. Book Club Associates, London 1999 (deutsch: Die weiße Hölle. Goldmann, München 2001).

Dolbier, Maurice: Nowhere near Everest. Knopf, New York 1955.

Ehmer, Wilhelm: Um den Gipfel der Welt. Roman eines Bergsteigers. Engelhorn, Stuttgart 1936.

Enzinck, Willem: De grote klim. Servire, Den Haag 1952 (deutsch: Der große Berg. George Leigh Mallory und der Mount Everest. Paulus, Recklinghausen 1966; Der große Berg. Drama am Mount Everest. dtv junior, München 1972).

Gray, Berkeley: The Lost World of Everest. Children's Press, London/Glasgow 1941.

Knight, Tami: Everest. The Ultimate Hump. Menasha Ridge Press, Birmingham (USA) 1999.

Kopacka, Werner: Everest. Der Roman. F. A. Herbig, München 1998.

Langley, Bob: East of Everest. Michael Joseph, London 1984.

Long, Jeff: In Gentle Combat with the Cold Wind. In: Mountain, 56/1977.

Long, Jeff: The Ascent. Morrow, New York 1992 (deutsch: Tödliches Eis. Goldmann, München 1999).

Noyce, Wilfrid: The Gods are Angry. Heinemann, London 1957.

Peyré, Joseph: Mont Everest. Grasset, Paris 1942 (deutsch: Das Geheimnis des Mount Everest. Schweizer Volksbuchgemeinde, Luzern 1947).

Robinson, Kim Stanley: Escape from Kathmandu. Unwin Hyman, London 1990 (deutsch: Flucht aus Kathmandu. Bastei Verlag, Bergisch Gladbach 1990).

Rushdie, Salman: The Satanic Verses. Viking, London 1988 (deutsch: Die satanischen Verse. Artikel 19 Verlag, o. O., 1989).

Thomas, Rosie: White. Heinemann, London 2000 (deutsch: Weiß wie Schnee. Econ-List, München 2000).

Wainwright, J. A.: A Deathful Ridge. A Novel of Everest. Mosaic Press, Oakville (Ontario) 1997.

Waterman, Guy: The Bronx Plumber. In: Off Belay, Oktober 1976.

DIE DUNKLE SEITE

Gippenreiter, Yevgeni: Mount Everest and the Russians 1952 and 1958. In: Alpine Journal (Jahrgang nicht bekannt).

o. V.: Mountaineering in China. Foreign Languages Press, Peking 1965.

o. V.: A Photographic Record of the Mount Jolmo Lungma Scientific Expedition 1966–1968. Chinese Academy of Science/Science Press, Peking 1974.

o. V.: Another Ascent of the World's Highest Peak – Qomolangma. Foreign Languages Press, Peking 1975.

o. V.: High Mountain Peaks in China – Newly Opened to Foreigners. CMA & Peoples Sports Publishing House of China/Shimbun Publishing, Peking/Tokio 1981.

o. V.: Russische Everest-Expedition. In: Der Bergsteiger, April 1952.

o. V.: Russische Mount-Everest-Expedition spurlos verschwunden? In: Der Bergsteiger, November 1953 (anscheinend deutsche Übersetzung eines Artikels aus «The Times» vom 1. Oktober 1953).

Sayre, Woodrow Wilson: Vier gegen den Everest. Albert Müller Verlag, Zürich 1965.

Zhang, Caizhen (Hrsg.): The History of Mountaineering in China. Wuhan Publishing House, Han Kou 1993.

Zhou, Zhen/Zhenkai, Liu: Footprints on the Peaks: Mountaineering in China. Cloudcap, Seattle 1995.

DIE GROSSEN WÄNDE UND GRATE

Bonington, Chris: Everest. The First Ascent of The South West Face. Hodder & Stoughton, London 1976.

Harvard, Andrew: The Forgotten Face of Everest. In: National Geographic, Juli 1984.

Hornbein, Thomas F.: Everest. The West Ridge. Sierra Club, San Francisco 1965.

Kukuczka, Jerzy: My Vertical World. Hodder & Stoughton, London 1992 (darin Kapitel über den Südpfeiler 1980).

Meschtschaninow, Dmitri: Zum dritten Pol. Sowjetische Alpinisten auf dem Mount Everest. F. A. Brockhaus Verlag, Leipzig 1987 (Südwestpfeiler 1982).

Moores, Paul: The Boys from the White Stuff. In: Mountain, 124/1988 (Nordostgrat 1988).

Morrissey, James D.: Kangshung Face of Everest. In: American Alpine Journal, 1984 (Ostwand 1983).

Nijon University (Japan): Northeast Ridge Expedition Report of Nijon University Mt. Everest Expedition 1995. University Press, Nijon 1996.

Skarja, Tone: Everest. Mladinska knjiga, Ljubljana 1981 (Westgrat 1979).

Ullman, James Ramsey: Americans on Everest. J. B. Lippincott, Philadelphia 1964 (Westgrat 1963).

Watanabe, Hyoriki/Japanese Alpine Club: Chomolangma – Tibet: Official Account of the Japanese Alpine Club Chomolangma Expedition. Kodan-sha, Tokio 1981 (Nordwand 1980).

Zakharov, Nikolai: The Russians are crazy. In: Gillman, Peter: Everest. Eighty Years of Triumph and Tragedy. The Mountaineers Books, Seattle 2000 (Nordcouloir 1996).

«MIT FAIREN MITTELN»

Amman, Jean/Loretan, Erhard: Erhard Loretan. Den Bergen verfallen. Paulusverlag, Freiburg 1996 (darin Kapitel über Schnellbegehung der Nordwand 1986).

Anderson, Robert: The Nine Days of Neverest. In: Mountain, 124/1988 (Ostwand 1988).

Bonington, Chris/Clarke, Charles: Everest. The Unclimbed Ridge. Hodder & Stoughton, London 1983.

Habeler, Peter: Der Einsame Sieg. Mount Everest '78. Goldmann, München 1978.

Hall, Lincoln: White Limbo. The First Australian Climb of Mt Everest. Weldons, McMahons Point (Australien) 1985.

Henderson, Andy: Sweet and Sour. In: Mountain, 104/1985.

Messner, Reinhold: Everest. Expedition zum Endpunkt. BLV, München 1978.

Messner, Reinhold: Der Gläserne Horizont. Durch Tibet zum Mount Everest. BLV, München 1982.

Patterson, Bruce: Canadians on Everest. Detselig Enterprises, Calgary 1990 (darin Kapitel über Versuch am Nordcouloir 1988).

Troillet, Jean: Everest … the Fast Way. In: Canadian Alpine Journal, 1987.

Venables, Stephen: Everest Kangshung Face. Hodder & Stoughton, London 1989.

Webster, Ed: Snow in the Kingdom. My Storm Years on Everest. Mountain Imagery, Eldorado Springs 2000.

«In eisige Höhen»

Boukreev, Anatoli/DeWalt, Weston: Der Gipfel. Tragödie am Mount Everest. Wilhelm Heyne Verlag, München 1998 (Boukreevs Sicht der Dinge).

Dickinson, Matt: Drama am Mount Everest. Eine Expedition kämpft gegen den Tod. Droemer Knaur, München 1999 (der nordseitige Akt der Tragödie).

Gammelgaard, Lene: Die letzte Herausforderung. Wie ich die Tragödie am Mount Everest überlebte. Econ Ullstein List, München 2000.

Krakauer, Jon: Into Thin Air. In: Outside, September 1996 (Krakauers erster Bericht).

Krakauer, Jon: In eisige Höhen. Das Drama am Mount Everest. Malik, München 1998.

Messner, Reinhold: Everest 2000. Apex of all Vanities. In: Climbing, 188/September 1999.

Venables, Stephen: The Creation of IGO 8000. In: High Mountain Sports, 183/Februar 1998 (mehr Informationen unter www.igo8000.com).

Weathers, Beck: Für tot erklärt. Meine Rückkehr vom Mount Everest. dtv, München 2000.

Die höchste Bühne der Welt

Coburn, Broughton: Everest. Gipfel ohne Gnade. Steiger Verlag, Augsburg 1998 (IMAX-Film und Tragödie 1996).

Salkeld, Audrey/Smith, Rosie: One Step in the Clouds. An Omnibus of Mountaineering Novels and Short Stories. Diadem Books, London 1990.

Salkeld, Audrey: Captain Noel and the earliest Everest Films. In: High Mountain Sports, 188/Juli 1998.

Arena der Sensationen

Batard, Marc/Logeart, Brigitte: Le Sprinteur de l'Everest. Denoël, Paris 1989.

Child, Greg: How I (almost) didn't climb Everest. Sowie: Lessons in Futility. In: Postcards from the Ledge. Collected Mountaineering Writings of Greg Child. The Mountaineers Books, Seattle 1998.

Finch, George Ingle: Der Kampf um den Everest. F. A. Brockhaus, Leipzig, 1925.

High Mountain Sports: Mountain Info, 219/Februar 2001 (Babu Chiris Geschwindigkeitsrekord).

High Mountain Sports: Mountain Info, 226/September 2001 (Davo Karnicars Skiabfahrt).

High Mountain Sports: Mountain Info, 231/Februar 2002 (Marco Siffredis Snowboardabfahrt, jüngster Besteiger Kaji Sherpa).

Kammerlander, Hans: Bergsüchtig. Piper, München 1999.

Karnicar, Davo: Everest. L'intégrale à skis. In: Montagne, 243/Januar 2001.

Karnicar, Davo: Everest. The Ultimate Ride. Interview auf planetmountain.com.

Kropp, Göran/Lagercrantz, David: Allein auf den Everest. Meine dramatische Solo-Expedition auf den höchsten Berg der Welt. Goldmann, München 1998.

Macartney-Snape, Tim: Everest. From Sea to Summit. Australian Geographic, Terrey Hills 1992.

Miura, Yuichiro/Perlman, Eric: The Man who skied down Everest. Harper Row, New York 1978.

Tardivel, Pierre: Mémoires de Pleine Pente. Éditions Publialp, Grenoble 1997.

Venables, Stephen: Everest climbed by a Dog? In: High Mountain Sports, 195, Februar 1999 (sarkastisch-humoristische Übersicht über Everest-Rekorde).

Weihenmayer, Erik: Ich fühlte den Himmel. Malik, München 2001.

Whittaker, Tom/Dodd, Johnny: Hoch hinaus. Lübbe, Bergisch-Gladbach 2001.

PERSONENREGISTER

Die kursiven Zahlen verweisen
auf Abbildungen.

Adams, Judith 291
Afanassieff, Jean 296
Anderson, Robert 250–255,
   254, 316
Andrews, C. G. 93
Ang Dawa 187, 313
Ang Dorje 261–264
Ang Dorje (1978) 315
Ang Lhakpa 208, 316
Ang Nyima 132
Ang Phu 204, 315
Ang Phurba 208, 316
Ang Rita *158*, 316
Ang Temba 158
Ang Tharkay 152–156
Ang Tsering 231, 314
Ang Tshering *152*
Anker, Conrad 80, 168
Anker, Daniel 175
Apa Sherpa 147, *158*
Arens, Peter 288
Armandy, André 166
Arsentiev, Frances 233
Arsentiev, Sergei 233
Asper, Jean-Jacques 112, 120
Asselin, Jean-Michel 170
Athans, Pete 49, 157, 270
Aubert, René 112, 120, 121 ff.

Babu Chiri Sherpa 147, 158 f.,
   159, 301, 305, 318
Bahuguna, Harsh 204, 314
Bailey, Frederick 82
Balu 307
Balyberdin, Vladimir 216
Band, George 129, *130*
Bartram, Geof 242 f.
Bass, Dick 259, 316
Batard, Marc 301, 316
Becik, Dusan 246

Beetham, Bentley 68
Béghin, Pierre 247
Beidleman, Neil 264 ff.
Belak, Stane 204, 315
Benitez, Luis 306
Bergmann, Horst 93 f., 315
Bernard, Anne 232
Binsack, Evelyne 125
Bishop, Barry 202 ff., 304, 314
Bishop, Brent 305, 318
Blacker, Stewart 91 f.
Blanchard, Barry 249
Blessed, Brian 288, 291
Boardman, Peter 9, 157, 210, 214,
   226, *227*, 229, 246, 314, 317
Boivin, Jean-Marc 94, *95*, 316
Bonali, Battisto 317
Bonington, Chris 147, 157, 210,
   226, 288, 314
Bonnet, S. F. 92 f.
Bosik, Peter 246, 315
Boukreev, Anatoli 261–270
Bourdillon, Tom 106, *110*, 129,
   130, 131 f., *133*, 313
Bowman, William E. 174 f.
Bozic, Stipe 204
Bradey, Lydia 232 f., *232*, 316
Braithwaite, Paul 210–214
Breashears, David 259, 261, 286,
   287 f., *287*
Brice, Russell 226 f., 315 f.
Brocherel, Alexis 50
Brocherel, Henri 50
Brown, Joe 226
Bruce, Charles Grenville 50, 68 f.
Bruce, Geoffrey 66, 68 ff., 312
Buhler, Carlos 221, 315
Bullock, Guy H. 51, 52–55,
   53, 150 f., 312
Burke, Mick 210, 214, 314
Burleson, Todd 270

Cassell, Jay 221, 315
Cheesmond, Dave *220*
Chevalley, Gabriel 112, 120, *124*
Child, Greg 304 f., 307
Chrobak, Eugeniusz 208, 316 f.
Chung Sang-Yong 208, 317
Cichy, Leszek 214, 315
Ciren Duoji 208, 316
Clark, Liesl 288
Clydesdale, Marquess of 92
Collins, Barry 290
Congdon, Dwayne 208, 232, 316
Cowles, Elizabeth 232
Crawford, Colin 66
Crolund, Lars 317
Crouse, Bill 49
Curnis, Mario 305
Czok, Andrzej 214, 315

D'Orville, Albert 45
Da Ciren 208, 316
Da Namgyal 120, 131
Da Tensing *130*, 156
Da Tshering 151
Darphuntso 190
Datschnolian, Pavel 180
Davidson, John-Paul 288
Dawa Tshering 158, 229, 317
Demjan, Z. 316
Deng Xiaoping 188
Dengumarow, Josef 180
Denman, Earl 112, 187, 313
Dennison, Dick 286
Dent, Clinton 50, 312
Denver, John 285
Desio, Ardito 49
Devouassoux, Gérard 204, 314
Dewhirst, Chris *90*, 96 f.
Dickinson, Leo *90*, 95 ff.
Dickinson, Matt 169
Diemberger, Kurt 220, 286
Dillon, Mike 286, 302
Dittert, René 106, 112, 116, 120

Dolbier, Maurice 172 f.
Dorje 156
Doskov, Kiril 205–208, 316
Duttle, Hans-Peter 187, 314
Dyhrenfurth, Günter Oskar 125
Dyhrenfurth, Norman 125, 197, 200, 204, 285, 314

Eggler, Albert 125
Ehmers, Wilhelm 166
Eichner, Heidi 17
Elizabeth II., Königin 141
Elson, Andy 96
Engl, Haus 315
Enzinck, Willem 166
Ershler, Phil 316
Estcourt, Nick 210–214
Ettridge, Christopher 290
Evans, Charles 129, 130, 131 f., 133, 313
Everest, George 44, 48, 312

Fenwick, C. 93
Fiennes, Joseph 290
Finch, George Ingle 61, 62–66, 68, 86, 226, 295, 312
Firstbrook, Peter 288
Fischer, Scott 160, 261–271, 271, 318
Flory, Léon 112, 120–123
Flynn, Adrian 290
Fox, Charlotte 266
Freany, W. C 315
Fu Dorji Sherpa 22 ff.
Furuno, Kiyoshi 229, 317

Gammelgaard, Lene 266
Gatt, Stefan 300
Gaylay 160
Genet, Ray 232
Gillman, Peter 70
Gippenreiter, Yevgeni 180
Gonbu 181–186, 184, 185, 313
Gray, Berkeley 168
Gregory, Alf 129, 130, 132
Groom, Mike 261–266
Grüber, Johannes 45
Gyalbu 158, 317

Habeler, Peter 238 ff., 238, 241, 315
Hahn, Dave 17, 18, 22 ff., 23, 25, 80, 288
Hall, Lincoln 242–245, 244
Hall, Rob 259, 261–271, 318
Hansen, Doug 261–271, 318
Hansen, Norman 187, 314
Hargreaves, Alison 233, 317
Harris, Andy 261–270, 318
Harrison, George 288
Hart, Roger 187, 314
Harvard, Andrew 220, 315
Haston, Dougal 210, 214, 215, 304, 314 f.
Hayward, James 286
Hazard, John 68, 82
Hemmleb, Jochen 18, 80, 178, 179
Henderson, Andy 242–245, 245, 316
Hengge, Helga 232
Heo Young-Ho 208, 316 f.
Heron, A. 51, 53
Herrligkoffer, Karl Maria 314
Hillary, Edmund P. 10, 17, 106–112, 110, 129, 130, 131, 132–142, 220, 260, 286, 288, 305, 313
Hillary, Peter 142, 305, 317 f.
Hilton, James 171
Hingston, Richard 68
Hoey, Marty 233, 315
Hofstetter, Ernst 112
Holguin, Nena 242
Hornbein, Tom 197, 200–204, 276, 304, 309, 314
Hou Shengfu 190
Houston, Charles 101 f., 231, 250, 285, 313
Howard-Bury, Charles K. 51, 53, 54
Hoyland, Graham 288
Huber, A. 314
Hunt, John 129 ff., 132, 138 f., 141, 313
Hutchinson, Stuart 266–270

Imoto, Shigeki 229, 317
Inderbinen, Moritz 50
Ishiguro, H. 314
Ishikami, Tomiyasu 305, 318

Irvine, Andrew Comyn 17, 18, 58/59, 68–72, 68, 78 ff., 138, 165–168, 312

Jaeger, Nicolas 296
Jamling Tensing 142, 288, 305, 318
Jasko, Jaroslav 246
Jerstad, Luther 202 ff., 304, 314
Jin Junxi 188
Jindomnow, Anatoli 180
Jones, Eric 96
Just, Josef 216, 246, 316

Kaji Sherpa 301
Kammerlander, Hans 296 f., 299, 300, 318
Kamuro, Hironobu 304
Karl, Reinhard 315
Karnicar, Andrej 298
Karnicar, Davo 292/293, 298 f., 318
Karsang Tendup 307
Kaschinski, Wladimir 180
Kato, Yasuo 314 f.
Kellas, Alexander M. 51 f., 150
Kokhanov, V. 318
Kopacka, Werner 169
Kousnetzov, P 318
Krakauer, Jon 17, 261–270, 266, 289, 309
Kropp, Göran 295, 303 f., 318
Kuen, Felix 314
Kukuczka, Jerzy 214, 315
Kullmann, Bernd 307
Kunga Pasang 190 ff.
Kusang Dorje 158, 318

Lady Houston 91, 312
Lambert, Raymond 112, 116–124, 124, 142, 313
Lambert, Yves 318
Lambton, William L. 47 f.
Langley, Bob 171
Lapkass, Andy 22 ff., 25
Larsen, Klavs-Becker 187, 313
Lenitzow, Ivan 180
Lhakpa (1922) 156
Lhakpa (2001) 158
Lhakpa Nuru 158, 229, 317
Lhakpa Tsering 181
Lhakpa Tshering 151
Liu Dayi 179

Liu Lienman 182 ff., 304
Lloyd, Peter 87, 193, 238, 313
Lobsang (1938) 151
Lobsang Jangbu 160, 261–264, 307
Lobsang Sherpa (2001) 24, 300
Lobsiger, Marguerite 112, 232
Lombard, Auguste 112
Long, Jeff 167 ff.
Longland, Jack 139, 288
Longstaff, Tom 50
Lord Curzon 129
Loretan, Erhard 125, 218,
    247 ff., *248*, 301, 316
Lotse 190
Lowe, Alex 147
Lowe, George (1953) 129, *130*,
    132, 285
Lowe, George (1983) 220 f. 315
Luard, Nicolas 168
Luchsinger, Fritz 125, 313

Macartney-Snape, Tim
    242–245, *286*, 302 f., *302, 303,*
    307, 316 f.
MacGillivray, Greg 287
Madsen, Tim 266
Makalu Gau 264–270
Mallory, George Leigh 17, 18, 51,
    52–55, *53, 58/59,* 62, 66, 68–72,
    68, 69, 78 ff., *78,* 138, 150 f.,
    165–168,193, 238, 249, 289 f.,
    312, 318
Mallory II, George 317
Mallory, Ruth 68
Manbahadur 157
Marciniak, Andrzej 208, 316
Marmet, Jürg 125, 313
Marshall, Roger 246, 316
McIntyre, D. F. 92 f.
McKinney, Steve 94
Merkl, Willi 160
Messner, Reinhold 10, 147, 214,
    218, 237–240, *239, 241,* 242,
    246, 255, 296, 315
Metzdarow, Alexei 180
Meyers, Lee 17, *18, 280/281*
Mingma 315
Mingma Dorje 124, 313
Mingma Norbu 158, 317
Miura, Yuichiro 295 f., *297,* 314
Momb, Kim 221, 315

Morris, James 129, 141 f.
Morshead, Henry T. 51, *53,* 54, 62
Mortimer, Greg 242–245, 316
Morton, Riley 288
Mumm, Arnold 50
Murray, W. H. 106, *110*
Myslovski, Eduard 216

Nairz, Wolfgang 93 f., 315
Nakamura, Susuma 285
Namba, Yasuko 261–270, 318
Natha Singh 101, 312
Nawang Gombu 147, *157,* 314
Nawang Tensing Norbu (Dzatrul
    Rinpoche) 150
Neeson, Liam 288
Ngapo Khyen 190
Ngati Sherpa 158, 208, 317
Ngawang Norbu 264
Nima Dorje 158, 229, 317
Nima Rita 208, 317
Noel, John Baptist Lucius 50 f., 68,
    82, 91, 283 f., *287,* 288, 312
Norbu 156
Norton, Edward F. 62, 68–72, *69,*
    71, 238, 242, 312
Norton, Jake 17 ff., *18, 20*
Noyce, Wilfrid 129, *130,* 171
Nuru Jangbu 208, 317

O'Dowd, Cathy 233
Odell, Noel E. 68, 72, 78 ff., 288
Okita, Brent 17 ff., *18*
Ongdi Nurbu 151
Ortner, Sherry B. 160 f.
Ozaki, T. 315

Padma-Sambhava 46
Park Hyun-Jae 317
Panuru 317
Pasang (1922) 156
Pasang Bhotia (1938) 151
Pasang Kami 158, 229, 317
Pasang Lhamu 158
Pema 156
Pertemba 157, 214, 314
Petkov, Nikolay 205–208, 316
Peyré, Joseph 169
Pfenninger, Thomas *196*

Phantog 190 ff., 231, *231,* 289
Phu Nuru Sherpa 22 ff.
Phurba Sherpa *23, 24, 25*
Pittman, Sandy 261–266
Politz, Andy 17, *18,* 22 ff.
Pombo Lama 46
Prakash, A. 318
Prodanov, Hristo 205, 316
Psotka, J. 316
Pugh, Griff 129, *130*

Qu Yinhua *178,* 179, 182–186,
    184, 313

Race, John 17, *18*
Raeburn, Harold 51 f., *53, 54*
Redford, Robert 285
Reichardt, Lou 221, 315
Reid, Dan 221, 315
Reiss, Ernst 125, 313
Reist, Dölf 125, 313
Renquin Pingcuo 208, 316
Renshaw, Dick 246
Rheinberger, Michael 286, 304
Richards, Tap 17, *18,* 22 ff., *25*
Riddiford, H. E. 106, *110*
Rinsing 151
Robinson, Kim Stanley 167
Roch, André 112, 116, 285
Roche, Bertrand 94 f., 305, 318
Roche, Claire 95, 318
Roche, Jean-Noël 305
Rosarius, Sandra 308
Rushdie, Salman 170 f.
Rutkiewicz, Wanda *231,* 232
Ruttledge, Hugh 307

Salkeld, Audrey 291
Samdrup 190
Sange (1922) 156
Sange Mudok 158, 318
Savov, Metodi 205–208, 316
Sayre, Woodrow Wilson 187, 314
Schauer, Robert 261, 287 f., *287*
Schmatz, Hannelore 232
Schmied, Ernst 125, 313
Schoening, Klev 266
Scott, Doug 210, 214, 226, 304, 314
Scott, Robert L. 93
Segarra, Araceli 288
Semikolenkov, G. 318

Shamsher 157
Shi Ching 181
Shi Zhanchun 181 f., 313
Shipton, Eric E. 82, 86 f., *87*,
    106–112, *110*, 129, 312 f.
Siffredi, Marco 300, *301*, 318
Simonson, Eric 17, *18*, 78, 80,
    178, 179
Smythe, Frank S. 82 f., *82*, 87, 312 f.
Sodnam Norbu 190
Sojer, Georg 295
Somervell, Howard 62, 66, 68 ff.,
    288, 312
Sonam Dendu 158
Sonam Tshering 158
Stobart, Tom 129, *130*, 285
Stremfelj, Andrej 204, 305, 315
Stremfelj, Marija 305
Sulovski, Leopold 317
Svergun, I. 317

Tabei, Junko 192, *231*, 314
Tabin, Geoff 94
Tanguay, Jason 17, 22 ff., *25*
Tardivel, Pierre 296, 317
Tashi Tensing 142, 152, 159,
    305, 318
Tasker, Joe 226, *227*, 229, 246, 315
Taylor, Harry 226 f., 316
Teare, Paul 250–255
Tejbir 66
Temba 156
Temba Chiri 305, 318
Tensing Norgay 10, 17, 112–124,
    124, 128, 130, *131,* 132–142,
    150 f., *150*, 187, 305, 313

Thomas, Rosie 170
Tilman, Bill (Harold William)
    86 f., *87,* 101 f., 304, 313
Troillet, Jean 125, 218, 247 ff., *248,*
    301, 316
Tsering Tobgyal 190
Twight, Marc 249

Unsoeld, Terres 290
Unsoeld, Willi 202 ff., 290,
    304, 314
Unsworth, Walt 9

Venables, Stephen 250–255, *252,*
    254, 316
Verne, Jules 168
Viesturs, Ed 261, 288, 309
Vinals, Jaime 22 ff., *25*
Von Gunten, Hansrudolf 125, 313
Vultchev, Ivan 205–208, 316

Wager, Lawrence 82, 312
Wainwright, J. A. 165 f.
Wang Fengtong 181 f.
Wang Fuzhou *178,* 179, 182–186,
    184, 188, 313
Wang Hongbao 193
Wang Zhenhua 179
Ward, Michael 106, *110,* 129
Watanabe, Setuko 232
Waterman, Guy 167
Waugh, Andrew 45, 48
Weatherall, Mickey 286
Weathers, Beck 261–270
Webster, Ed 151, 250–255,
    251, 253, 254, 316

Wegener, Alfred 29
Weihenmayer, Erik 306, 318
Welles, Orson 285
Wellig, Diego 296
Westmacott, Mike 129
Wheeler, Edward O. 51, *53,* 54 f.,
    312
Whetu, Mark 286, 304
Whillans, Don 210, 314
Whittaker, Jim 157, 200, *285,* 314
Whittaker, Tom 306, 318
Wielicky, Krysztof 214, 315
Wilson, Maurice 83, 170 f.,
    193, 290, 313
Wollaston, Alexander 51, *53*
Wood, Sharon 208, 232, 316
Wu Zongyue 188 f.
Wylie, Charles 129, *130*
Wyn-Harris, Percy 82, 284, 312
Wyss-Dunant, Edouard 112

Xia Boyu 188 f.
Xu Jing 80, *178,* 179, 181 f., 193

Yadav, Santosh 233
Yamada, Noburu 208, 316
Yoshino, Hiroshi 304
Younghusband, Francis 50, 61

Zaplotnik, Nejc 204, 315
Zeng Shusheng 179, 181
Zhang Junyan 188
Zieman, Mimi *255*
Zimmermann, Albert 112

Orts- und Sachregister

Die kursiven Zahlen verweisen
auf Abbildungen.

Ablagerungsgesteine (Sedimente)
    34 f., 37
Aconcagua 306
Alleinbesteigung 233, 242, 246
Alpine Club 50 f., 315
Alpinstil 238, 246
Altersrekorde 305, 318
Ama Dablam 110
Amerikanischer Pfeiler (Ostwand)
    219, 220 f., *224*, 230
Annapurna 152 f., 210, 238, 298

Balkon (Südostgrat) *122*, 261
Basislager (Nordseite) 18, *84/85*,
    309
Basislager (Südseite) *114/115*, 300
Begehungszeiten 301, 316, 318
Behinderte (am Everest) 306, 318
Bhote Kosi 45
Bhutan 48
Biwak 304 f., 318
Boston Museum of Science 49
British Broadcasting Corporation
    (BBC) 139 ff., 288
Broad Peak 238

Cauliflower Ridge (Ostwand) 250
Changtse (Nordgipfel) 54,
    76/77, 138
China 179, 181
Cho Oyu *32/33*, 53, *138*, 300
Chomolungma 45 f., 179, 184
Chumbital 51

Darjeeling (Indien) 51, 83, 142,
    147, 151
Dehra Dun (Indien) 45
Dharan (Nepal) 101
Dhaulagiri 48, 247

Drachen (Hängegleiter) 93 f., 315
Dritte Stufe 22, *73*, 80, 182 f., *186*,
    296, 300
Dudh Kosi 101

El Capitan 306
Erdbeben 30
Erdkruste 29 f., *36*
Erdmantel 29 f., *36*
Erfrierungen 186, 245 f., *245*,
    255, 270
Erste Stufe *25*, *73*, *74*, 80, 181,
    190, 230
Eurasien 29, 41
Everest-Karten 45 ff., *55*, *56/57*,
    198/199, 312, 320 f.
Everest-Mode *308*, *309*
Expeditionen
    Erkundungsexpedition 1921
        51–55, 218, 312
    Großbritannien 1922 61–66,
        295, 312
    Großbritannien 1924 68–72, 312
    Großbritannien 1933 82 f.,
        307, 312
    Houston-Expedition 1933
        (Überfliegung) 91 ff., 312
    Solo 1934 83, 313
    Großbritannien 1935 86,
        112, 313
    Großbritannien 1936 86,
        112, 313
    Großbritannien 1938 86 f.,
        112, 313
    Solo 1947 112, 187, 313
    Erkundungsexpedition 1950
        101 f., 232, 313
    Erkundungsexpedition 1951
        106–112, 313

Solo 1951 187, 313
Schweiz 1952 112–125, 232, 313
Sowjetunion 1952 180
Großbritannien 1953 (Erst-
    besteigung) 129–143, 313
Schweiz 1956 125, 313
China/Sowjetunion 1958
    179 ff., 313
China 1960 80, 181–186, 314
Indien 1960 314
USA/Schweiz 1962 187, 314
Indien 1962 314
USA 1963 125, 197–204, 314
Indien 1965 314
China 1965 188, 226, 314
China 1966 188, 314
China 1967, 1968 188, 314
Japan 1969 210, 314
Japan 1970 210, 232, 314
International 1971 204, 314
International 1972 210, 314
Großbritannien 1972 210, 314
Japan 1973 210, 314
Frankreich 1974 204, 314
China 1974 188
Japan 1975 192, 231, 315
China 1975 18, 78, 188–193,
    231, 315
Großbritannien 1975 210–214,
    315
Neuseeland 1977 315
Österreich 1978 (erste Bestei-
    gung ohne Sauerstoff) 239 ff.,
    315
China/Iran 1978 193
Deutschland/Frankreich 1979
    232, 315
Jugoslawien 1979 204, 315
Deutschland 1979 232
Polen 1980 (erste Winterbestei-
    gung) 214, 315
Polen 1980 214, 315
Japan 1980 218, 315

Solo 1980 (erste Alleinbestei-
    gung) 218, 242, 315
Erkundung Ostwand 1980
    220, 315
USA 1981 220, 315
Sowjetunion 1982 216, 315
Japan 1982 315
Großbritannien 1982 226,
    246, 315
USA 1982 217, 233, 315
Skiexpedition 1982 315
USA 1983 220 f., 315
Bulgarien 1984 205 f., 316
Australien 1984 218, 242–245,
    316
USA 1984 316
International 1985 316
Spanien/Katalonien 1985 316
Neuseeland 1985 316
Kanada 1986 208, 232, 316
Schweiz 1986 125, 218, 247 ff.,
    316
USA/Großbritannien 1986 316
Südkorea 1987 316
Großbritannien 1987 226
Solo 1987 246, 316
Japan/China/Nepal 1988 208,
    316
International 1988 221–224,
    249–255, 316
CSFR 1988 216, 246, 316
USA/Kanada 1988 249
Neuseeland 1988 232 f.
Großbritannien 1988 226 ff.,
    316
Polen 1989 208, 316
Südkorea 1989 208, 316
Australien 1990 302 f., 316
International 1990 142
USA/Sowjetunion/China 1990
    316
Italien/CSFR 1991 316
Schweden 1991 316
USA 1991 78
Japan 1991 230, 316
Ballonexpedition 1991 95 ff.,
    317
Chile 1992 224, 317
Japan/Kasachstan 1992 228 f.,
    317

Russland/Frankreich 1992 317
Japan 1993 216, 317
Südkorea 1993 208, 317
Südkorea 1993 (Herbst) 317
Japan 1994 317
USA 1994 317
Japan 1995 229, 317
Solo 1995 233, 317
Südkorea 1995 317
Russland 1996 230, 317
International 1996 22, 142,
    233, 317
Schweden 1996 303 f., 318
International 1997 142
International 1998 233, 306, 318
Mallory & Irvine Suchexpedi-
    tion 1999 17 f., 78 ff., 318
International 1999 233, 318
Indien 1999 224, 232, 318
Skiexpedition (Slowenien)
    2000 318
International 2000 318
Mallory & Irvine Suchexpedi-
    tion 2001 17–25, 318
International 2001 22–25, 125,
    300, 318
Indien 2001 230, 318
International 2002 318
Expeditionsmüll 276 ff., 277

Fahrrad 295, 303 f., 318
Fantasy Ridge 230, 317
Felsband (Südwestwand) 210–214,
    212, 246, 315
Flüssigkeitsverlust 245
Frauen am Everest 231 ff., 315

Gamowsack 249
Ganges 29, 302
Gangla (Tibet) 150 f.
Gasherbrum I, II 94, 296
Gelbes Band (Nordseite) 37, 66, 73,
    80, 181, 202, 243, 300
Gelbes Band (Südseite) 120
Genfer Sporn 116–121, 119, 124
Geschwindigkeitsrekorde 301,
    316, 318
Gipfel 15 48

Gipfel 128, 135–138, 140 f., 184,
    240, 241, 268/269, 305
Gipfelgrat (Nordseite) 184, 186
Gipfelgrat (Südseite) 132–135, 133,
    139, 239 f., 262/263, 265,
    266–270
Gipfelpyramide (Nordseite)
    184 ff., 192, 236, 242, 247,
    296, 300
Gipfelpyramide (Südseite) 121 ff.
Gipfelschneefeld (Nordseite)
    184, 186
Gleitschirm 94, 316, 318
Global Positioning System (GPS)
    49
Gneis 38
Gokyo (Nepal) 96
Gondwana 30
Gorak 307
Gorak Shep (Nepal) 106
Granit 34, 37 f.
Graue Stufe 204
Graues Band 242
Große Trigonometrische Vermes-
    sung (GTS) 47 f., 147, 312
Großes Couloir 60, 70, 71, 73,
    82 f., 190, 217 f., 218, 230, 233,
    234/235, 242 ff., 296, 298,
    300, 315–318
Gyachung Kang 187

Halluzinationen 83, 252
Haupt-Rongbukgletscher 18, 53,
    87, 94, 179, 243, 313
Hidden Peak (Gasherbrum I) 238
Hillary Step 96, 134, 214, 215, 240,
    252, 260, 264 ff., 265, 267, 278,
    292/293, 298, 304
Himalaja 29, 31 f., 31, 41
Himalaja-Komitee 106
Himalaja-Stiftung (Himalayan
    Trust) 142
Himalayan Club 151
Himalayan Mountaineering Insti-
    tute (HMI) 142, 156 f.
Höhenkrankheiten 245 f.
Hoher Himalaja 34, 35, 37
Hornbein-Couloir 200, 202,
    204, 208, 218, 230, 232, 236,
    246 ff., 314 f.

Hotel (am Basislager) 309
Hunde (am Everest) 307

IMAX 261, 270, 287 f., *288, 289*
«In eisige Höhen» («Into Thin
  Air», Buch) 17, 270, 289
Indien 29, *31*, 41, 50 f., 181, 302
Indischer Ozean 302
International Guiding Operators
  8000 (IGO 8000) 274 f.
Internationaler Bergführerver-
  band (UIAGM) 274
Irvines Eispickel 73, 78, 82,
  284, 312

Jelep La 51

K2 49, 233, 238, 247, 298
Kalkutta 50, 91
Kama Chu (Tibet) 151
Kamatal 54, 151
Kampa Dzong (Tibet) 52
Kangchenjunga 48, 50, 140, 156,
  158, 232, 238
Kangshunggletscher 134, 151
Kangshungtal 220
Kangshungwand 54, 150, 158,
  218–225, *221, 222/223*, 228, 230,
  233, 240, 249–255, *251*
Kathmandu (Nepal) 112, *113*, 304
Kharta (Tibet) 150 f.
Khartagletscher 54
Khartatal 54
Khumbu-Eisbruch 93 f., 102,
  106–110, *107, 108/109*, 116, *118*,
  130, *258*, 278, 298 ff., 304, 313
Khumbu-Eisfall 93 f., 102,
  106–110, *107, 108/109*, 116, *118*,
  130, *258*, 278, 298 ff., 304, 313
Khumbugletscher 93, 101 f., 106
Khumbu-Region 101, 147, 150
Khumbutal 101, 312 f.
Khumbutse 208
Khumjung (Nepal) *148/149*
Kommerzielle Expeditionen 22,
  259 f., 274–279, 317
Kontinentalverschiebung 29 f.
Kontinentkollision 30, 41

Lager V (Nordseite) 20, 62, *64/65*,
  70, *73*, 193
Lager VI (1924) 18 ff., *20*, 70, 72,
  73, 78, 193
Lager VI (1933) 20, *73*, 78, 82, 181,
  193
Lager VI (1938) 87
Lager VI (Nordseite) 18, *76/77*, 181
Lawine 66, 156
Lhasa (Tibet) 45, 179
Lho La 187 f., 197, 204, *206/207*,
  208, 315
Lhotse 38, 92, *100*, 102, *104/105*,
  106, 110, *119*, 125, 197, 238, 313
Lhotseflanke *98/99*, 106, 116–120,
  119, 208, 296, 298, 313
Lhotsegletscher 116–120, *119*, 124
Lobuche (Nepal) 101

Makalu *56/57*, 92, *126/127*, 140,
  210, 238
Manfreda-Kamin (Westgrat) 204
Mount Everest 8, *12/13*, *14/15*,
  37 f., 48, 52 f., 135, 197, *222/223*,
  238
Mount-Everest-Komitee 51, 106,
  284
Mount McKinley 278, 306
Moyun (Tibet) 150
Mushroom Rock 23 ff., *23*

Namche Bazaar (Nepal) 101, *102*,
  106, *152*
Nanga Parbat 129, 152, 210,
  238, 242, 296, 298
Nangpa La 53, 187
National Geographic Society
  49, 197
Nepal 48 f., 101, 181, 302
Neverest Buttress (Ostwand) *219*,
  224, 250–255, 316
Nord(west)pfeiler 230, 242
Nordcouloir 230, 249, 318
Nordflanke *12/13*, 17–20, 60, 66,
  125, *183*, 200, *203*, 217 f., *218*,
  230, 242, *246*, 247, 315 f.
Nordgrat 20, *42/43*, 53, 55, 60, 62,
  63, 67, 73, 181, *183*, 187 f., 197,
  208, 228, 242, 278, 298, 300,
  312, 315

Nordostgrat 17, 20, *42/43*, 53, 60,
  70, 73, 158, *176/177*, 181–186,
  188, 226–229, *228*, 278, 304,
  312, 314 f., 317
Nordostschulter 226, 228, 230
Nordsattel (Chang La) *42/43*,
  54 f., *62, 63*, 66, 70, 83, 86 f.,
  137, 138, 158, 181, 187 f., *191*,
  226, 228 f., 242, *256/257*, 298,
  300, 312 f., 316
Nordsporn 208, 232, 316
Nordwand *12/13*, 17–20, 60, 66,
  125, *183*, 200, *203*, 217 f., *218*,
  230, 242, *246*, 247, 315 f.
Normalwege (Everest) 197,
  278, 310
Norton-Couloir 60, 70, *71, 73*,
  82 f., 190, 217 f., *218*, 230, 233,
  234/235, 242 ff., 296, 298, 300,
  315–318
Norton-Route (Norton-Traverse)
  70, *71, 75*, 82
Nup La 187
Nuptse *14/15*, 38, 94, 96, 102,
  104/105, 197
Nyalam (Tibet) 53
Nzogumpagletscher 110

Ödem 246, 249 f.
Ostgrat 230, 317
Ost-Rongbukgletscher 18, 54, 62,
  83, *84/85*, 87, 95, 138, 179 ff.,
  187, 298, 315
Ostwand 54, 150, 158, 218–225,
  221, 222/223, 228, 230, 233,
  240, 249–255, *251*, 315

Pakistan 29, 50
PBS/Nova (TV) 288
Pegasus-Motor 91
Peking (China) 179
Pharak (Nepal) 147
Pinnacles (Nordostgrat) 226 ff.,
  227, 229, 230, 316
Plattentektonik 29 ff.
Punkt 7125 (Nordostgrat) 226
Punkt 7884 (Nordostgrat) 226
Purnia (Indien) 91

Qomolangma 45 f., 179, 184

Rapiu La 188, 226
Rongbukkloster *52,* 150, 181
Rongbuktal 45, 53, 179, 217
Rongshartal 53
Rote Blutkörperchen 245
Royal Geographical Society 48, 51, 91
Rum Doodle Bar (Kathmandu) 174 f.

Sahib 160 f.
Sauerstoff 61 ff., 237 ff., 240, 245 f., 315
Sauerstoffgeräte 61 f., *66,* 72, 78, 131 f., 139, *193*
Sauerstoffmangel 238, 246, 264
Schiefer 38
Schnellbesteigungen 301, 316, 318
Schweizerische Stiftung für Alpine Forschungen (SSAF) 106
Sherpa Buddhist Association 157
Sherpa Climbers' Association 142
Sherpani 158, 231
Sherpas 101, 147–161
Shigatse (Tibet) 181
Shisha Pangma 296
Sikkim 48, 50 f.
Skiabfahrt *292/293,* 295–300, *297, 299,* 314, 316
Snowboardabfahrt 300, *301*
Solu Khumbu 147
Störungen 31, 35 f., 38
Südgipfel *122,* 124, 131 f., 184, 204 f., 214, 239, *241,* 246, 252, 264, 266–270, 296, 298, 301, 304, 313

Südostgrat 102, *122, 123,* 123 ff., 131–135, 197, 202–205, 208, 221, 224, 239, 246, 252, 261–270, *260,* 278, 296, 307, 313
Südpfeiler 210, *211,* 214, *217, 315*
Südsattel *97,* 102, 106, 120 f., *122,* 124, 131, *132,* 208, 224, 239, 246, 250, 261, 266–270, 295 f., 298, 313
Südseite *14/15, 26/27*
Südwestpfeiler *211,* 216, 230
Südwestwand 125, 157, 197, 204, 210–216, *211,* 230, 304, 314 f., 317

Tarimbecken 36
Theodolit 47
Thyangboche (Nepal) 102, *103,* 150
Tibet 45, 50 f., 82, 101, 179
Tibetisches Hochplateau 36, 38, 51
Tiger-Medaille 151 f.
Tingri 45
Todeszone 238 f., 252–255, 260
Triangulation 47
Tsangpo 45
Tshechu (Tibet) 151

Überschreitung 125, 158, 314, 316
Umwandlungsgesteine (Metamorphite) 34, 37

Vorderhimalaja 36
Vorgeschobenes Basislager (Lager II, Südseite) 197

Vorgeschobenes Basislager (Lager III, Nordseite) 18, 95, 188, 193, 242, 296, 300

Websters Wand (Ostwand) 250, 255
Werbung 309 f.
Western Cwm *97,* 102, 106, 110 ff., *111,* 116, *117,* 134, 197, 270, 298, 313
Westgrat 94, 188, *194/195,* 197–200, *201,* 202–210, *203,* 232, 245, 303, 314 f.
Westland-Doppeldecker *88/89,* 91 ff.
West-Rongbukgletscher 53, 187
Westschulter 197, 314
Winterbesteigung 158, *214,* 216, 315, 317

Yaks 307
Yak-Route 307
Yttre Tvärgränd (Schweden) 304

Zentralcouloir (Südwestwand) 210, *211, 212,* 246
Zentralpfeiler (Ostwand) 219, 220 f., *224,* 230
Zhindak 161
Zweite Stufe 23 ff., *73, 74, 75,* 80, 82, 182, 184, 190 ff., 230, 304
Zweites Deutsches Fernsehen (ZDF) 288

BILDNACHWEIS

Bei den im Buch verwendeten Abbildungen wurde von Seiten des Verfassers und des Verlags jeglicher Versuch unternommen, den Fotografen beziehungsweise die Quelle zu ermitteln. Sollten darüber hinaus Ansprüche bestehen, bitten wir die Rechteinhaber, sich an den Verlag zu wenden.

Abkürzungen: **o** oben, **m** Mitte, **u** unten, **r** rechts, **l** links.

Umschlag Titelseite o: Reinhard Karl
Umschlag Titelseite u: Alf Gregory/Royal Geographical Society
Umschlag Rückseite: Scott Fischer/Woodfin Camp
Hintere Klappe: Uli Frauenfeld/Archiv Jochen Hemmleb
Einband Titelseite: Jim Fagiolo/Mallory & Irvine Research Expedition 1999
S. 2: Jochen Hemmleb
S. 8: Ed Webster/Mountain Imagery
S. 11: Robert Bösch
S. 12/13: Robert Bösch
S. 14/15: Robert Bösch
S. 16 o l: Rick Reanier/Archiv Jochen Hemmleb
S. 16 sonstige: Jochen Hemmleb
S. 18: Jochen Hemmleb
S. 19: Jochen Hemmleb
S. 20: Brent Okita
S. 21: Jochen Hemmleb

S. 23: Andy Politz
S. 25 o, u: Andy Politz
S. 26/27: Robert Bösch
S. 28: Andy Politz
S. 31: J. H. Kruhl, verändert nach Abbildungen aus Stanley (1999) und Windley (1995)
S. 32/33: Robert Bösch
S. 35: J. H. Kruhl, verändert nach Abbildungen aus Stanley (1999) und Windley (1995)
S. 36: J. H. Kruhl, verändert nach Skizze von Matte et al. (1997)
S. 37: Robert Bösch
S. 39 o: J. H. Kruhl, verändert nach Abbildung aus Searle (1999)
S. 39 u: Jochen Hemmleb (Foto und Overlay)
S. 40 o: J. H. Kruhl, verändert nach Abbildung aus Searle (1999)
S. 40 u: Andy Politz (Foto)/ Jochen Hemmleb (Overlay)
S. 41: Robert Bösch
S. 42/43: C. K. Howard-Bury/ Royal Geographical Society
S. 44: Royal Geographical Society
S. 46: C. K. Howard-Bury/Royal Geographical Society
S. 52: J. B. L. Noel/Royal Geographical Society
S. 53: Royal Geographical Society
S. 55: E. O. Wheeler/Royal Geographical Society
S. 56/57: AS Verlag
S. 58/59: N. E. Odell/Royal Geographical Society

S. 60: Robert Bösch
S. 61: Archiv G. I. Finch/Scott Russell
S. 62: Robert Bösch
S. 63: J. B. L. Noel/Royal Geographical Society
S. 64/65: Robert Bösch
S. 66: J. B. L. Noel/Royal Geographical Society
S. 67: Robert Bösch
S. 68 l, r: John Noel Photographic Collection
S. 69: T. H. Somervell/Royal Geographical Society
S. 71: T. H. Somervell/Royal Geographical Society
S. 73 o, u: Robert Bösch (Foto)/ AS Verlag (Overlay)
S. 74 o, m, u: Dave Hahn
S. 75: Y. Kato/Shimbun
S. 76/77: Robert Bösch
S. 79: Jake Norton/Mountainworld Photography
S. 81: Rick Reanier/Archiv Jochen Hemmleb
S. 82: John Morris
S. 84/85 o, u: Robert Bösch
S. 87: Archiv E. Shipton
S. 88/89: Royal Geographical Society
S. 90: Leo Dickinson
S. 95: Vertical
S. 97: Leo Dickinson
S. 98/99: Robert Bösch
S. 100: H. W. Tilman/Royal Geographical Society
S. 103 o, u: Robert Bösch
S. 104/105: Robert Bösch
S. 107: Robert Bösch
S. 108/109: Robert Bösch
S. 110: Royal Geographical Society

S. 111: Robert Bösch

S. 113 o: Robert Bösch

S. 113 u: Eric Simonson

S. 114/115: Robert Bösch

S. 116: Schweizerische Stiftung für Alpine Forschungen

S. 117: Schweizerische Stiftung für Alpine Forschungen

S. 118: Eric Simonson

S. 119: Schweizerische Stiftung für Alpine Forschungen

S. 120: Schweizerische Stiftung für Alpine Forschungen

S. 121: Robert Bösch

S. 122: Schweizerische Stiftung für Alpine Forschungen

S. 123: Schweizerische Stiftung für Alpine Forschungen

S. 124 l, r: Schweizerische Stiftung für Alpine Forschungen

S. 126/127: E. P. Hillary/Royal Geographical Society

S. 128: E. P. Hillary/Royal Geographical Society

S. 130: A. Gregory/Royal Geographical Society

S. 131 l, r: A. Gregory/Royal Geographical Society

S. 132: A. Gregory/Royal Geographical Society

S. 133 o: T. Bourdillon/Royal Geographical Society

S. 133 u: A. Gregory/Royal Geographical Society

S. 136: The Times/Archiv Jochen Hemmleb

S. 137: E. P. Hillary/Royal Geographical Society

S. 138: E. P. Hillary/Royal Geographical Society

S. 143: Life/Archiv Jochen Hemmleb

S. 144/145: Robert Bösch

S. 146: Ed Webster/Mountain Imagery

S. 148/149: Robert Bösch

S. 150: Alpinismusausstellung «Der Berg ruft», Salzburger Land

S. 152 l, r: Sarah Whittaker

S. 153 o, u: Robert Bösch

S. 154/155: Robert Bösch

S. 157: Sarah Whittaker

S. 158 o, u: Alpinismusausstellung «Der Berg ruft», Salzburger Land

S. 159: Alpinismusausstellung «Der Berg ruft», Salzburger Land

S. 162/163: Robert Bösch

S. 164: Tami Knight

S. 167 l: Archiv Daniel Anker

S. 167 r: Archiv Jochen Hemmleb

S. 168 l, r: Archiv Daniel Anker

S. 169 l, r: Archiv Daniel Anker

S. 171 l, r: Archiv Daniel Anker

S. 172: Virgil F. Partch (aus Maurice Dolbier: «Nowhere near Everest», Knopf, New York 1955)/Archiv Daniel Anker

S. 173: Virgil F. Partch (aus Maurice Dolbier: «Nowhere near Everest», Knopf, New York 1955)/Archiv Daniel Anker

S. 174: Archiv Daniel Anker

S. 176/177: Robert Bösch

S. 178: Jochen Hemmleb

S. 183 o, u: Foreign Languages Press, Peking/Archiv Jochen Hemmleb

S. 184 l, m, r: Foreign Languages Press, Peking/Archiv Jochen Hemmleb

S. 185 o, u: Foreign Languages Press, Peking/Archiv Jochen Hemmleb

S. 186 l, m: China Newsreel and Documentary Film Studio, Peking/Archiv Jochen Hemmleb

S. 186 r: Archiv Jochen Hemmleb

S. 189: Foreign Languages Press, Peking/Archiv Jochen Hemmleb

S. 190: Foreign Languages Press, Peking/Archiv Jochen Hemmleb

S. 191: Foreign Languages Press, Peking/Archiv Jochen Hemmleb

S. 192: Foreign Languages Press, Peking/Archiv Jochen Hemmleb

S. 193: Jochen Hemmleb

S. 194/195: Robert Bösch

S. 196: Robert Bösch

S. 198/199: AS Verlag, nach Vorlage von Swissphoto Surveys und Bradford Washburn/Boston Museum of Science, Reproduktion mit freundlicher Genehmigung des Boston Museum of Science

S. 200: Allen Auten

S. 201: B. Bishop/National Geographic Society

S. 203: AS Verlag, nach Skizze aus Kielkowski (1986), mit freundlicher Genehmigung von H. D. Greul, Frankfurt am Main

S. 205 o, u: Archiv Tone Skarja

S. 206/207: Robert Bösch

S. 209 o, u: Robert Bösch

S. 211: AS Verlag, nach Skizze aus Kielkowski (1986), mit freundlicher Genehmigung von H. D. Greul, Frankfurt am Main

S. 212 o, m, u: C. Bonington/Chris Bonington Picture Library

S. 213: D. Scott/Chris Bonington Picture Library

S. 215: D. Scott/Chris Bonington Picture Library

S. 216 o, u: Archiv D. Meschtschaninow

S. 217: AS Verlag, nach Skizze aus Kielkowski (1986), mit freundlicher Genehmigung von H. D. Greul, Frankfurt am Main

S. 218: Lincoln Hall

S. 219: Ed Webster/Mountain Imagery

S. 220: George Lowe

S. 221: AS Verlag, nach Skizze aus Kielkowski (1986), mit freundlicher Genehmigung von H. D. Greul, Frankfurt am Main

S. 222/223: Jake Norton/Mountainworld Photography

S. 224: AS Verlag, nach Skizze aus Kielkowski (1986), mit freundlicher Genehmigung von H. D. Greul, Frankfurt am Main

S. 225: Stephen Venables

S. 226 o: D. Renshaw/Chris Bonington Picture Library

S. 226 u: C. Bonington/Chris Bonington Picture Library

S. 228: AS Verlag, nach Skizze aus Kielkowski (1986), mit freundlicher Genehmigung von H. D. Greul, Frankfurt am Main

S. 229: Robert Bösch

S. 231: Archiv Jochen Hemmleb

S. 232: Archiv Jochen Hemmleb

S. 233: Archiv Jochen Hemmleb

S. 234/235: Lincoln Hall

S. 237: Colin Monteath/ Hedgehog House, Neuseeland

S. 238: Wolfgang Nairz

S. 239: Wolfgang Nairz

S. 241 o: P. Habeler/Archiv Leo Dickinson

S. 241 u: R. Messner/Archiv Leo Dickinson

S. 244: Lincoln Hall

S. 245: Lincoln Hall

S. 248: Archiv Erhard Loretan

S. 251: Ed Webster/Mountain Imagery

S. 252: Ed Webster/Mountain Imagery

S. 253: Ed Webster/Mountain Imagery

S. 254: Ed Webster/Mountain Imagery

S. 256/257: Robert Bösch

S. 258: Dave Hahn

S. 260: Eric Simonson

S. 262/263: Eric Simonson

S. 265: Scott Fischer/Woodfin Camp

S. 266: Archiv Jochen Hemmleb

S. 267: Scott Fischer/Woodfin Camp

S. 268/269: Robert Bösch

S. 271: Life/Archiv Jochen Hemmleb

S. 272/273: Robert Bösch

S. 275 o: Robert Bösch

S. 275 u: Eric Simonson

S. 277: Robert Bösch

S. 280/281: Andy Politz

S. 282: Archiv Jochen Hemmleb

S. 285: Archiv Jochen Hemmleb

S. 286: Archiv Jochen Hemmleb

S. 287 l: J. B. L. Noel/Royal Geographical Society

S. 287 r: Sumiyo Tsuzuki

S. 288: Archiv Jochen Hemmleb

S. 289 l, r: Archiv Jochen Hemmleb

S. 292/293: Franc Oderlap/ ipa PRESS

S. 294: Georg Sojer/Alpin

S. 295: Archiv Jochen Hemmleb

S. 297: Yuichiro Miura/ Harper Row

S. 299 o, u: Hans Kammerlander

S. 301: Marco Siffredi

S. 302: Tim Macartney-Snape

S. 303: Tim Macartney-Snape

S. 306: Eric Simonson

S. 308: Sandra Rosarius

DANK

Selbst wenn oft nur ein einzelner Name als Autor oder Herausgeber auf dem Titel steht, so ist ein Buch doch stets das Werk von vielen Personen. Mein besonderer Dank gilt daher dem AS Verlag: den Verlegern Heinz von Arx und Peter Schnyder, in deren Achttausender-Reihe ich das Projekt – meinen Traum – verwirklichen konnte. Dem grafischen Team Urs Bolz und Matthias Weber, für ihre zahlreichen Ideen und die wunderbare Gestaltung. Lektorin Karin Steinbach Tarnutzer für scharfe Augen und sanfte Worte, beides stets in richtiger Dosierung.

Ein weiterer großer Dank gilt der Leitung und den Mitgliedern der Mallory-&-Irvine-Suchexpeditionen 1999 und 2001 für zwei unvergessliche Everest-Erlebnisse.

Und schließlich gilt mein Dank all den vielen Everest-Bergsteigern, -Autoren, -Historikern und -Fotografen, welche während der letzten vierzehn Jahre meine Recherchen unterstützt haben, sowie meinen Eltern und Freunden, die mich in dieser Zeit durch Höhen und Tiefen begleitet haben – am Schreibtisch wie in den Bergen.

Jochen Hemmleb